Auf den Namen des legendären Sonnengottes Kon-Tiki hatten die sechs Skandinavier das Balsafloß getauft, mit dem sie im April 1947 eine der abenteuerlichsten Reisen antraten, die die Geschichte der Seefahrt kennt: Humboldt-Strom und Passatwind sollten das Floß von der peruanischen Küste zu den Tausende Seemeilen entfernten Inseln Polynesiens treiben. Die Experten warnten vor den Gefahren des Stillen Ozeans, den verheerenden Stürmen und gefürchteten Haien, und sagten der Expedition ein schreckliches Ende voraus. Noch wichtiger war für die Männer aber ein anderes Problem: Würden die Balsastämme – wie allgemein angenommen – schon nach wenigen Wochen so viel Wasser aufgesogen haben, daß sie ihre Schwimmfähigkeit verloren? Thor Heyerdahl, der heute weltbekannte Forscher, ließ sich nicht abschrecken. Er glaubte an die Seetüchtigkeit der »Kon-Tiki«, die nach altem indianischem Vorbild gebaut worden war. Mit dieser Drift wollte er einen praktischen Beweis für die Richtigkeit seiner These liefern, die von den Fachwissenschaftlern bisher abgelehnt wurde: daß die polynesischen Inseln von Südamerika und nicht von Asien aus besiedelt worden waren. Das Buch über die 101 Tage währende dramatische Fahrt, das 1948 erschien, wurde in 65 Sprachen übersetzt und der Dokumentarfilm »Kon-Tiki« 1951 mit dem »Oscar« ausgezeichnet.

Thor Heyerdahl
Kon-Tiki

Ein Floß treibt über den Pazifik

Aus dem Norwegischen
von Karl Jettmar

Verlag Volk und Welt
Berlin

Mit einem Vorwort des Autors
Nachbemerkungen von Günter Linde
Mit 17 Fotos

ISBN 3-353-00035-6

6. Auflage (1. Auflage Broschur)
Lizenzausgabe des Verlages Volk und Welt,
Berlin 1986
für die Deutsche Demokratische Republik
mit Genehmigung der Verlag Ullstein GmbH,
Frankfurt am Main · Berlin

Originalausgabe: *Kon-Tiki ekspedisjonen,*
erschienen bei Gyldendal Norsk Forlag, Oslo 1948
L. N. 302, 410/214/86
Printed in the German Democratic Republic
Einbandentwurf: Gerhard Medoch
Satz, Druck und Einband:
(52) Nationales Druckhaus, Berlin,
Betrieb der VOB National
LSV 7342
Bestell-Nr. 648 671 2

01280

Meinem Vater

Inhalt

Vorwort

Manche Menschen glauben an das Schicksal, andere nicht. Ich glaube daran und auch wieder nicht. Manchmal hat man das Gefühl, wie Marionetten, von Fäden an unsichtbaren Händen, bewegt zu werden. Dazu sind wir aber sicherlich nicht geboren. Wir können die Fäden selbst in die Hand nehmen und die Richtung unseres Weges an jedem Scheideweg selbst bestimmen oder wenigstens jede Spur, einem unbekannten Ziel entgegen, verfolgen.

Die folgenden Seiten erzählen die Geschichte eines jungen Mannes, der wie an eine Wand gedrückt zu sein schien, bis er seine Schicksalsfäden selbst in die Hand nahm. Wenn ich heute diese Geschichte, die ich damals geschrieben habe, lese, weiß ich, daß es der entscheidenste Augenblick meines Lebens war, als ich – eine eingefleischte Landratte, aufgewachsen voller Angst vor dem Wasser, wenn es höher als bis zu meinem Hals reichte – sämtliche Fäden und Bindungen zum Festland ein für allemal zerriß, um die größten und tiefsten Gewässer der Welt anzusteuern. Mein ganzes Leben veränderte sich, nachdem ich endlich fremden Abenteuern und einer unbekannten Zukunft entgegensegelte. Von da an bis zum heutigen Tag war mein Leben voll von Abenteuern, die man wie Perlen einer Kette aneinanderreihen könnte. Perlen fallen nur selten aus der Austernschale auf den Teller – man muß nach ihnen tauchen. Abenteuer nur um des Abenteuers willen war zwar nie mein Fall, doch ich gehe noch heute keinem Abenteuer aus dem Wege, das sich mir bietet.

Ich bin als ein wohlbehütetes Kind aufgewachsen – ein Träumer. Während meiner Universitätsjahre betrieb ich Studien über Mensch und Tier. Während ich an der Universität Oslo offiziell Zoologie studierte, galt meine Vorliebe schon sehr bald den Völkern des Stillen Ozeans, deren Geschichte ich in der Kroepelin-Bibliothek (heute der Kon-Tiki-Museumsbücherei angegliedert) – der Welt größten privaten Bibliothek über Polynesien – eifrig studierte. Und ich – ein Bücherwurm, der nicht schwimmen konnte – ging nach Polynesien und lebte dort ein Jahr lang auf einer Dschungelinsel, vollkommen von der Außenwelt abgeschnitten. Die Abenteuer auf Fatu Hiva werden auf den folgenden Seiten nur kurz erwähnt, da ich sie an anderer Stelle näher beschrieben habe. Ich ging nach Polynesien, um herauszufinden, wie *Tiere* mit Wind und Strömung auf die Ozeaninseln gekommen waren. Ich kam nach Hause mit einer umstrittenen Theorie darüber, wie *Menschen* diese Inseln in der vorgeschichtlichen Zeit erreichen konnten. Es gab zwei mögliche Seewege nach Polynesien: von Asien über Nordwestamerika und von Südamerika direkt nach Polynesien.

Dieses Buch erzählt die Geschichte einer Reise von sechs jungen Männern, die – allen Voraussagen von Wissenschaftlern und Seefahrern trotzend – bewiesen haben, daß eine solche Reise in vorgeschichtlicher Zeit möglich gewesen ist. Das südamerikanische Balsaholzfloß, von dem Gelehrte behaupteten, es müsse sinken, wenn es nicht regelmäßig an Land getrocknet würde, blieb unsinkbar wie ein Korken. Und Polynesien, das man vom alten Amerika aus mit einem Wasserfahrzeug für unerreichbar hielt, erwies sich als ein durchaus erreichbares Ziel für die Ureinwohner Perus. Das Kon-Tiki-Floß wurde zurück nach Oslo gebracht, wo es ein ganzes Jahr lang im Hafen herumschwamm. Dann wurde es an Land gezogen und als Hauptsehenswürdigkeit im Kon-Tiki-Museum aufgestellt, das unter der Leitung von Knut Haugland, der mit auf einer Reise war, erbaut worden ist.

Wie hat nun die Wissenschaft auf den erbrachten Beweis dafür, daß sie im Unrecht gewesen ist, reagiert? Unter den ersten, die nachgaben und die neue Theorie akzeptierten, war der weltweit führende Experte auf dem Gebiet vorgeschichtlicher Wasserfahrzeuge in Peru, Dr. S. K. Lothrop von der Harvard-Universität; er hatte ein falsches Urteil über Balsaholzflöße in der wissenschaftlichen Literatur verbreitet. Die Reaktion der Weltöffentlichkeit auf die Kon-Tiki-Fahrt jedoch wurde von all den Wissenschaftlern, die sich in ihren eigenen Arbeiten und Thesen auf Lothrop berufen hatten – aufgrund der Überzeugung, daß Balsaflöße sinken –, als Hohn empfunden. In allen Teilen der Welt wurden die »wagemutigen Wikinger« angegriffen und eines Propaganda-Unternehmens ohne jeglichen wissenschaftlichen Wert bezichtigt. Das allgmeine Interesse wuchs mit der Polemik; das Buch über die Floß-Expedition wurde ein Bestseller, in 65 Sprachen übersetzt, und der Dokumentarfilm darüber wurde mit einem »Oscar« ausgezeichnet. Es folgte ein jahrelanger Streit, da sich die Wissenschaftler weigerten, die Argumente der »Kon-Tiki-Theorie« anzuhören. Die erste Herausforderung kam von der »Schwedischen Gesellschaft für Anthropologie und Geographie«, die mich aufforderte, dort meinen Standpunkt zu vertreten – mit dem Ergebnis, daß ich meine erste wissenschaftliche Auszeichnung erhielt. Weitere folgten, erst Schottland, dann Frankreich. 1952, fünf Jahre nach der Floßfahrt, war ich endlich in der Lage, mein 800 Seiten umfassendes Buch *American Indians in the Pacific, The Theory Behind the Kon-Tiki-Expedition* zu veröffentlichen. Im selben Jahr erfolgte eine noch größere Herausforderung seitens der Opposition: eine Einladung, drei Vorlesungen auf dem 30. internationalen Amerikanistik-Kongreß an der Universität Cambridge zu halten. Die Opposition blieb stumm, und als der nächste Kongreß in Brasilien stattfand, nahm ich als Ehren-Vizepräsident daran teil. Aber die Auseinandersetzungen gingen weiter. Es wurde behauptet, die Galápagos-Inseln würden den Gegenbeweis zu der »Kon-

Tiki-Theorie« liefern. Die Inseln liegen näher an Südamerika als irgendeine andere polynesische Insel. Warum waren sie nicht von Südamerikanern besiedelt worden, wenn diese schon den Mut gehabt hatten, den ganzen Weg bis Polynesien zu wagen? Eine neue Herausforderung, der neue Studien an Bibliotheken folgten.

Viele Gelehrte haben – seit Darwin – die Galápagos-Inseln besucht: Zoologen, Botaniker, Geologen, doch kein einziger Archäologe. Keiner hatte es für sinnvoll gehalten, auf Inseln, so weit vom Festland entfernt, nach frühen menschlichen Spuren zu suchen. Alle Besucher waren davon überzeugt, daß keine Menschenseele diese Inseln gesehen hatte, bevor die ersten Europäer 1535 hier landeten. Nachdem ich bewiesen hatte, daß die Balsaholzflöße der Inkas seetüchtig waren, brachte ich 1953 die ersten zwei Archäologen auf die Galápagos-Inseln: E. K. Reed (USA) und A. Skjölsvold (Norwegen). Sie untersuchten das Gelände an wenigen Stellen, an denen eine Landung vorgeschichtlicher Flöße zwischen Lavaklippen und Felsen möglich gewesen wäre. Man entdeckte vier prähistorische Lagerplätze auf drei Inseln. Aus der trockenen Erde der Kaktuswälder scharrten die Wissenschaftler folgende Gegenstände hervor: eine vogelförmige Inka-Terrakotta-Flöte, drei schwarze Tonfrösche aus der Vor-Inka-Periode, einen primitiven Spinnwirtel aus Speckstein, Obsidiane, Feuersteine und Scherben von 131 zerbrochenen, aus der Urzeit stammenden Gefäßen, von denen 44 von Experten des Nationalmuseums in Washington als Gegenstände aus der Vor-Inka-Zeit identifiziert wurden. Zahlreiche Besucher aus dem vorkolumbianischen Peru und Ekuador hatten auf den unfruchtbaren Galápagos-Inseln kampiert, doch eine dauerhafte Besiedlung war nicht möglich gewesen, da – bedingt durch die wenigen Regenfälle – nur jährlich kurze Zeit Trinkwasser vorhanden war.

Die am nächsten gelegene bewohnbare Insel war die Oster-Insel, auf halbem Weg zwischen Südamerika und Polynesien. Die kolossalen Statuen und Steinmauern unbekannten Ursprungs waren nach Aussagen der polynesischen Bevölkerung Überreste früherer Bewohner. Gelehrte glaubten, daß diese Insel keineswegs von Urvölkern hatte erreicht werden können, da sie am weitesten von Asien entfernt war. Wie aber, dachte ich mir, konnten die Urbewohner der Oster-Insel Zeit gehabt haben, diese erstaunliche prähistorische Kultur zu entwickeln, und sie später wieder vergessen; eine Kultur, die immerhin sämtliche Gelehrte in Erstaunen versetzte, da sie große Ähnlichkeit mit der Vor-Inka-Kultur und deren Überbleibseln aufweisen konnte? Dr. H. Lavachery, der einzige Berufsarchäologe, der die Oster-Insel besucht hatte, gab zu, keinerlei Ausgrabungen vorgenommen zu haben, da der Boden unfruchtbar und eine Besiedlung erst zu späterer Zeit denkbar gewesen sei.

Von 1955 bis 1956 charterte ich ein Expeditionsschiff, um ein Jahr lang die Oster-Insel und das östliche Polynesien zu erforschen. In unserem Team waren fünf Berufsarchäologen: A. Skjölsvold

(Norwegen), E. N. Ferdon, W. Mulloy, C. S. Smith (USA) und G. Figueroa (Chile). Die Ausgrabungen brachten zutage, daß die berühmten »Riesenköpfe« bis zum Hals eingegrabene Statuen waren, deren riesige Körper und Arme noch unter der Erde lagen. Ein Eingeborenen-Stamm auf der Insel, der behauptete, von den Herstellern dieser Statuen abzustammen, demonstrierte uns sehr anschaulich, wie die riesigen Steinfiguren aus Bruchstein gehauen, transportiert und letztlich aufgestellt worden waren. Die Archäologen entdeckten bisher unbekannte Typen von Statuen und Steinhäusern, die den Prototypen aus der Vor-Inka-Zeit in Südamerika ähnelten, und die Radiokarbon-Untersuchung ergab, daß die Insel mindestens 1000 Jahre früher, als bisher angenommen, bewohnt gewesen war.

Ein Wendepunkt der immer noch andauernden hitzigen Diskussion trat 1961 ein, als rund 3000 mit den spezifischen Problemen des Stillen Ozeans beschäftigte Wissenschaftler sich zum 10. Kongreß der »Pacific Science« in Honolulu versammelten. Die Ergebnisse unserer Galápagos- und Oster-Insel-Expeditionen wurden in Seminaren über Archäologie, physiologische Anthropologie, Botanik und auf einem speziellen Symposium der Galápagos-Gruppe besprochen. Eine Resolution wurde einstimmig angenommen und in dem Kongreßbericht veröffentlicht, der bestätigte, daß »Südostasien mit den angrenzenden Inseln und Südamerika die wichtigsten Ausgangspunkte für die Erforschung der pazifischen Inselvölker und deren Kultur sind«.

Es folgte, an allen Fronten, eine Periode fanatischer Kämpfe, die gelegentlich in scharfe Angriffe ausarteten. Kein Sturm auf See kann einem Mann mehr zusetzen als die Angriffe eines Haufens international anerkannter Autoritäten. Die einzige Waffe gegen solch einen Sturm von Beschuldigungen, die des öfteren sowohl persönlich als auch unfair waren, ist die ehrliche Überzeugung, das Recht auf seiner Seite zu haben. Und doch sind es ja gerade Meinungsverschiedenheiten und Kontroversen, die die Wissenschaft vorantreiben. Kritikloses Einverständnis und schnelle Billigung regen kaum zu Experimenten und Fortschritt an. Zu dieser Zeit ermöglichten mir Einladungen von Universitäten und wissenschaftlichen Akademien, meinen Standpunkt ohne Vorbehalt vorzutragen und zu verteidigen. Die heftigsten Angriffe kamen von Wissenschaftlern aus den Ländern, in denen die Öffentlichkeit größtes Interesse an der Kontroverse gezeigt hatte: mein Heimatland Norwegen, England, die USA, die UdSSR und Mexiko. Durch diese Länder habe ich später reichlich Anerkennung erfahren. Ehrenprofessuren und Doktorate, wissenschaftliche Auszeichnungen und die Mitgliedschaft an den Akademien der Wissenschaften von New York bis Moskau waren ein Zeichen dafür, daß der Wind sich gedreht hatte.

Auf dem 10. Kongreß der »Pacific Science« wurde die Verantwortung für weitere archäologische Forschungsarbeiten im südöstlichen Polynesien dem Kon-Tiki-Museum übertragen, mit Zuschüssen aus Einnahmen durch eine wachsende – zahlende – Besucherzahl. Ich fühlte mich jetzt frei, mich ozeanischen Forschungen der anderen Seite Amerikas zu widmen. Die Passatwinde und Strömungen des tropischen Atlantiks verliefen ständig von Afrika nach Amerika mit demselben Kurs und derselben Stärke wie von der Pazifikseite Amerikas in Richtung Polynesien. Mit Holzplanken verkleidete Schiffe waren vor Kolumbus' Ankunft in Amerika unbekannt. Schilfboote jedoch waren typisch für die großen vorkolumbianischen Zivilisationen auf beiden Seiten des Atlantiks. Auf der Oster-Insel hatten wir in den Rümpfen der Statuen eingeritzte Abbildungen von kleinen Schilfbooten gefunden, wie sie von den Insulanern noch immer gebaut wurden und die denen aus der frühen Inkazeit glichen. Diese wiederum ähnelten in erstaunlicher Weise den ältesten Schiffstypen der Entdecker der großen Zivilisationen der Alten Welt in Ägypten, Mesopotamien und am Indus. Ebenso wie von den Balsaflößen nahm man auch von den Schilfbooten an, daß diese nicht wasserdicht seien und sinken würden. 1970 gelang es sieben Wissenschaftlern aus sieben Nationen, von Marokko nach Barbados in Amerika zu segeln; es war unser zweiter Versuch, den Atlantik in einem Papyrus-Schilfboot – wie es die alten Ägypter benutzt hatten – zu überqueren. 1977 und 1978 segelten elf Männer aus verschiedenen Nationen fünf Monate lang auf einem Schilfboot sumerischen Typs von Irak nach Oman, zum Indus und nach Afrika. Mit Mannschaften, die mit Schilfbooten und Balsaflößen ebenso wenig vertraut waren wie ich selbst, war es möglich gewesen, in der kurzen Zeit eines Menschenlebens, von Mesopotamien zum Indus, von Asien nach Afrika, von Afrika nach Amerika und von Amerika aus zweimal zur Oster-Insel zu segeln. Warum sollte den mutigen Erbauern dieser seetüchtigen Segelboote, innerhalb mehrerer Jahrhunderte, in denen sie Pyramiden erbaut hatten, nicht dasselbe gelungen sein?

Anders als Pyramiden, sinken oder verrotten alte Boote. Mit unseren Ozeanüberquerungen hatten wir bewiesen, daß vorgeschichtliche Seefahrt möglich gewesen war, wenn auch die alten Spuren verwischt waren. Es gab immer noch Stimmen, die behaupteten, daß, auch wenn die Seetüchtigkeit der Wasserfahrzeuge bewiesen worden war, voreuropäische Seefahrer doch wohl vorgezogen hatten, nur in Sichtweite des Festlandes zu segeln.

Der Gegenbeweis wurde 1982 erbracht, als ich zum erstenmal auf Entdeckungsreise zu den kleinen Malediven-Inseln, weit draußen im Indischen Ozean, kam. Während der letzten zehn Jahre wurde dieser Archipel vom Flug-Massentourismus überfallen, und da er so weit entfernt von jedem Festland liegt, konnte niemand ahnen, daß er ein archäologisches Paradies sei.

Die Geschichte der Malediven begann im Jahre 1153 mit der Ankunft moslemischer Araber, über drei Jahrhunderte vor Kolumbus' Zeiten. Jede Art von menschlichen Abbildungen war bei den moslemischen Arabern streng verboten. Ich wurde gebeten, mir eine große Steinstatue mit langen, aus der

Erde hervorragenden Ohren anzusehen, die ein paar Insulaner gefunden hatten. Ich eilte zu der Stelle, wo religiöse Fanatiker bereits alles – außer den Kopf – verwüstet hatten. Es war ein großer, schöner Buddha-Kopf. Die Buddhisten waren also schon vor den Arabern hiergewesen. Mit meinem Freund Skjölsvold und anderen Archäologen der Osloer Universität begann ich nun, diese Ozeaninseln zu erforschen. Wir fanden einen steinernen Kopf des rüsselnäsigen Wassergottes Makara, und die Insulaner selbst gruben Statuen aus, die die grinsende indische Teufelsgöttin Shiva, mit langen Ohren und aus dem Mund herausgestreckter Zunge und Raubtierzähnen, darstellten. Die Hindus waren hier also noch früher als die prähistorischen Buddhisten gewesen. Auf Gaaf-Gan, einer unbewohnten Dschungelinsel, genau auf der Höhe des Äquators gelegen, fanden wir einen quadratischen Pyramidentempel, der noch neun Meter aus der Erde herausragte. Er war von vorgeschichtlichen Sonnenanbetern errichtet worden und von allen vier Seiten von Rampen umgeben, die reichlich mit Sonnensymbolen geschmückt waren. Der Tempel war astronomisch exakt nach der Sonne ausgerichtet. Das Dekor enthielt Löwenskulpturen und das Relief eines Ochsen. Einen konkreteren Beweis für vorgeschichtliche Seefahrt hätten wir uns nicht wünschen können.

Die Kon-Tiki-Expedition hatte mir offenbart, was der Ozean wirklich ist. Er ist eine verbindende und keine trennende Macht. Der Ozean war des Menschen erster Verbindungsweg von den Tagen an, als es ihm gelungen war, die ersten Schiffe zu bauen – lange bevor er Pferde zähmte, Räder erfand und Wege durch den Dschungel schlug.

Thor Heyerdahl
April 1985

1
Eine Theorie

Ein Rückblick. Der Alte auf Fatu Hiva. Wind und Strömung. Auf der Jagd nach Tiki. Woher kamen die Polynesier? Rätsel der Südsee. Theorien und Tatsachen. Legende um Kon-Tiki und die weiße Rasse. Kriegsausbruch.

Ein Mensch kann sich manchmal in merkwürdigen Situationen wiederfinden. Er kann allmählich und auf die natürlichste Weise hineingeraten sein. Und wenn er dann drinsteckt, wundert er sich plötzlich sehr und fragt sich, wie in aller Welt er es nur fertiggebracht hat, sich da hineinzumanövrieren.

Es soll zum Beispiel vorkommen, daß einer auf einem Floß in See sticht mit einem Papagei und fünf Kameraden an Bord. Da ist es dann unvermeidlich, daß er – früher oder später – eines schönen Morgens draußen auf dem Meer erwacht, vielleicht ein bißchen besser ausgeruht als sonst, und nachzudenken beginnt.

An einem solchen Morgen schrieb ich in ein durchfeuchtetes Logbuch:

»17. Mai. Schwere See. Guter Wind. Heute bin ich Koch und fand sieben fliegende Fische auf dem Deck, einen Tintenfisch auf dem Dach und einen unbekannten Fisch in Torsteins Schlafsack . . .«

Da stockte der Bleistift, und der Gedanke schlich sich ein: Es ist im Grunde genommen ein komischer 17. Mai*, ja, im großen und ganzen auch ein höchst eigenartiges Dasein – nichts als Himmel und Meer rundum –, wie hat das eigentlich angefangen?

Wenn ich mich nach links drehte, hatte ich freien Ausblick auf die mächtige blaue See mit ihren schäumenden Wogen, die sich in endlosem Lauf vorüberwälzten, einem ewig weichenden Horizont nach. Drehte ich mich nach rechts, sah ich in das Innere einer dämmrigen Hütte, die seit Wochen unsere Heimstatt war. Dort lag ein bärtiges Individuum auf dem Rücken, las Goethe und grub seine bloßen Zehen bedächtig zwischen die Querleisten des niedrigen Bambusdaches.

»Bengt«, sagte ich und verjagte den grünen Papagei, der es auf mein Logbuch abgesehen hatte, »kannst du mir, zum Teufel, sagen, wie wir auf diese Geschichte gekommen sind?«

Goethe versank unter dem rotblonden Bart. »Verdammt noch mal, das mußt du doch am besten wissen, es war ja schließlich deine blöde Idee; aber mir gefällt sie ganz ausgezeichnet!«

Er schob seine Zehen drei Sprossen weiter hinauf und wandte sich wieder Goethe zu. Vor der Hütte arbeiteten drei andere Kerle in der prallen Sonne auf dem Bambusdeck. Sie waren halb-

* Norwegischer Nationalfeiertag

nackt, braungebrannt und bärtig, hatten Salzkrusten auf dem Rücken und trugen eine Miene zur Schau, als hätten sie nie etwas anderes getan, als den Pazifik auf einem Floß zu überqueren. Da kam Erik durch die Türöffnung hereingekrochen, den Sextanten und ein Bündel Papiere in der Hand.

»Neunundachtzig Grad und sechsundvierzig Minuten West, acht Grad und zwei Minuten Süd. Gute Fahrt, Jungens, in den letzten Tagen!«

Er nahm meinen Bleistift und zeichnete einen winzigen Kreis auf eine Karte, die an der Bambuswand hing, einen winzigen Kreis am Ende einer Kette von neunzehn anderen, die sich von der Hafenstadt Callao an der peruanischen Küste zu unserem Standpunkt herüberschwang. Hermann, Knut und Torstein kamen ebenfalls eifrig hereingekrochen, um den neuen kleinen Kreis zu bewundern, der uns um gute vierzig Meilen näher an die Südseeinseln heranbrachte als der vorige.

»Jungens, seht her!« rief Hermann stolz. »Damit sind wir eintausendfünfhundertsiebzig Kilometer von der peruanischen Küste entfernt!«

»Und haben nur noch sechstausendvierhundertdreißig Kilometer bis zur nächsten Insel vor uns«, setzte Knut vorsichtig hinzu.

»Und um ganz genau zu sein«, sagte Torstein, »sind wir fünftausend Meter über dem Meeresgrund und etliche Faden unter dem Mond!«

Damit wußten wir nun alle zur Genüge, wo wir uns befanden, und ich konnte fortfahren, über das Warum nachzudenken. Der Papagei war es auch zufrieden; er versuchte nun wieder, an das Logbuch zu kommen. Und das Meer war so rund und himmelumkränzt, blau in blau, wie zuvor.

Vielleicht begann das Ganze im letzten Winter in der Direktion eines New-Yorker Museums. Vielleicht aber auch schon vor zehn Jahren auf einer kleinen Insel der Marquesas-Gruppe mitten im Stillen Ozean. Und vielleicht würden wir auf derselben Insel landen – falls uns der Nordost nicht weiter nach Süden trieb auf die Tahiti- und Tuamotu-Gruppe zu. Ich sah die kleine Insel deutlich vor mir, die rostroten, kahlgefegten Bergspitzen, den grünen Dschungel, der sich die Hänge herunterzog, und die schlanken Palmen am Strand, die sich ewig im Winde wiegten. Die Insel hieß Fatu Hiva, und es lag kein Land zwischen ihr und der Stelle, an der wir im Meer trieben, obwohl sie einige tausend Seemeilen entfernt war. Ich sah das schmale Ouia-Tal vor mir, das sich zum Meer hin öffnete, und erinnerte mich daran, daß wir, meine Frau und ich, dort Abend für Abend an dem einsamen Strand gesessen und hinausgeschaut hatten auf das endlose Meer. Es war unsere Hochzeitsreise gewesen, und ich fuhr nicht mit bärtigen Seeräubern wie diesmal. Wir hatten allerlei Tiere gesammelt und Götterbilder und sonstige Überbleibsel einer ausgestorbenen Kultur. An einen Abend erinnerte ich mich besonders gut. Die zivilisierte Welt schien uns unendlich fern und unwirklich. Wir hatten als einzige Weiße fast ein Jahr lang auf der Insel gelebt und absichtlich die Errungenschaften der Zivilisation mit all ihren

Segnungen und Übeln hinter uns gelassen. Wir wohnten in einer Art Pfahlbau, den wir uns unter den Palmen an der Küste errichtet hatten, und aßen, was Tropenwald und Ozean uns boten.

Wir gingen in eine harte, aber praktische Schule und bekamen Einblick in viele der seltsamen Probleme des Pazifiks. Ich glaube, daß wir sowohl seelisch als auch körperlich oft auf den Spuren der ersten, primitiven Menschen wandelten, die diese Insel von einer unbekannten Heimat her erreicht hatten und deren polynesische Nachkommen frei über ihr Inselreich herrschten, bis unsere eigene Rasse kam, die Bibel in der einen, Gewehr und Schnapsflasche in der anderen Hand.

An jenem Abend also hatten wir, wie schon so oft zuvor, im Mondschein unten am Strand gesessen, das Meer vor uns. Hellwach und erfüllt von unserer abenteuerlichen Umwelt, ließen wir uns keinen Eindruck entgehen. Wir sogen den starken Brodem des Dschungels ein, der mit der würzigen Salzluft des Meeres gemischt war, wir horchten auf den Wind, der im Gefieder der Palmen und im dichten Laubwerk rauschte. Und im immer gleichen Abstand wurde alles überdröhnt von der schweren Dünung, die von weit her übers Meer heranrollte, donnernd auf das Land hereinbrach und sich schließlich am Geröll des Strandes in tausend schäumende Wirbel zerschlug. Es war ein Tosen und Brausen und ein Versprühen in Millionen glitzender Tropfen, bis sich die See beruhigte und zurückzog, um sich aufs neue zu sammeln zum nächsten Angriff auf die nie bezwungene Küste.

»Drollig«, sagte Liv. »Auf der anderen Seite der Insel gibt es niemals solche Brandung.«

»Stimmt«, sagte ich, »dies hier ist ja auch die Windseite, die See steht immer nur auf diese Seite.«

Dann saßen wir wieder schweigend da und bewunderten das Meer, das gleichsam nicht aufhören wollte vorzuführen, woher es eigentlich kam, nur anrollend von Osten, von Osten, von Osten. Es war der ewige Ostwind, der Passat, der die Meeresfläche aufwühlte, sie vor sich herrollte über den östlichen Horizont herauf und auf diese Inseln zu, wo die Wogen sich endlich brachen an Klippen und Riffen, während sich der Ostwind nur ein wenig höher hob und über Küste, Wälder und Berge hinweg ungehindert seinen Lauf nach Westen fortsetzte, von Insel zu Insel gen Sonnenuntergang. So waren seit Anbeginn der Zeiten die leichten Wolkengebilde von Osten her über die Inseln hinweggezogen. Die ersten Menschen, die diese Inseln erreichten, wußten sicherlich recht gut, daß es sich so verhielt, Vögel und Insekten wußten es ebenfalls, und die Vegetation der Eilande wurde völlig von diesem Umstand beherrscht. Und wir wußten, daß weit, weit hinter dem Horizont, dort im Osten, wo die Wolken aufstiegen, Südamerikas Küste lag. Es waren achttausend Kilometer bis dorthin, achttausend Kilometer nichts als offene See.

Wir verloren uns an die treibenden Wolken und an das vom Mondlicht überflutete Meer. Und wir lauschten dem alten Mann, der halbnackt vor uns hockte und in die sterbende Glut eines kleinen, herabgebrannten Feuers starrte.

»Tiki«, sagte der Alte geheimnisvoll, »war Gott und Häuptling zugleich. Tiki war es, der unsere Vorfahren auf die Inseln gebracht hat, auf denen wir heute leben. Zuvor wohnten wir in einem großen Land weit hinter dem Meer.«

Er stocherte mit einem Zweig in der Glut, um ihr Erlöschen zu verhindern. In sich zusammengesunken, hockte er da und sann, ein uralter Mann, der noch in der Vorzeit lebte und ihr mit allen Fasern seines Wesens verhaftet war. Er verehrte seine Vorfahren und kannte die Taten aller bis zurück zu den Zeiten der Götter, und er wartete darauf, mit ihnen vereint zu werden. Tei Tetua war an Fatu Hivas Ostküste der letzte Überlebende all der ausgestorbenen Stämme. Er wußte nicht, wie alt er war, doch seine runzlige, borkenbraune Haut sah aus, als hätten Sonne und Wind sie seit hundert Jahren gegerbt. Er war sicherlich einer der wenigen auf diesen Inseln, die sich noch an die Sagen der Väter und Vorväter über den großen polynesischen Häuptlingsgott Tiki, den Sohn der Sonne, erinnerten und daran glaubten.

Als wir spätnachts in unserem winzigen Pfahlbau in die Koje krochen, spukten die Erzählungen des alten Tei Tetua über die heilige Heimat jenseits des Meeres noch immer in meinem Kopf, von ferne begleitet vom dumpfen Getose der Wogen. Es klang wie eine Stimme aus der Urzeit, die uns dort draußen in der Nacht etwas erzählen wollte. Ich konnte nicht einschlafen. Es war, als existiere die Zeit nicht mehr und als wollten Tiki und seine seefahrenden Männer gerade an Land gehen dort unten am Strand in der Brandung. Da stürzte plötzlich ein Gedanke auf mich ein.

»Liv, hast du eigentlich bemerkt, daß die riesigen Steinbilder Tikis droben im Dschungel auffallend an die mächtigen Steinplastiken in Südamerika erinnern, an die Überreste einer längst ausgestorbenen Kultur?«

Da hörte ich deutlich ein anerkennendes Murmeln der Brandung; dann wurde sie allmählich ruhig, und ich schlief ein.

So hatte es vielleicht begonnen. Auf jeden Fall nahm so eine Kette von Geschehnissen ihren Anfang, die schließlich uns sechs und einen grünen Papagei auf ein Floß vor Südamerikas Küste brachte.

Ich weiß noch recht gut, daß ich meinen Vater verärgerte und meine Mutter und meine Freunde in Erstaunen versetzte, als ich nach Norwegen zurückkam und meine Sammlungen von Käfern und Fischen, die ich von Fatu Hiva mitgebracht hatte, dem Zoologischen Museum der Universität übergab. Ich wollte meine Tierstudien beenden und mich mit der Erforschung primitiver Volksstämme beschäftigen.

Die ungelösten Rätsel der Südsee hatten mich in ihren Bann gezogen. Es mußte eine vernünftige Lösung dafür zu finden sein, und ich setzte mir zum Ziel, die Sagengestalt Tiki zu identifizieren.

In den folgenden Jahren waren Brandung und Dschungelruinen wie ein ferner, unwirklicher Traum, der hinter meinen Arbeiten über die Stämme der Südsee stand.

So sinnlos wie der Versuch, auf Grund von Bücherstudium und Museumsbesuchen das Denken und Handeln eines Naturvolkes deuten zu wollen, so sinnlos ist es für einen Forschungsreisenden der Gegenwart, all die Gegenden selbst aufzusuchen, deren Beschreibung er in einem einzigen Bücherregal unterbringen kann.

Wissenschaftliche Werke, Berichte aus den Tagen der Entdeckungen und endlose Sammlungen in den Museen Europas und Amerikas boten mir eine Überfülle an Material für das Puzzlespiel, das ich zusammenzusetzen versuchte.

Seit die ersten Europäer nach der Entdeckung Amerikas die Südseeinseln erreichten, haben Forscher verschiedenster Wissensgebiete einen nahezu unerschöpflichen Vorrat an Informationen über die Polynesier und ihre Nachbarn zusammengetragen. Nie aber konnte man sich über die Herkunft dieses isolierten Menschenschlages einigen oder über den Grund, weshalb er nur auf den einsamen Inseln des östlichen Pazifiks zu finden ist.

Als die Europäer sich auf dieses größte aller Weltmeere hinausgewagt hatten, entdeckten sie zu ihrem Erstaunen mitten in diesem Ozean eine Menge kleiner, gebirgiger Inseln und flacher Korallenriffe, voneinander und von der übrigen Welt getrennt durch unendliche Weiten offener See. Und jede einzelne dieser Inseln war schon von Menschen bewohnt, die viel früher dorthin gekommen waren, von schönen, hochgewachsenen Menschen, die sich mit Hunden, Schweinen und Hühnern am Strand einfanden. Woher waren sie gekommen? Sie redeten eine Sprache, die kein anderes Volk verstand, und unsere Rasse, die sich keck Entdecker der Inseln nannte, fand hier wohlbestelltes Land vor und Dörfer mit Tempeln und Hütten auf jedem kleinsten bewohnbaren Eiland. Ja, auf einigen Inseln gab es sogar uralte Pyramiden, gepflasterte Straßen und steinerne Statuen von den Ausmaßen eines vierstöckigen Hauses.

Aber die Klärung des Geheimnisses blieb aus. Wer waren diese Menschen, und woher kamen sie?

Man kann getrost sagen, daß die Antworten auf diese Rätsel ebenso zahlreich sind wie die Bücher, die sich damit befassen. Die Spezialisten der verschiedenen Wissensgebiete haben auch verschiedene Lösungen ausgeheckt, doch ihre Behauptungen wurden stets widerlegt durch logische Beweise der Fachleute, die in anderen Bereichen arbeiteten. Die malaiischen Inseln, Indien, China, Japan, Arabien, Ägypten, der Kaukasus, Atlantis, ja sogar Deutschland und Norwegen wurden für die Herkunft der Polynesier verantwortlich gemacht, aber immer tauchte ein entscheidender Einwand auf, der die ganze Theorie wieder in der Schwebe ließ.

Wo aber die Wissenschaft nicht weiterkommt, hat die Phantasie freies Spiel. Die geheimnisvollen Riesenpfeiler aus Stein auf der Oster-Insel und all die anderen Kulturreste unbekannten

Ursprungs auf diesem winzigen, offenen Eiland, das mutterseelenallein genau in der Mitte zwischen der nächsten Insel und der Küste Südamerikas liegt, fordern die verschiedensten Spekulationen ja geradezu heraus. Viele vertraten die Meinung, daß die Funde auf der Oster-Insel im großen und ganzen an die prähistorischen Kulturen Südamerikas erinnerten. Vielleicht hatte einstmals eine Landbrücke das Meer überspannt, die später dann abgesunken war? Vielleicht waren die Oster-Insel und all die anderen Südseeinseln, auf denen es solche Denkmäler gab, die Gipfel eines versunkenen Kontinents, die noch aus dem Meer ragten?

Das wäre eine brauchbare Theorie und eine annehmbare Erklärung gewesen, doch weder die Geologen noch andere Forscher hatten etwas dafür übrig. Ja, die Zoologen bewiesen an Hand der Untersuchung von Insekten und Schnecken der Südseeinseln, daß diese Inseln in der ganzen Menschheitsgeschichte völlig isoliert voneinander und von den umgebenden Kontinenten waren, genauso, wie das heute noch der Fall ist.

Wir wissen daher mit aller Bestimmtheit, daß die urpolynesische Rasse einmal treibend oder segelnd diese entlegenen Inseln erreicht hat – mit Absicht oder gegen ihren Willen. Unterzieht man die Südseeinsulaner einer gründlichen Untersuchung, entdeckt man, daß es nicht allzu viele Jahrhunderte her sein kann, seit sie an Land gingen; denn obwohl die Polynesier über eine Meeresfläche verteilt leben, die viermal so groß ist wie Europa, so haben sich trotzdem noch keine wirklich verschiedenen Sprachen auf den einzelnen Inseln entwickelt. Von Hawaii im Norden bis Neuseeland im Süden, von Samoa im Westen bis zur Oster-Insel im Osten sind es Tausende von Seemeilen, und dennoch sprechen diese isolierten Stämme Dialekte einer gemeinsamen Sprache, die wir Polynesisch nennen. Eine Schrift war den Bewohnern dieser Inseln unbekannt – bis auf einige Holzplatten mit nicht zu entziffernden Hieroglyphen, die von den Eingeborenen auf der Oster-Insel aufbewahrt wurden, ohne daß sie selbst oder irgendein anderer sie lesen konnte. Aber Schulen gab es, und ein poetischer Geschichtsunterricht war das wichtigste Fach, denn in Polynesien war Geschichte dasselbe wie Religion. Die Polynesier verehrten ihre Ahnen und pflegten die Erinnerung an die toten Häuptlinge bis in die fernen Zeiten Tikis, von dem sie sagten, er sei der Sohn der Sonne.

Auf fast jeder einzelnen Insel konnten gelehrte Männer die Namen aller Häuptlinge aufzählen bis zurück zu der Zeit, in der die Eilande besiedelt wurden. Als Gedächtnishilfe benutzten sie häufig ein kompliziertes System von verzweigten Knotenschnüren gleich dem, das die Inka-Indianer in Peru gebrauchten. Moderne Forscher haben all diese lokalen Genealogien der verschiedenen Inseln verglichen und dabei herausgefunden, daß sie verblüffend genau übereinstimmten, sowohl in den Namen wie in der Anzahl der Generationen. Danach konnte man errechnen, daß die Südseeinseln – wenn man eine polynesische Generation mit durchschnittlich fünfundzwanzig Jahren annimmt – nicht früher als um das Jahr 500 besiedelt wurden. Eine neue Kulturwelle mit einer ebenfalls neuen Häuptlingsreihe deutet darauf hin, daß eine zweite, spätere Einwanderung dieselben Inseln etwa um 1100 erreicht hat.

Woher aber konnten diese späten Einwanderer gekommen sein?

Die wenigsten Forscher scheinen den entscheidenden Faktor in Betracht gezogen zu haben, daß es ein rein steinzeitliches Volk war, das die Inseln in so später Zeit erreichte. Trotz seiner Intelligenz und einer erstaunlich hohen Kultur in allen anderen Bereichen brachten diese Seefahrer eine bestimmte Art von Steinbeilen mit und eine Reihe anderer charakteristischer steinzeitlicher Geräte, die sie über alle Inseln verbreiteten. Wir dürfen nicht vergessen, daß es, abgesehen von einzelnen isolierten Urwaldvölkern und einigen tiefstehenden Stämmen, keine fortpflanzungsfähige Kultur in der Welt gab, die sich noch um das Jahr 500 oder 1100 im Stadium der Steinzeit befand, außer in der Neuen Welt; denn selbst den höchstentwickelten Indianerkulturen war der Gebrauch des Eisens unbekannt. Sie benutzten Steinäxte und -geräte von derselben Art, wie sie auf den Südseeinseln bis zur Zeit der Entdeckung im Gebrauch waren.

Die zahlreichen Indianerkulturen waren die nächsten Verwandten der Polynesier im Osten. Im Westen wohnten nur Australiens und Melanesiens dunkelhäutige und primitive Naturvölker, entfernte Verwandte der Neger; dann kommen schon Indonesien und die Küste Asiens, und dort liegt die Steinzeit wohl weiter zurück als irgendwo sonst in der Welt.

So wandte ich meine Aufmerksamkeit und meine Vermutungen immer mehr ab von der Alten Welt, wo schon so viele gesucht und noch keiner etwas gefunden hatte, und richtete sie auf Amerikas bekannte und unbekannte Indianerkulturen, die bisher niemand in Betracht gezogen hatte. Und gerade an der Küste, genau ostwärts gelegen, wo sich heute die Republik Peru vom Stillen Ozean hinauf in die Berge erstreckt, fehlt es nicht an Spuren – wenn einer nur danach suchen will! Hier hat einst ein unbekanntes Volk gelebt und eine der seltsamsten Kulturen der Welt gegründet, bis es – irgendwann in der Vorzeit – urplötzlich verschwand, wie vom Erdboden verschluckt. Es hinterließ ungeheure, menschenähnliche Steinfiguren, die an die von Pitcairn, den Marquesas und der Oster-Insel erinnern, und mächtige Stufenpyramiden, die denen auf Tahiti und Samoa entsprechen. Steinblöcke, groß wie Eisenbahnwagen, schlugen diese Menschen mit Steinbeilen aus dem Fels heraus und transportierten sie meilenweit, richteten sie auf oder schichteten sie übereinander und bauten so Tore, Zyklopenmauern und Terrassen gleich denen, die auf einigen Südseeinseln zu finden sind.

Als die ersten Spanier nach Peru vordrangen, bestand in diesem Bergland das mächtige Reich der Inkas. Diese erzählten den Spaniern, die ungeheuren Monumente, die so verlassen in der

Landschaft standen, seien von einem Geschlecht weißer Götter erbaut worden, die dort gewohnt hätten, bevor die Inkas selbst die Macht übernahmen. Die verschwundenen Baumeister wurden als weise und friedliebende Lehrer geschildert, die im Anfang der Zeiten von Norden gekommen seien und die primitiven Vorväter der Inkas in der Baukunst und im Ackerbau und auch in Sitten und Gebräuchen unterwiesen hätten. Sie hätten sich von allen anderen Indianern durch eine weiße Haut und lange Bärte unterschieden und seien auch von höherem Wuchs gewesen. Schließlich aber hätten sie Peru ebenso plötzlich verlassen, wie sie gekommen waren. Die Inkas hätten selbst die Macht im Lande übernommen, und die weißen Lehrmeister wären für alle Zeit in westlicher Richtung hinaus auf den Stillen Ozean verschwunden.

Nun war es so, daß die Europäer, als sie auf die Südseeinseln kamen, erstaunt feststellten, daß viele Eingeborene von beinahe weißer Hautfarbe waren und Bärte trugen. Auf vielen Inseln gab es ganze Familien, die durch ihre bemerkenswert helle Haut, ihr rötliches bis blondes Haar, ihre blaugrauen Augen und – auf Grund einer Adlernase – ein beinahe semitisches Aussehen auffielen. Die anderen Polynesier hatten eine goldbraune Haut, rabenschwarzes Haar und eine flache, stumpfe Nase. Die Rothaarigen nannten sich selbst »Urukehu« und erzählten, daß sie direkt von den ersten Häuptlingen der Inseln abstammten, die weiße Götter waren wie eben Tangaroa, Kane und Tiki. Die Legenden um die geheimnisvollen weißen Männer, von denen die Insulaner sich herleiteten, waren über ganz Polynesien verbreitet. Als Roggeveen die Oster-Insel im Jahre 1722 entdeckte, traf er zu seinem Erstaunen auch dort hellhäutige Männer an. Die Oster-Insel-Leute konnten alle ihre Vorfahren aufzählen, die hellhäutig gewesen waren, bis zurück zu Tiki und Hotu Matua, die als erste über das Meer gekommen waren, »aus einem gebirgigen Land im Osten, das von der Sonne verdorrt war«.

Als ich weitersuchte, fand ich in Peru überraschende Spuren kultureller, mythologischer und sprachlicher Art, die mich ständig tiefer und konzentrierter schürfen ließen, um die Heimat des polynesischen Stammvaters Tiki zu identifizieren.

Und ich fand, was ich erhoffte. Eines Tages las ich die Legende der Inkas vom Sonnenkönig Virakocha, der der Führer des verschwundenen weißen Volkes in Peru gewesen war. Ich las: »Der Name Virakocha stammt aus der Inkasprache (ketchua) und ist folglich neueren Datums. Der ursprüngliche Name des Sonnengottes Virakocha, der, wie es scheint, im alten Peru gebräuchlicher war, ist Kon-Tiki oder Illa-Tiki, was Sonnen-Tiki oder Feuer-Tiki bedeutet. Kon-Tiki war der oberste Priester und Sonnenkönig der weißen Männer, die, nach den Legenden der Inkas, die mächtigen Ruinen am Titicacasee hinterlassen haben. Wie die Legende berichtet, wurde Kon-Tiki von einem Häuptling namens Cari angegriffen, der aus dem Coquimbotal gekommen war. In einer Schlacht auf einer Insel des Titicacasees wurden die geheimnisvollen weißen und bärtigen Männer erschlagen, aber Kon-Tiki und seine nächsten Gefolgsleute entkamen und konnten die Küste erreichen und verschwanden schließlich über das Meer nach Westen.«

Für mich gab es nun keinen Zweifel mehr. Der weiße Häuptlingsgott Sonnen-Tiki, von dem die Inkas berichteten, daß ihn ihre Vorfahren auf den Stillen Ozean getrieben hatten, war mit dem weißen Häuptling Tiki identisch, mit Tiki, dem Sohn der Sonne, den alle Bewohner der östlichen Südseeinseln als ihren Stammvater feierten. Selbst Einzelheiten aus Sonnen-Tikis Leben in Peru und die Namen der alten Orte am Titicacasee tauchten in den historischen Erzählungen der Südseeinsulaner wieder auf.

In ganz Polynesien fanden sich aber auch Spuren, die darauf hindeuteten, daß die Inseln nicht lange allein Kon-Tikis friedlichem Geschlecht vorbehalten blieben. Es gibt Hinweise, daß Nordwestindianer mit seetüchtigen Kriegskanus – groß wie Wikingerschiffe und zwei und zwei aneinandergebunden – über das Meer nach Hawaii gekommen sind und von dort aus all die anderen weiter südlich gelegenen Inseln erreichten. Ihr Blut vermischte sich mit dem Geschlecht Kon-Tikis, und sie brachten dem Inselreich eine neue Kultur. Sie waren das zweite Steinzeitvolk, das – um 1100 herum – in Polynesien landete, ohne Metall, ohne Töpferei, ohne das Rad, ohne Webstuhl und ohne Getreide.

Und so kam es, daß ich in Britisch-Kolumbien Felsbilder in altpolynesischem Stil unter den Nordwestindianern ausgrub, als die Deutschen in Norwegen eindrangen.

Rechts um! Links um! Ganze Abteilung kehrt! Kasernentreppenwaschen, Stiefelputzen, Funkerschule und Fallschirmausbildung – das Ganze endete mit dem Murmansk-Konvoi nach Finnmarken. Dort hauste der Kriegsgott der Technik, während sich der Sonnengott für einen langen Winter empfahl.

Dann kam der Friede.

Und eines Tages war die Theorie fertig. Ich wollte nach Amerika und sie vorlegen.

2

Eine Expedition kommt zustande

Bei den Spezialisten. Der springende Punkt. Im norwegischen Seemannsheim. Letzter Ausweg. Der »Explorers Club«. Die neue Ausrüstung. Der erste Gefolgsmann. Ein Triumvirat. Ein Maler und zwei »Saboteure«. Nach Washington. Konferenz im Kriegsministerium. Mit der Wunschliste beim Generalquartiermeister. Finanzprobleme. Bei den Diplomaten der UN. Flug nach Ekuador.

So also hatte es angefangen, am Strand einer Südseeinsel, wo uns ein alter Eingeborener die Sagen und Geschichten seines Geschlechts erzählte. Viele Jahre später saß ich mit einem anderen Alten beisammen, diesmal aber in einem dunklen Büro in den oberen Stockwerken eines großen New-Yorker Museums.

Um uns herum lagen in wohlgeordneten Glasschränken die toten Hüllen einer vergangenen Wirklichkeit, die in die graue Vorzeit zurückwiesen. Im übrigen waren die Wände mit Büchern bedeckt. Manches davon hatte ein Mensch geschrieben, und kaum zehn andere hatten es gelesen. Der alte Mann, der alle diese Bücher gelesen und eine ganze Reihe davon selbst geschrieben hatte, saß, weißhaarig und gütig, hinter seinem Schreibtisch. Aber ich mußte ihm zu nahe getreten sein, denn er umklammerte unwillig die Armlehnen seines Stuhls und sah aus, als hätte ich ihm einen Strich durch die Rechnung gemacht.

»Nein«, sagte er. »Niemals!«

Genauso hätte wohl der Weihnachtsmann dreingeschaut, wenn jemand ihm hätte beweisen wollen, daß im folgenden Jahr Heiligabend auf den Johannistag falle.

»Sie haben unrecht, völlig unrecht«, wiederholte er und schütttelte indigniert den Kopf, als wolle er einen unangenehmen Gedanken vertreiben.

»Aber Sie haben ja meine Argumente noch gar nicht gelesen!« entgegnete ich und deutete hoffnungsvoll auf das Manuskript, das auf dem Tisch lag.

»Argumente«, sagte er »Sie dürfen ethnographische Probleme nicht wie ein Detektiv angehen!«

»Warum nicht? Alle meine Schlußfolgerungen basieren auf eigenen Beobachtungen und auf den Tatsachen, die mir die Wissenschaft auf den Tisch gelegt hat.«

»Aufgabe der Wissenschaft ist es, reine Forschungsarbeit zu leisten«, sagte er ruhig. »Und nicht, dieses oder jenes zu beweisen.« Behutsam schob er das ungeöffnete Manuskript zur Seite und stützte die Ellbogen auf den Tisch.

»Es ist zwar völlig richtig, daß in Südamerika eine der merkwürdigsten Kulturen der Weltgeschichte zu Hause war und daß wir weder wissen, wer ihre Träger waren, noch, wo diese geblieben sind, als die Inkas an die Macht kamen. Aber eines wissen wir jedenfalls mit Sicherheit: daß keines der Völker Südamerikas auf die Inseln des Stillen Ozeans übergesiedelt ist.« Er sah mich forschend an und fuhr fort: »Wissen Sie auch warum? Die Antwort ist ganz einfach: Sie konnten diese Inseln nicht erreichen. Sie hatten keine Schiffe!«

»Sie hatten Flöße«, wandte ich ein, »Flöße aus Balsaholz.«

Der Alte lächelte gelassen. »Sie können es ja versuchen, auf einem Balsafloß von Peru nach den Südseeinseln zu reisen.«

Ich blieb die Antwort schuldig. Es war spät geworden. Wir erhoben uns. Der alte Gelehrte schlug mir wohlwollend auf die Schulter, als er mich zur Tür begleitete, und sagte, falls ich einmal Hilfe brauchte, solle ich nur zu ihm kommen. Er gebe mir aber den guten Rat, mich entweder auf Polynesien oder auf Südamerika zu spezialisieren und nicht zwei verschiedene Teile der Welt durcheinanderzubringen. Er ging zum Tisch zurück.

»Sie haben das hier vergessen«, sagte er und reichte mir das Manuskript. Ich sah auf den Titel: »Polynesien und Amerika. Das Problem ihrer Kulturverwandtschaft.« Ich klemmte mir das Manuskript unter den Arm, schlenderte die Treppe hinunter und hinaus in den Trubel der Straßen.

An diesem Abend ging ich aus und klopfte an die Tür einer alten Behausung in einem versteckten Winkel von Greenwich Village. Dort suchte ich immer Zuflucht mit den kleinen Problemen meiner Existenz.

Ein schmächtiges Männchen mit langer Nase musterte mich vorsichtig, bevor er mit breitem Lächeln die Tür öffnete und mich einließ. Er zog mich in die kleine Küche, wo er mich Teller und Gabeln aufdecken ließ. während er selbst die Menge des unbestimmbaren, aber wohlriechenden Gerichts verdoppelte, das er auf dem Gasherd wärmte.

»Nett, daß du gekommen bist«, sagte er. »Wie geht's?«

»Schlecht«, antwortete ich. »Keiner will das Manuskript lesen.«

Er füllte die Teller, und wir widmeten uns ihrem Inhalt.

»Die Sache ist die«, sagte er, »daß alle, die du aufgesucht hast, annehmen, es sei eine flüchtige Idee, mit der du dich beschäftigst. Du weißt, wieviel Leute mit merkwürdigen Ideen hier in Amerika auftauchen.«

»Da ist noch etwas«, warf ich ein.

»Ja«, sagte er, »die Beweisführung. Sie alle sind Spezialisten und geben nichts auf eine Arbeitsmethode, die in alle Fachgebiete hineingreift – von der Botanik bis zur Archäologie. Sie begrenzen sich selbst im Umfang ihrer Forschungstätigkeit, um auf der Suche nach Details konzentrierter in der Tiefe schürfen zu können. Die Wissenschaft der Gegenwart fordert, daß jedes Fachgebiet auf seinem eigenen Gebiet gräbt. Man ist gar nicht mehr gewohnt, daß einer die vielen Teilergebnisse durchsieht, die aus den verschiedenen Gebieten kommen, und Einzelheiten zu einem großen Bild zusammensetzt.«

Er griff nach einem umfangreichen Manuskript.

»Schau her«, sagte er, »mein letztes Werk über das Vogelmuster in der chinesischen Bauernstickerei. Es hat mich geschlagene sieben Jahre gekostet, aber es wurde nun auch sofort zum Druck angenommen. Die Zeit fordert Detailstudien.«

Carl hatte recht. Aber Probleme des Stillen Ozeans zu lösen, ohne sie von allen möglichen Seiten zu beleuchten, bedeutete meiner Meinung nach dasselbe, wie ein Puzzlespiel nur aus den Teilen, die den gleichen Farbton haben, zusammensetzen zu wollen. Wir räumten den Tisch ab, und ich half ihm beim Abwaschen.

»Was Neues von der Universität in Chicago?«

»Nein.«

»Und was sagte heute dein alter Freund vom Museum?«

»Er war auch nicht interessiert. Da die Indianer nur offene Flöße besaßen, so meinte er, müsse man es als unmöglich betrachten, daß sie die Inseln des Stillen Ozeans je erreichen konnten.«

Der kleine Mann rieb aufgeregt an seinem Teller herum. »Ja«, sagte er dann, »ganz ehrlich: Genau das ist es, was auch mich hindert, an die Haltbarkeit deiner Theorie zu glauben.«

Ich blickte düster auf den kleinen Ethnologen, den ich bisher als verschworenen Bundesgenossen betrachtet hatte.

»Aber mißverstehe mich nicht«, beeilte er sich hinzuzufügen, »einerseits glaube ich, daß du recht hast, andererseits aber leuchtet es sowenig ein. Und meine Arbeit über das Vogelmuster stützt ja deine Theorie.«

»Carl«, ich sah ihn ernst an, »ich bin so sicher, daß die Indianer den Stillen Ozean überquert haben, daß ich bereit bin, selbst ein solches Floß zu bauen und damit den Ozean zu überqueren, nur um die Möglichkeit zu beweisen.«

»Du bist verrückt!« Mein Freund nahm das als schlechten Scherz und lachte halb erschrocken allein bei der Vorstellung.

»Du glaubst also nicht, daß es möglich ist?«

»Mit einem Floß? Du bist wirklich verrückt!«

Er wußte nicht, was er dazu sagen sollte, und starrte mich an, als suche er das Lächeln, das den Scherz bestätigte. Er fand es nicht.

Ich sah nun ein, daß keiner meine Theorie gutheißen würde, weil eine scheinbar endlose Meereswüste zwischen Peru und Polynesien lag, die ich mit einem urzeitlichen Floß überbrükken wollte.

»Hör mal«, Carl sah mich unsicher an, »gehen wir aus und genehmigen uns einen!«

Wir gingen und genehmigten uns nicht nur einen.

Wenige Tage später war meine Miete fällig. Gleizeitig teilte mir die Norwegische Staatsbank mit, daß ich keine Dollars mehr zu erwarten hätte. Valutaeinschränkungen. Ich packte die Koffer und stieg in die Untergrundbahn nach Brooklyn. Dort mietete ich mich im norwegischen Seemansheim ein, wo es eine kräftige und reichliche Kost gab und die Preise meiner Brieftasche angemessen waren. Ich bekam einen kleinen Raum unterm Dach und aß mit all den Matrosen drunten in einem großen Speisesaal.

Die Seeleute zogen ein und aus. Sie waren unterschiedlich im Typ, in der Größe und im Nüchternheitsgrad, aber eines hatten sie alle gemeinsam: Sie wußten genau, was sie redeten, wenn sie von der See sprachen.

Ich erfuhr, daß Wogen und Brecher nicht mit der Tiefe der See oder der Entfernung vom Lande größer wurden; im Gegenteil, oft war eine Bö vor der Küste weit tückischer als auf offener See. Untiefen, der Grundstrom vor der Küste oder eine Meeresströmung, die sich am Land entlangpreßte, konnten weit höhere Wellen emporwälzen, als sie draußen auf See üblich waren. Ein Fahrzeug, das sich an einer offenen Küste durchsetzte, vermochte sich auch weiter draußen zu halten. Mir wurde klar: Bei grober See tauchten große Schiffe oft Bug oder Heck in die Wassermassen, so daß sich viele Tonnen Seewasser auf das Deck ergossen, und Stahlrohre knickten wie Zündhölzer, während ein kleines Boot in derselben See gut bestehen konnte, weil es Platz genug zwischen den Wellenkämmen hatte, um frei darüber hinweg zu tanzen wie eine Möwe. Unter den Männern gab es einige, die sich in einem Rettungsboot hatten bergen können, nachdem die Wogen ihr Schiff zum Sinken gebracht hatten.

Aber sie wußten kaum etwas über Flöße. Ein Floß war ja kein Schiff, es hatte weder Kiel noch Reling, es war nur eben etwas Schwimmendes, auf das man sich in äußerster Not retten konnte, bis man von irgendeinem Schiff aufgenommen wurde. Einer jedoch hatte großen Respekt vor Flößen in grober See, denn er war drei Wochen lang auf einem solchen getrieben, nachdem ein deutscher Torpedo sein Schiff mitten im Atlantik versenkt hatte.

»Aber ein Floß läßt sich nicht steuern«, fügte er hinzu. »Es treibt hier- und dorthin, je nachdem, wie der Wind weht.«

In der Bibliothek grub ich die Aufzeichnungen der ersten Europäer aus, die an die Küste des Stillen Ozeans in Südamerika gelangt waren. Es mangelte weder an Skizzen noch an Beschreibungen der großen Balsaflöße der Indianer. Diese Flöße hatten Rahsegel, Schwerter und achtern ein langes Steuerruder, also konnte man damit auch manövrieren.

Wochen vergingen im Seemannsheim. Keine Antwort, weder aus Chicago noch aus irgendeiner anderen Stadt, wohin ich Kopien meiner Theorie geschickt hatte. Keiner hatte sie gelesen.

So raffte ich mich eines Samstags auf und marschierte zu einem Schiffshändler unten an der Water Street, wo ich höflich als Kapitän angeredet wurde, als ich eine Lotsenkarte des Stillen Ozeans kaufte. Mit der Kartenrolle unter dem Arm stieg ich in die Vorortbahn nach Ossining, wo ich ein gern gesehener Weekendgast bei einem jungen norwegischen Ehepaar auf einem hübschen Landsitz war. Er war früher Kapitän gewesen und nun Kontorchef bei der Fred-Olsen-Line in New York.

Nach einem erfrischenden Sprung ins Schwimmbassin war das Großstadtleben für den Rest des Wochenendes vergessen, und als Ambjørg mit dem Cocktailtablett kam, setzten wir uns im Sonnenschein auf den Rasen. Ich konnte nicht mehr länger an mich halten, rollte die Karte aus und überfiel Wilhelm mit der Frage, ob er glaube, daß Menschen auf einem Floß lebend von Peru zu den Südseeinseln gelangen könnten.

Halb verblüfft, sah er mehr auf mich als auf die Karte, bejahte aber meine Frage sofort. Ich fühlte mich so leicht, als hätte ich plötzlich Flügel bekommen, denn ich wußte, daß alles, was mit der Seefahrt zusammenhing, für Wilhelm Beruf und Leidenschaft zugleich war. Ich weihte ihn in meine Pläne ein, doch zu meiner Überraschung konstatierte er nur, daß so etwas der reine Wahnwitz sei.

»Aber du hast doch gerade gesagt, daß du es für möglich hältst«, unterbrach ich ihn.

»Ganz richtig«, gab er zu. »Aber die Chance, daß es schiefgeht, ist genauso groß. Du hast noch nie in deinem Leben auf einem Balsafloß gestanden, und nun glaubst du plötzlich, du könntest damit den Pazifik überqueren. Vielleicht geht es, vielleicht aber auch nicht. Die Indianer im alten Peru stützten sich auf die Erfahrungen von Generationen. Vielleicht gingen immer zehn Flöße unter, ehe eines die Überfahrt bestand, vielleicht einige hundert im Laufe der Jahrhunderte. Wie du sagst, manövrierten die Inkas auf offener See mit ganzen Flottillen von Balsaflößen. Da konnten sie auch vom Nachbarfloß gerettet werden, wenn etwas passierte. Wer aber soll dich aus dem Wasser ziehen, mitten auf dem Ozean? Selbst wenn du für den Notfall ein Funkgerät mitnimmst, es dürfte ziemlich schwer sein, inmitten der Wellenberge und Tausende Meilen vom Land entfernt ein kleines Floß zu finden. Im Sturm könnt ihr außerdem vom Floß hinuntergespült werden und schon längst ertrunken sein, bevor jemand zu Hilfe eilen kann. Es ist wohl besser, du wartest ab, bis einer die Zeit gefunden hat, dein Manuskript zu lesen. Schreib immer wieder und laß den Leuten keine Ruhe, alles andere ist sinnlos.«

»Ich kann nicht länger warten. Ich habe demnächst keinen Cent mehr in der Tasche.«

»Dann ziehst du zu uns. Wie stellst du es dir übrigens vor, ohne Geld von Südamerika aus eine Expedition zu starten?«

»Es ist viel leichter, für eine Expedition Interesse zu wecken als für ein ungelesenes Manuskript.«

»Und was könntest du damit erreichen?«

»Eins der gewichtigsten Argumente gegen meine Theorie zu Fall zu bringen, ganz abgesehen davon, daß die Wissenschaft auf die Sache aufmerksam wird.«

»Und wenn es schiefgeht?«

»Dann habe ich eben nichts bewiesen.«

»Da würdest du ja deine eigene Theorie in den Augen aller zunichte machen.«

»Vielleicht. Und trotzdem, du hast ja

selbst gesagt, daß eins von zehn Erfolg haben könnte.«

Die Kinder der beiden kamen, um Krocket zu spielen, und so sprachen wir an diesem Tag nicht mehr davon.

Am nächsten Wochenende fand ich mich abermals in Ossining ein, wieder mit der Kartenrolle unter dem Arm, und als ich ging, verband ein langer Bleistiftstrich die peruanische Küste und die Tuamotu-Inseln im Stillen Ozean. Mein Freund, der Kapitän, hatte die Hoffnung aufgegeben, mir meine Idee auszureden, und so hatten wir stundenlang beisammengesessen und die voraussichtliche Drift des Floßes berechnet.

»Siebenundneunzig Tage«, sagte Wilhelm. »Aber vergiß nicht, nur unter theoretisch idealen Verhältnissen, das heißt bei ständigem Rückenwind und wenn das Floß wirklich so segeln kann, wie du glaubst. Du mußt unbedingt mindestens vier Monate Fahrzeit einkalkulieren, aber auf mehr vorbereitet sein.«

»All right«, sagte ich zufrieden. »Dann rechnen wir eben mit vier Monaten, machen es aber in siebenundneunzig Tagen.«

Der winzige Raum im Seemannsheim kam mir noch einmal so anheimelnd vor, als ich an diesem Abend zurückkehrte und mich mit der Karte auf die Bettkante setzte. Ich schritt den Fußboden ab, soweit es mir das Bett und die Kommode gestatteten, mich durchzuwinden. Gott sei Dank, das Floß würde viel größer sein als dieser Raum. Ich lehnte mich weit aus dem Fenster, um einen Blick auf den fast vergessenen Sternenhimmel der Großstadt zu werfen, von dem nur ein kleiner Ausschnitt zwischen den hohen Hinterhofmauern zu sehen war. Wenn auch nur wenig Platz auf dem Floß sein würde, über uns gab es dort genügend Raum für einen ganzen Sternenhimmel.

Im Westen, 42. Straße, am Zentralpark, liegt einer der exklusivsten Klubs von New York. Nur ein kleines, blankgeputztes Messingschild mit der Aufschrift »Explorers Club« verrät dem Vorbeigehenden, daß hinter der Tür etwas Ungewöhnliches zu erwarten ist. Tritt man aber erst ein, so ist es, als sei man nach einem Sprung mit dem Fallschirm mitten in einer fremden Welt gelandet, Tausende Meilen entfernt von den von Wolkenkratzern flankierten Automobilreihen New Yorks. Wenn sich die Tür nach New York hinter einem geschlossen hat, wird man von einer Atmosphäre umfangen, die Löwenjagd, Bergbesteigung und Polarleben in sich vereint und zugleich das Gefühl aufkommen läßt, im Salon einer komfortablen Jacht zu sitzen, die sich auf einer Weltreise befindet. Trophäen von Nilpferd und Hirsch, mächtige Geweihe, Stoßzähne, Kriegstrommeln und Spieße, Indianerteppiche, Götterbilder und Schiffsmodelle, Flaggen, Fotografien und Karten umgeben die Mitglieder des Klubs von allen Seiten, wenn sie hier zum Essen oder zu einem Vortrag über ferne Länder zusammentreffen.

Nach meiner Reise zu den Marquesas-Inseln hatte man mich zum aktiven Mitglied des Klubs gewählt, und als

»Jungmann« der Mannschaft versäumte ich selten eine Versammlung, wenn ich in der Stadt war. Als ich an einem regenschweren Novemberabend den Klub betrat, war ich nicht wenig erstaunt, die Räume in einer ganz anderen Verfassung als sonst vorzufinden. Mitten auf dem Boden lag ein aufgeblasenes Gummifloß mit Rettungsbootrationen und Zubehör, während Fallschirme, Gummikleidung, Rettungswesten und Polarausrüstungen neben Wasserdestillationsapparaten und anderen seltsamen Erfindungen Wände und Tische bedeckten. Ein neugewähltes Mitglied des Klubs, Oberst Haskin vom Ausrüstungskommando der Luftwaffe, wollte eine ganze Reihe neuer militärischer Erfindungen vorstellen, die seiner Meinung nach in Zukunft auch für wissenschaftliche Expeditionen sowohl in der Arktis wie auch in den Tropen von Nutzen sein konnten.

Nach dem Vortrag gab es eine lebhafte und vergnügte Diskussion. Dänemarks bekannter Polarforscher Peter Freuchen, eine imponierende Gestalt, erhob sich und strich skeptisch seinen mächtigen Bart. Er traute solchen neumodischen Patenten nicht. Er hatte selbst einmal auf einer seiner Grönlandexpeditionen Eskimokajak und Schneehütte mit Gummiboot und Taschenzelt vertauscht, und das hatte ihn um ein Haar das Leben gekostet. Zuerst wäre er beinahe in einem Schneesturm erfroren, weil der Reißverschluß des Zeltes vereist war und er nicht ins Zelt kam, und später, als er zum Fischfang hinausgefahren war, hatte sich der Haken in der Haut des Gummibootes verfangen und ein Loch gerissen, so daß das Boot wie ein Stein unter ihm wegsackte. Er hatte sich und seinen Eskimofreund eben noch in ein Kajak hinüberretten können, das zu Hilfe geeilt war. Seitdem war er fast überzeugt, daß kein noch so phantasievoller Erfinder im Laboratorium etwas Besseres austüfteln könne als das, was die Eskimos auf Grund der Erfahrung von Jahrtausenden in der ihnen vertrauten Umgebung verwendeten.

Am Schluß der Diskussion machte Oberst Haskin ein überraschendes Angebot: Aktive Mitglieder des Klubs konnten von den Erfindungen, die er gerade demonstriert hatte, für ihre nächste Expedition alles bekommen, was sie nur wünschten, und nur eine einzige Bedingung wurde gestellt: Nach der Rückkehr mußten sie dem Laboratorium ihre Erfahrungen mitteilen.

Und dabei blieb es.

An diesem Abend verließ ich die Klubräume als letzter. Ich mußte jedes kleinste Detail der glänzenden, neuen Ausrüstung studieren, die mir plötzlich in die Hände gefallen war und die mir zur Verfügung stand, wenn ich es wünschte. Es war genau das, was ich suchte: eine Ausrüstung für den Versuch, das Leben zu retten, wenn sich unser Floß wider aller Erwartung auflösen sollte und kein anderes Floß in der Nähe war.

Am Morgen darauf beim Frühstück im Seemannsheim – ich war in Gedanken noch immer bei dieser Ausrüstung – setzte sich ein gutgekleideter, athletisch gebauter junger Mann mit seinem Frühstückstablett zu mir an den Tisch.

Wir kamen ins Gespräch, und es stellte sich heraus, daß er genausowenig Seemann war wie ich; er war Diplomingenieur, stammte aus Trondheim und wollte in Amerika Maschinenteile kaufen und Erfahrungen in der Kältetechnik sammeln. Er wohnte in der Nähe und aß oft im Seemannsheim, dessen gute norwegische Küche er schätzte. Er fragte mich, was ich treibe, und ich erzählte in kurzen Zügen von meinen Plänen. Ich erwähnte, daß ich, falls bis Ende der Woche keine positive Antwort auf mein Manuskript einträfe, alles daransetzen würde, die Floßexpedition in Gang zu bringen. Mein Gegenüber sagte nicht viel, hörte aber interessiert zu.

Vier Tage später trafen wir uns abermals im gleichen Speisesaal.

»Haben Sie sich schon entschieden, ob Sie die Tour unternehmen oder nicht?« fragte er.

»Ja«, antwortete ich. »Es geht los.«

»Wann?«

»So bald wie möglich. Wenn ich noch mehr Zeit vergeude, dann kommen die Stürme aus der Antarktis herauf, und die Zeit der Orkane um die Inseln ist da. Ich muß also Peru in wenigen Monaten verlassen, zuvor aber heißt es Geld besorgen und die ganze Sache organisieren!«

»Wieviel Mann sollen es werden?«

»Ich hab an insgesamt sechs Mann gedacht. Das bringt einige Abwechslung im Zusammenleben auf dem Floß und reicht gerade aus, um vierstündige Ruderwachen einzurichten.«

Ein Weilchen stand er in Gedanken versunken da, dann sagte er ernst und mit Nachdruck: »Weiß Gott, ich hätte Lust dabeizusein. Ich könnte technische Messungen und Versuche übernehmen. Sie haben ja selbst gesagt, daß Sie das Experiment mit entsprechenden Messungen von Wind, Strömung und Wellen unterbauen müßten. Denken Sie daran, Sie wollen durch riesige Meeresgebiete treiben, die nahezu unbekannt sind, weil sie weitab von jedem Schiffsverkehr liegen. Dort könnte eine solche Expedition interessante hydrographische und meteorologische Untersuchungen durchführen, und dabei kämen mir meine Kenntnisse in der Thermodynamik gut zustatten.«

Ich wußte nicht mehr von dem Mann, als ein offenes Gesicht verrät. Manchmal genügt das.

»All right!« stimmte ich zu. »Fahren wir gemeinsam.«

Der Mann hieß Hermann Watzinger, er war eine Landratte wie ich.

Wenige Tage später nahm ich ihn als Gast mit in den »Explorers Club«. Dort prallten wir geradezu mit dem Polarforscher Peter Freuchen zusammen. Freuchen hatte die gesegnete Eigenschaft, niemals in der Menge unterzugehen. Groß wie ein Scheunentor mit wallendem Bart, sieht er aus wie ein Bote der offenen Tundra. Er verbreitet eine Atmosphäre um sich, als führe er einen grauen Bären an der Leine.

Wir schleppten ihn an eine mächtige Landkarte und unterbreiteten ihm unseren Plan, mit einem Indianerfloß über den Stillen Ozean zu treiben.

Beim Zuhören wurden seine blauen Jungenaugen groß wie Zinnteller, und vor Erstaunen strich er sich fortwährend den Bart. Dann stieß er das Holzbein gegen den Boden und schnallte den Hosenriemen einige Löcher enger.

»Ha«, rief er, »das ist ein Plan! Weiß der Teufel, da sollte man dabeisein!«

Der alte Grönlandfahrer füllte unsere Biergläser und fing an, über sein Vertrauen zu den Fahrkünsten der Naturvölker zu berichten und von ihrer Geschicklichkeit, sich zu Lande und auf dem Wasser der Natur anzupassen und sich auf diese Weise durchzusetzen. Er selbst war auf Flößen die großen Ströme Sibiriens hinuntergefahren und hatte Eingeborene auf Flößen mit einem Boot längs der Küste des Polarmeeres geschleppt. Und solange er erzählte, hörte er nicht auf, sich den Bart zu streichen und uns zu versichern, daß wir einer wunderbaren Zeit entgegengingen.

Freuchens Eifer, unseren Plan zu unterstützen, brachte alles ins Rollen, und so fanden wir uns plötzlich in den Spalten der skandinavischen Presse wieder. Schon am Morgen darauf klopfte es ungestüm an meine Tür im Seemannsheim, und man rief mich ans Telefon. Das Ergebnis des Gesprächs war, daß Hermann und ich am Abend an der Tür einer Wohnung im vornehmsten Teil der Stadt läuteten. Wir wurden von einem gepflegten jungen Herrn in Lackpantoffeln empfangen, der einen seidenen Schlafrock über dem blauen Anzug trug. Er machte einen etwas verweichlichten Eindruck, entschuldigte sich wegen seiner Erkältung und hielt sich dabei ein parfümiertes Taschentuch unter die Nase. Doch wir wußten, daß dieser Mann durch seinen erfolgreichen Einsatz als Flieger während des Krieges sich in Amerika einen Namen gemacht hatte. Außer unserem bettlägerigen Wirt waren zwei energische junge Presseleute zur Stelle, die geradezu strotzten von Ideen und Entschlußkraft. In dem einen erkannten wir einen angesehenen Korrespondenten.

Bei einer Flasche gutem Whisky erklärte unser Wirt, er sei an unserer Expedition interessiert. Er erbot sich, uns das notwendige Kapital zur Verfügung zu stellen, wenn wir uns verpflichteten, nach der Heimkehr ihm eine Artikelserie zu liefern und auf eine Vertragstournee zu gehen. Wir wurden schließlich einig und stießen auf eine glückliche Zusammenarbeit zwischen »Geldgebern« und Expeditionsteilnehmern an. Von nun an sollten unsere ökonomischen Probleme gelöst sein. Sie würden von unserem Wirt übernommen und brauchten uns nicht mehr zu bekümmern. Unverzüglich sollten Hermann und ich darangehen, Mannschaft und Ausrüstung zu besorgen und das Floß zu bauen, um noch vor Beginn der Stürme abfahren zu können.

Am nächsten Tag gab Hermann seine Stellung auf, und wir machten uns ernstlich an die Arbeit. Ich hatte vom Versuchslaboratorium der Luftwaffe bereits die Nachricht bekommen, daß man eine solche Expedition für außerordentlich geeignet halte, die Ausrüstung zu erproben. Man wolle mir alles, worum ich gebeten hatte, und noch mehr durch den »Explorers Club« zur Verfügung stellen. Das war ein guter Anfang. Unsere wichtigste Aufgabe war es nun, vier brauchbare Männer zu finden, die bereit waren, mit uns auf das

Floß zu gehen, und Proviant für die Reise zu beschaffen.

Eine Gruppe von Menschen, die miteinander auf einem Floß über den Ozean treiben sollen, muß sehr sorgfältig ausgesucht werden, sonst gibt es schon nach wenigen Wochen Isolierung auf dem Meer Krach und Meuterei. Ich wollte das Floß nicht mit Seeleuten bemannen. Einmal verstanden diese kaum mehr von der Floßschifferei als wir, und außerdem wollte ich später nicht das Argument gegen mich haben, wir hätten unser Gelingen nur dem Umstand zu verdanken, daß wir bessere Seeleute waren als die alten Flößebauer in Peru. Trotzdem brauchten wir einen Mann an Bord, der mit einem Sextanten umgehen und unsere Drift über das Meer als Unterlage für alle wissenschaftlichen Berichte auf der Karte festhalten konnte.

»Ich kenne einen Maler«, sagte ich zu Hermann, »einen Mordskerl. Er spielt Gitarre und ist ein lustiges Huhn. Er hat die Steuermannschule hinter sich und ist ein paarmal um die Welt gefahren, bevor er sich zu Hause mit Pinsel und Palette niederließ. Ich kenne ihn noch von den Kindertagen her und bin zu Hause oft mit ihm in den Bergen gewandert. Ich werde ihm schreiben und ihn fragen; er macht bestimmt mit.«

»Das klingt annehmbar«, Hermann nickte, »und dann brauchen wir einen, der das Funkgerät bedienen kann.«

»Ein Funkgerät?« rief ich entsetzt. »Was, zum Teufel, sollen wir damit? Das gehört ja nun wirklich nicht auf ein vorgeschichtliches Floß!«

»Sag das nicht. Es ist eine Sicherheitsmaßnahme, die keinerlei Einfluß auf deine Theorie hat, solange wir nicht SOS senden. Außerdem brauchen wir den Funk, um Wetterbeobachtungen und andere Meldungen weiterzugeben. Es geht ja nicht darum, daß wir vielleicht Nutzen aus einer Sturmwarnung ziehen, denn es gibt keine Meldungen für diese Meeresstriche, und selbst wenn es welche gäbe – was würden sie uns auf unserem Floß helfen?«

Seine Argumente erstickten allmählich meine Proteste, die vermutlich einer mangelnden Liebe zu Steckkontakten und Drehknöpfen entsprangen.

»Merkwürdig genug«, gab ich in diesem Zusammenhang zu. »Wenn es galt, über große Entfernungen hinweg mit winzigen Apparaten Funkkontakt herzustellen, dann bekam ich immer die besten Verbindungen. Ich landete im Krieg in einer solchen Funkabteilung. Du weißt ja: Jeder Mann an den Platz, auf den er gehört! Am besten wird sein, ich schreibe ein paar Worte an Knut Haugland und Torstein Raaby.«

»Kennst du sie?«

»Ja. Knut traf ich das erstemal 1944 in England. Damals war er bereits vom britischen König ausgezeichnet worden, weil er der Funker der Gruppe war, die durch die Aktion gegen Rjukan die Produktion einer deutschen Atombombe verhindert hatte. Als ich ihn traf, war er gerade von einem anderen Einsatz in Norwegen zurückgekommen. Dabei hatte ihn die Gestapo überrascht, als er mit einem Geheimsender im Rauchfang der Frauenklinik in Oslo saß. Die Nazis hatten ihn angepeilt und deutsche Soldaten das ganze Gebäude umstellt. Außerdem lag vor jeder Tür ein Posten mit einer Maschinenpistole. Der Gestapochef Fehmer persönlich stand auf dem Hof und wartete, daß man ihm Knut hinunterbringen sollte, aber es waren die eigenen Leute, die man ihm brachte. Knut schoß sich mit seiner Pistole durch, vom Dachboden bis in den Keller und von dort in den Hinterhof, wo er – in einem wahren Kugelregen – über die Krankenhausmauer verschwand. Ich traf ihn auf einer Geheimstation in einem alten englischen Schloß, wo er das Zusammenspiel von über hundert illegalen Sendern im okkupierten Norwegen organisierte.

Ich hatte eben erst meine Fallschirmausbildung beendet, und es war geplant, daß wir gemeinsam über Nordmarka in der Nähe von Oslo absprangen. Doch gerade da marschierten die Russen im Gebiet von Kirkenes ein, und eine kleine norwegische Abteilung wurde von Schottland nach Finnmarken geschickt, um dort gleichsam die Operationen des russischen Heeres durchzuführen. Auch ich wurde dorthin geschickt. Und dort traf ich Torstein.

In dieser Gegend herrschte noch tiefster Polarwinter, und das Nordlicht züngelte oft den ganzen Tag lang am Sternenhimmel, der sich pechschwarz über uns wölbte. Als wir blaugefroren und pelzvermummt in die verkohlte Brandwüstenei von Finnmarken kamen, kroch aus einer kleinen Hütte in den Bergen ein munterer, blauäugiger Bursche mit buschigem blondem Haar. Torstein Raaby. Er war zunächst nach England geflohen, dort hatte man ihn ausgebildet und dann bei Tromsö wieder nach Norwegen eingeschmuggelt. Mit einem kleinen Sender hatte er sich in unmittelbarer Nähe des Kriegsschiffes ›Tirpitz‹ verborgen gehalten und zehn Monate lang täglich Berichte über alles, was an Bord vor sich ging, nach England gefunkt. Er setzte seine Meldungen über die Empfängerantenne eines deutschen Offiziers ab, in die er sich des Nachts einschaltete. Es waren seine regelmäßigen Berichte, nach denen die britischen Bomber dirigiert wurden, die schließlich der ›Tirpitz‹ den Garaus machten.

Torstein flüchtete nach Schweden, ging von dort nach England zurück und sprang mit dem Fallschirm und einem neuen Funkgerät hinter den deutschen Linien über Finnmarken wieder ab. Als die Deutschen sich zurückzogen, fand er sich plötzlich hinter unseren eigenen Linien und kam aus seinem Versteck; er half uns mit seinem winzigen Gerät, da unsere Hauptstation durch eine Mine zerstört worden war. Ich wage zu schwören, daß Knut und Torstein nicht viel Freude daran haben, zu Hause herumzusitzen, und daß sie ganz gern eine kleine Reise auf einem Floß machen würden.«

»Dann schreib und frag«, schlug Hermann vor.

Ich schrieb einen kurzen Brief ohne hinterlistige Überredungskünste an Erik und Knut und Torstein.

»Will demnächst auf einem Floß quer über den Pazifik reisen, um meine Theorie zu untermauern, daß die Südseeinseln von Peru aus bevölkert wurden. Kommt Ihr mit? Ich garantiere nichts außer freier Reise über Peru zu den Südseeinseln und wieder nach Hause und daß Ihr Eure technischen Kenntnisse unterwegs bestens gebrauchen könnt. Antwortet bitte sofort.«

Folgendes Telegramm kam umgehend: »Bin dabei. Torstein.«

Die beiden anderen sagten ebenfalls zu.

Als sechsten Mann setzten wir einen um den anderen auf die Liste, aber immer kam etwas dazwischen. Inzwischen mußten Hermann und ich das Proviantproblem angehen. Wir hatten nicht die Absicht, unterwegs altes Lamafleisch oder getrocknete Kumarakartoffeln zu schlucken, denn es war ja nicht unsere Absicht, zu beweisen, daß wir selbst einmal Indianer waren. Der Sinn unserer Fahrt war, die Qualität des Inkafloßes zu erproben, seine Seetüchtigkeit und Tragfähigkeit, und ob die Elemente es wirklich quer über das Meer nach Polynesien schieben würden und dabei Menschen an Bord ließen. Unsere eingeborenen Vorgänger dürften leicht mit trockenem Fleisch und Fisch und gedörrten Kumaras an Bord ausgekommen sein, da sie sich ja auch an Land im wesentlichen von denselben Dingen ernährten. Weiterhin wollten wir während der Reise feststellen, ob sie sich auf dem Meer frischen Fisch und Regenwasser beschaffen konnten. Als eigene Diät hatte ich an einfache Feldrationen gedacht, wie wir sie vom Krieg her kannten.

In diesen Tagen war ein neuer Mitarbeiter des norwegischen Militärattachés in Washington angekommen. Ich hatte als sein Stellvertreter in seiner Kompanie in Finnmarken Dienst getan und wußte, daß er ein Feuerkopf war, der mit verbissener Energie alle Probleme, die vor ihm standen, anging und löste. Bjørn Rørholt gehörte zu jenem vitalen Typ, der sich fehl am Platze fühlt, wenn er sich durch etwas hindurchgebissen hat und nicht sofort eine neue Aufgabe vor sich sieht, auf die er sich stürzen kann.

Ich schrieb ihm einen Brief, weihte ihn in die Situation ein und bat ihn, all seinen Spürsinn einzusetzen, um einen Verbindungsmann zum Proviantamt der amerikanischen Armee ausfindig zu machen. Vielleicht wollte es der Zufall, daß man auch dort mit einer neuen Feldverpflegung experimentierte, die wir genauso würden als Versuchskaninchen erproben können wie das neue Rettungsgerät der Luftwaffe.

Zwei Tage später rief Bjørn uns an. Er hatte Kontakt mit der Auswärtigen Abteilung des amerikanischen Kriegsministeriums bekommen, und dort wollte man gern Näheres wissen. Mit dem nächsten Zug fuhren Hermann und ich nach Washington. Wir trafen Bjørn in seinem Zimmer im Botschaftsgebäude.

»Ich glaube, es wird klappen«, sagte er. »Wenn wir von unserem Oberst einen entsprechenden Brief bekommen, werden wir morgen in der ›Auswärtigen‹ empfangen.«

Der Oberst war Otto Munthe-Kaas, der norwegische Militärattaché. Er war mehr als gern bereit, uns ein Empfehlungsschreiben mitzugeben, als er hörte, worum es ging.

Als wir am nächsten Morgen zu ihm kamen, um den Brief abzuholen, stand er plötzlich auf und sagte, am besten sei es wohl, er ginge gleich selbst mit. In seinem Auto fuhren wir hinaus zum Pentagon, dem größten Gebäude der Welt, wo das Kriegsministerium seine Büros hat. Vorn saßen der Oberst und Bjørn in voller militärischer Gala, hinter den beiden Hermann und ich. Wir betrachteten durch die Frontscheibe den mächtigen Bau des Pentagons, der vor uns aus der Ebene zu gigantischer Höhe emporwuchs. Dieses Riesengebäude mit seinen dreißigtausend Angestellten und über fünfundzwanzig Kilometern an Korridoren sollte den Rahmen für unsere bevorstehende »Seefahrts-Konferenz« mit den Militärchefs abgeben. Niemals, weder zuvor noch danach, war Hermann und mir das armselige Floß so rettungslos klein erschienen. Nach endlosen Wanderungen durch Korridore und Seitenkorridore kamen wir an die Tür der Auswärtigen Abteilung, und bald saßen wir inmitten glänzender Uniformen rund um einen großen Mahagonitisch, an dem der Abteilungschef selbst präsidierte.

Der breitgebaute und kurz angebundene Offizier, dem man die Militärakademie Westpoint von weitem ansah, hatte zu Anfang einige Schwierigkeiten, den Zusammenhang zwischen dem Kriegsministerium der USA und unserem Floß richtig zu erfassen, doch die wohlgesetzten Worte unseres Obersten und das günstige Ergebnis der wie ein Sturzbach über mich hereinbrechenden Fragen der anwesenden Offiziere brachten ihn allmählich auf unsere Seite, und so las er mit wachsendem Interesse das Schreiben des Ausrüstungskommandos der Luftwaffe. Dann erhob er sich, gab seinem Stab freie Hand, uns durch die richtigen Kanäle Hilfe zukommen zu lassen, und verließ, nachdem er uns für den weiteren Verlauf Glück gewünscht hatte, gewichtigen Schrittes den Raum.

Als sich die Tür hinter ihm geschlossen hatte, raunte mir ein junger Stabskapitän ins Ohr: »Ich wette, Sie bekommen alles, was Sie wollen. Ein wenig erinnert das Ganze ja an eine kleine militärische Operation, und Sie glauben ja gar nicht, wie wir uns in dem täglichen Bürobetrieb seit dem Frieden nach einer kleinen Abwechslung sehnen! Und außerdem ist es ja wirklich eine gute Gelegenheit, die Ausrüstung planmäßig zu erproben.«

Die Auswärtige Abteilung arrangierte sofort ein Gespräch mit Oberst Lewis in der Versuchsstation des Generalquartiermeisteramtes, und Hermann und ich wurden gleich im Auto hinübergeschickt.

Oberst Lewis war ein gemütlicher Riese von einem Offizier, ein Sportsmann vom Scheitel bis zur Sohle. Unverzüglich rief er die Versuchsleiter der verschiedenen Abteilungen zusammen, die unser Anliegen wohlwollend aufnahmen und eine Menge von Ausrüstungsgegenständen vorschlugen, von denen sie gern wollten, daß wir sie ausprobierten. Es überstieg unsere kühnsten Hoffnungen, was sie uns da an irgend Wünschenswertem aufzählten, von der Feldration bis zur Sonnencreme und zum wasserdichten Schlafsack. Sie machten mit uns gleich eine Rundfahrt, damit wir die Sachen in Augenschein nahmen. Wir kosteten Spezialrationen in handlichen Packungen, wir probierten Zündhölzer aus, die selbst dann noch einwandfrei brannten, wenn man sie ins Wasser getaucht hatte, neuartige Primuskocher und Wassertanks, Gummisäcke und Spezialschuhe, Küchengerät und Klappmesser, die auf dem Wasser schwammen, kurz alles, was eine Expedition sich nur wünschen konnte.

Ich warf einen Blick auf Hermann. Er sah so erwartungsvoll aus wie ein lieber kleiner Junge, der mit seiner reichen Tante in einem Schokoladengeschäft steht. Der lange Oberst ging voran und zeigte uns die verschiedenen Herrlichkeiten, und als wir die Runde beendeten, hatte das Stabspersonal bereits alles in Frage Kommende notiert und die benötigte Menge dazu. Ich hielt die Schlacht bereits für glücklich gewonnen und verspürte in mir nur noch den Drang, möglichst rasch ins Hotel zu kommen, um mich dort langzumachen und in Ruhe und Frieden über den Stand der Dinge nachdenken zu können.

Da sagte plötzlich der lange, freundliche Oberst: »So, jetzt gehen wir zum Boß und reden mit ihm; denn er entscheidet, ob wir Ihnen das alles geben dürfen.«

Das Herz rutschte mir in die Hosen. Nun konnte ich also meinen Sermon wieder von vorn beginnen, und der Himmel allein mochte wissen, von welchem Typ dieser »Boß« war.

Wir fanden, daß der »Boß« ein kleiner, grabesernster Offizier war, der hinter seinem Schreibtisch saß und uns mit scharfen blauen Augen durchbohrte, als wir in sein Büro traten. Er bat uns, Platz zu nehmen.

»Nun, und was wünschen die Herren?« fragte er trocken Oberst Lewis, ohne den Blick von mir zu lassen.

»Ach, nur eine Kleinigkeit«, beeilte sich Lewis zu versichern und berichtete von unserem Anliegen in kurzen Zügen, während der Chef geduldig und ohne die geringste Bewegung zuhörte.

»Und was leisten sie dabei für uns?« fragte der Chef, völlig unbeeindruckt.

»Ja«, sagte Lewis zuvorkommend, »wir hoffen, daß uns die Expedition über den neuen Proviant berichten kann und daß wir erfahren, wie sich die Ausrüstung unter so harten Bedingungen bewährt, in die sie vermutlich kommt.«

Der grabesernste Offizier lehnte sich, noch immer völlig unberührt, in seinem Sessel zurück, ohne mich aus den Augen zu lassen, und mir war, als versänke ich noch tiefer in dem Ledersessel, als ich seine kühle Antwort hörte.

»Ich sehe in keiner Weise, daß sie eine entsprechende Gegenleistung erbringen könnten.«

Im Raum wurde es totenstill. Oberst Lewis biß sich auf die Lippen, und von uns beiden sagte keiner ein Wort.

»Aber«, fügte der Eiskalte unerwartet mit scharfer Betonung hinzu, und plötzlich war ein Blitzen in seinen Augen, »Mut und Forscherdrang zählen auch. Oberst Lewis, lassen Sie ihnen alles geben!«

Ich saß auf der Rückfahrt zum Hotel noch halb benommen im Taxi, als Hermann neben mir plötzlich zu kichern anfing und dann in sich hinein lachte.

»Fehlt dir was?« fragte ich besorgt.

»Nein!« Und nun lachte er ungeniert los. »Weißt du, ich habe eben ausgerechnet, daß zu dem Proviant, den wir bekommen, sechshundertvierundachtzig Büchsen Ananas gehören, und dafür lebe und sterbe ich!«

Tausend Dinge müssen getan werden und möglichst alle auf einmal, wenn man sechs Männer und ein Floß mit seiner ganzen Ausrüstung an der peruanischen Küste versammeln will. Wir hatten nur drei Monate Zeit, und Aladins Wunderlampe stand uns nicht zur Verfügung. Mit einer Empfehlung der Auswärtigen Abteilung flogen wir nach New York und suchten Professor Behre von der Columbia-Universität auf, der dem Komitee des Kriegsministeriums für Geographische Forschung vorstand. Er drückte auf alle Knöpfe, und im Handumdrehen hatte Hermann all die kostbaren Instrumente und Apparate, die er für seine wissenschaftlichen Messungen benötigte.

Wir flogen nach Washington, um Admiral Glover vom Hydrographischen Institut der Marine aufzusuchen. Der gutgelaunte alte Seebär rief seine Offiziere zusammen, zeigte auf eine große Wandkarte des Pazifiks und stellte Hermann und mich mit den Worten vor: »Diese jungen Herren beabsichtigen, unsere Seekarte zu korrigieren. Helfen Sie ihnen!«

Die Dinge entwickelten sich weiter, und so berief auch der englische Oberst Lumsden eine Zusammenkunft in der britischen Militärmission in Washington ein, um die Probleme, die uns erwarteten, und die Chancen für einen günstigen Ausgang zu diskutieren. Dort bekamen wir vor allem gute Ratschläge, aber auch eine Auswahl britischen Geräts, das man von England herüberflog, damit es auf der Floßfahrt ausprobiert würde. Der britische Sanitätschef war ein eifriger Fürsprecher eines mysteriösen Haipulvers. Wir sollten einige Krümel davon ins Wasser streuen, sobald die Haie zu aufdringlich wären, dann würden sie alle schleunigst verduften.

»Sir«, fragte ich höflich, »können wir uns auf dieses Pulver auch verlassen?«

»Well«, sagte der Engländer und lächelte, »genau das wollen wir ja herausfinden!«

Wenn die Zeit knapp ist und das Flugzeug den Zug und das Auto die Füße ersetzen muß, dann schrumpft die Brieftasche ein wie ein trocknendes Herbarium. Da meine Rückfahrkarte nach Norwegen längst als Bargeld davongerollt war, klopften wir bei unseren Freunden, den Geldgebern in spe, in New York an, um unsere Finanzen zu sanieren. Dort aber begegneten uns ungeahnte, entmutigende Schwierigkeiten. Der Finanzchef war krank und lag mit Fieber im Bett. Seine beiden Kollegen waren machtlos, bis er wieder in Aktion treten konnte. Sie hielten wohl an unserer finanziellen Abmachung fest, konnten jedoch vorläufig nichts für uns tun. Sie baten uns, die Sache aufzuschieben, eine Bitte, die für uns völlig unannehmbar war. Wir konnten die zahlreichen Räder ja gar nicht mehr anhalten, die wir in Bewegung gesetzt hatten. Wir wurden so oder so mitgerissen, es war zu spät, stehenzubleiben oder zu bremsen. Unsere Freunde, die Geldgeber, willigten schließlich ein, die ganze Verbindung zu lösen; damit wir freie Hand bekamen und rasch und selbständig handeln konnten.

Und dann standen wir auf der Straße, die Fäuste in den Hosentaschen.

»Dezember, Januar, Februar«, sagte Hermann.

»Und zur Not März«, sagte ich. »Aber dann müssen wir los!«

Wenn auch alles recht trübe aussah, eines war weiterhin für uns klar: Unsere Fahrt hatte ihren guten Sinn, und wir wünschten uns nicht mit Akrobaten auf eine Stufe zu stellen, die sich in einem hohlen Faß den Niagara hinunterrollen lassen oder siebzehn Tage als Säulenheilige auf einer Flaggenstange hocken.

»Keine Kaugummi- oder Coca-Cola-Hilfe«, sagte Hermann, und darin waren wir uns zutiefst einig. Norwegische Kronen konnten wir beschaffen, aber damit waren die Probleme auf dieser Seite des Atlantiks nicht zu lösen. Wir konnten uns um eine staatliche Unterstützung oder um ein Universitätslegat bemühen, aber für eine so umstrittene Theorie wäre kaum etwas bewilligt worden; schließlich sollte die Floßexpedition die Theorie ja erst beweisen. Wir fanden bald heraus, daß weder die Presse noch private Förderer es wagten, Bargeld in eine Sache zu stecken, die sie selbst im Verein mit allen Versicherungsgesellschaften als eine Selbstmörderpartie betrachteten. Wenn wir mit heilen Knochen zurückkamen, war das natürlich eine andere Sache.

Es sah wirklich recht düster aus, und tagelang sichteten wir kein Land. Da erschien Oberst Munthe-Kaas wieder auf der Bildfläche.

»Ja, ja, die jungen Leute haben es nicht leicht! Hier ist ein Scheck, damit ihr erst mal anfangen könnt. Ihr könnt mir das Geld ja wiedergeben, wenn ihr von den Südseeinseln zurück seid.«

Der Oberst zog andere nach sich, und bald hatten wir von privater Seite genug erhalten, um voranzukommen, ohne Agenten und ähnliches Volk zu brauchen. Es war nun Zeit, nach Südamerika zu fliegen und den Bau des Floßes in Angriff zu nehmen.

Die Flöße der alten Peruaner waren aus Balsastämmen zusammengefügt, die in trockenem Zustand leichter als Kork sind. Der Balsabaum wächst in Peru auch, aber nur in den Schluchten der Andenkette, so daß die Seefahrer der Inkazeit die Küste hinauf nach Ekuador zogen, wo sie die mächtigen Balsastämme ganz unten an der Küste des Stillen Ozeans schlagen konnten. Wir hatten die fromme Absicht, dasselbe zu tun.

Die Reiseprobleme der Gegenwart sind ein wenig anders als die der Inkazeit. Es ist der Menschheit geglückt, Autos, Flugzeuge und Reisebüros zu schaffen, um aber die Sache nicht allzu leicht zu gestalten, haben wir uns auch etwas angeschafft, was man Landesgrenzen nennt, mit messingbeknöpften Hinauswerfern, die das Alibi des harmlosen Reisenden bezweifeln, sein Gepäck mißhandeln und selbst den noch mit gestempelten Formularen in die Knie zwingen, der sonst glücklich hineingeschlüpft wäre. Die Furcht vor diesen Messingbeknöpften ließ es uns erst gar nicht wagen, in Südamerika mit Kisten und Koffern voller merkwürdiger Gegenstände aufzukreuzen, den Hut zu ziehen und höflich in gebrochenem Spanisch darum zu bitten, eingelassen zu werden, um mit einem Floß wieder abzusegeln. Wir wären bestimmt hinter Schloß und Riegel gelandet.

»Nein«, sagte Hermann, »wir brauchen eine offizielle Einführung!«

Einer unserer Freunde aus dem aufgelösten Finanztriumvirat war Korrespondent bei den UN und nahm uns im Auto dorthin mit. Wir waren tief beeindruckt, als wir in den großen Versammlungssaal kamen, wo Männer aller Nationen nebeneinander saßen und in andächtigem Schweigen einem brünetten Russen lauschten, der vor der gigantischen Weltkarte, die dort die Rückwand schmückt, gerade eine Rede hielt.

Unserem Freund gelang es in einer kleinen Pause, eines der Delegierten von Peru habhaft zu werden, und wenig später brachte er auch einen Repräsentanten von Ekuador herbei. In einem tiefen Ledersofa in einem der Vorräume hörten sie sich interessiert unseren Plan an, über das Meer zu fahren, um die Theorie zu untermauern, ein altes Kulturvolk aus ihrem eigenen Heimatland sei zuerst auf den Südseeinseln gelandet. Beide versprachen, ihre Regierungen zu verständigen, und garantierten uns beste Unterstützung, wenn wir in ihre Heimat kämen.

Trygve Lie, der Generalsekretär der UN, kam durch die Vorhalle und trat zu uns heran, als er hörte, daß wir Landsleute waren; jemand schlug vor, er solle uns auf dem Floß begleiten, doch er antwortete, er habe genug mit den Stürmen an Land zu tun. Der Vizesekretär der UN, Dr. Benjamin Cohen aus Chile, selbst ein bekannter Amateurarchäologe, gab uns einen Brief an den Präsidenten von Peru mit, der sein persönlicher Freund war.

Im Saal trafen wir auch den Gesandten Norwegens, Wilhelm Morgenstierne, der von nun an der Expedition unschätzbare Dienste leistete.

Dann buchten wir zwei Plätze und flogen nach Südamerika. Als die vier schweren Motoren einer nach dem anderen zu dröhnen begannen, sanken wir erschöpft in die tiefen Sessel zurück. Wir hatten das unsagbar erleichternde Gefühl, daß die erste Phase des Programms überstanden war. Nun ging es geradenwegs ins Abenteuer.

3

Nach Südamerika

Landung am Äquator. Balsaprobleme. Flug nach Quito. Kopfjäger und Bandidos. Im Jeep über die Anden. Hinunter in die Dschungeltiefe. In Quivedo. Wir fällen Balsabäume. Auf dem Floß den Palenque-Fluß hinab. Der verlockende Marinehafen. Im Marineministerium in Lima. Beim Präsidenten von Peru. Bengt Danielsson. Von neuem nach Washington. Zwölf Kilo Akten. Hermanns Feuertaufe. Floßbau im Kriegshafen. Wohlmeinende Warnungen vor dem Start. Harte Argumente. Taufe der »Kon-Tiki« im Jachtklub von Callao. Abschied von Südamerika.

Als das Flugzeug den Äquator passierte, tauchte es schräg durch die milchweiße Wolkendecke, die in der prallen Sonne bisher wie eine blendende Schneefläche unter uns gelegen hatte. Weiße Nebelschwaden zogen an den Fenstern vorbei, lösten sich nach einer Weile wieder auf und schwebten über uns als Wolken, während unter uns das grüne Dach des wogenden Dschungels sichtbar wurde. Wir flogen über die südamerikanische Republik Ekuador und landeten in der tropischen Hafenstadt Guayaquil. Jacke und Weste und den unzeitgemäßen Wintermantel über dem Arm, krochen wir hinaus in die Treibhauswärme, standen inmitten plappernder Südländer und fühlten das Hemd wie ein nasses Papier am Rücken kleben. Zollbeamte und Einwanderungsoffiziere umringten uns und trugen uns förmlich hinaus in ein Taxi, das uns zu dem besten und einzig möglichen Hotel der Stadt brachte, wo wir uns beide aufs rascheste in die Badewanne verzogen und uns flach unter den Kaltwasserhahn legten.

Wir waren nun in dem Land, wo die Balsabäume wachsen, um die Stämme für unser Floß zu beschaffen.

Der erste Tag verging, bis wir uns mit dem Geld auskannten und genügend Spanisch verstanden, um zum Hotel zurückzufinden. Am zweiten Tag wagten wir uns in ständig größer werdenden Kreisen von der Badewanne fort, und als Hermann endlich die Sehnsucht seiner Jugend, eine richtige Palme anzufassen, gestillt hatte und ich wie eine lebende Schale von Fruchtsalat umherwandelte, entschlossen wir uns, nun das Balsaholz einzukaufen.

Das war indessen leichter gesagt als getan. Balsa gab es zwar in Mengen, aber nicht in Form ganzer Stämme, die wir ja brauchten. Die Zeiten waren vorbei, in denen dieses wunderbare Holz leicht erreichbar unten an der Küste gewachsen war. Auch dem hatte der letzte Krieg ein Ende gesetzt. Man hatte die Bäume zu Tausenden gefällt und in die Flugzeugwerke transportiert, weil das Holz so leicht und luftig war. Die einzige Stelle, wo noch große Bäume wuchsen, liege im Dschungel, sagte man uns, tief im Inneren des Landes.

»Dann fahren wir hin und schlagen sie uns selbst«, erklärten wir.

»Unmöglich«, sagten die Sachverständigen. »Die Regenzeit hat bereits eingesetzt, und die Straßen in den Dschungel sind unpassierbar. Dafür sorgen die Wildbäche und der tiefe Schlamm. Wenn Sie Balsastämme brauchen, dann kommen Sie in einem halben Jahr wieder, da ist die Regenzeit vorbei, und die Straßen sind wieder abgetrocknet.«

In unserer Not suchten wir Don Gustavo Buchwald auf, den Balsakönig von Ekuador, und Hermann entrollte seine Skizze des Floßes und nannte die Maße der Stämme, die wir brauchten. Der kleine, spindeldürre Balsakönig griff eifrig nach dem Telefon und setzte alle seine Agenten in Bewegung. Fast in jedem Sägewerk gab es Planken, leichte Bretter und einzelne kurze Stümpfe, aber nirgends einen einzigen für uns brauchbaren Stamm. Nur in Don Gustavos eigenem Lager befanden sich zwei große trockene Stämme, aber damit kamen wir nicht weit. Es wurde deutlich, die Jagd war vergebens. Da sagte Don Gustavo: »Ich hab einen Bruder, der eine große Balsaplantage besitzt. Er heißt Don Federico und wohnt in Quivedo, einem kleinen Dschungelnest mitten im Lande. Er kann Ihnen alles beschaffen, was Sie brauchen, sobald wir mit ihm nach der Regenzeit Verbindung bekommen. Jetzt aber ist es sinnlos, der Dschungelregen . . .«

Und wenn Don Gustavo sagte, es sei sinnlos, so war es auch sinnlos für alle Balsakundigen in Ekuador. Da standen wir nun in Guayaquil, ohne die Stämme für das Floß und ohne die Möglichkeit, vor Ablauf vieler Monate selbst hinzufahren und die Stämme zu schlagen; das ging erst dann, wenn es zu spät war.

»Die Zeit ist knapp«, sagte Hermann.

»Und Balsa müssen wir haben«, fügte ich hinzu. »Das Floß muß eine genaue Kopie sein, sonst haben wir keine Garantie, lebend aus der Sache herauszukommen.«

Im Hotel ließen wir uns eine Landkarte geben; es war eine kleine Schulkarte mit grünem Dschungel, braunen Bergen und rotumringelten Orten. Sie verriet uns, daß der Urwald sich vom Stillen Ozean bis an den Fuß der himmelhohen Anden erstreckte. Mir kam eine Idee. Es war offenbar unmöglich, in dieser Jahreszeit von der Küste her durch den Dschungel die Balsabäume von Quivedo zu erreichen, doch wie wäre es, wenn man von der anderen Seite, von den kahlen Flanken der Andenkette her in den Dschungel hinabstieg? Das war eine Möglichkeit, die einzige, die wir entdecken konnten.

Auf dem Flugplatz stand ein kleines Frachtflugzeug. Man war gern bereit, uns mit nach Quito hinaufzunehmen, der Hauptstadt dieses merkwürdigen Landes, die hoch oben auf dem Andenplateau liegt, dreitausend Meter über dem Meeresspiegel. Zwischen Kisten und Möbeln hindurch konnten wir ab und zu einen Blick werfen auf grünen Dschungel und blitzende Wasserläufe. Dann verschluckten uns die Wolken. Als wir daraus hervortauchten, lag das Tiefland unter einem endlosen Meer wogender Schwaden verborgen, und vor uns ragten kahle Hänge und nackte Bergspitzen aus dem Nebelmeer empor in einen strahlenden, tiefblauen Himmel.

Wie die Kabine einer sonst unsichtbaren Seilbahn hob sich das Flugzeug über die Ketten. Trotz des Klimas und obwohl der Äquator in Sichtweite war, hatten wir schließlich schimmernde Schneefelder unter uns. Dann glitten wir zwischen Gipfeln hinab auf ein saftiges, frühlingsgrünes Hochgebirgsplateau zu, wo wir in der Nähe der eigenartigsten Hauptstadt der Welt landeten.

Von Quitos über dreihunderttausend Einwohnern sind die allermeisten mehr oder minder reinblütige Bergindianer, denn Quito war, schon lange bevor Kolumbus Amerika entdeckte, die Hauptstadt ihrer Vorfahren. Uralte Klöster mit unfaßbar reichen Kunstschätzen prägen das Bild der Stadt. Sie und andere prachtvolle Bauwerke der Spanierzeit überragen beträchtlich die niedrigen Dächer der aus Fachwerk und Lehm gebauten Indianerhäuser. Ein Labyrinth gewundener Gänge zieht sich zwischen ihnen hin, und dort trafen wir auf ein lebendiges Gewimmel von Bergindianern, die rotbunte Mäntel und große, selbstgefertigte Hüte trugen. Viele von ihnen waren mit ihren Packeseln auf dem Weg zum Markt, während andere an den Hauswänden hockten und in der Sonne dösten. Nur in langsamer Fahrt und unter ständigem Hupen konnten sich Autos, in denen weißgekleidete Aristokraten spanischer Herkunft saßen, in den schmalen Durchgängen zwischen Kindern, Eseln und barfüßigen Indianern ihren Weg bahnen. Die Luft auf dem Hochplateau war so funkelnd kristallklar, daß die Berge ringsum unmittelbar hinter den Häusern aufzuragen schienen und so dazu beitrugen, diese Atmosphäre eines Märchenlandes hervorzurufen.

Jorge, unser Freund vom Frachtflugzeug, dem man den Spitznamen »der verrückte Pilot« gegeben hatte, gehörte einem der alten spanischen Geschlechter Quitos an. Er brachte uns in einem altertümlichen, aber gemütlichen Hotel unter, von wo er teils mit, teils ohne uns loszog, um uns eine sichere Reisemöglichkeit über die Berge in den Quivedo-Dschungel zu verschaffen. Am Abend trafen wir uns in einem alten spanischen Café. Jorge steckte voller schlechter Nachrichten. Wir sollten uns den Gedanken an Quivedo nur aus dem Kopf schlagen, es seien weder Fahrer noch Fahrzeuge aufzutreiben, die uns über die Berge bringen, noch weniger aber in den Dschungel hinunterfahren wollten, wo der Tropenregen fiel und ein Überfall drohte, sobald man sich im Schlamm festfuhr. Erst im Jahr zuvor habe man im östlichen Teil des Landes eine Gruppe von zehn amerikanischen Ölingenieuren aufgefunden, die mit vergifteten Pfeilen getötet worden waren. Vor allem dort gäbe es noch viele Waldindianer, die splitternackt den Urwald durchzögen und mit vergifteten Pfeilen auf Jagd gingen.

»Einige davon sind Kopfjäger!« sagte Jorge mit hohler Stimme, als er sah, daß sich Hermann unangefochten mit noch mehr Beefsteak und Rotwein versorgte.

»Sie denken wohl, ich übertreibe«, fuhr er geheimnisvoll fort. »Aber glauben Sie mir, trotz aller strengen Verbote gibt es noch genügend Leute, die davon leben, eingeschrumpfte Menschenköpfe zu verkaufen. Es ist leider nicht möglich, das zu kontrollieren. So kommt es auch heute noch vor, daß die Waldindianer Mitgliedern anderer umherziehender Stämme, mit denen sie verfeindet sind, den Kopf abschneiden. Sie zertrümmern und entfernen dann die Schädelknochen und füllen die leere Haut mit glühheißem Sand, so daß der Kopf einschrumpft, ohne dabei die Form und die Gesichtszüge zu verlieren, bis er kaum noch die Größe eines Katzenkopfes hat. Solche eingeschrumpften Feindesköpfe waren einmal kostbare Trophäen, jetzt sind sie eine seltene Schmugglerware. Zwischenmänner, meist Halbblutindianer, sorgen dann dafür, daß sie bei den Händlern unten an der Küste landen, die sie den Touristen zu schwindelnden Preisen verkaufen.«

Jorge sah uns triumphierend an. Wenn er geahnt hätte, daß man Hermann und mich am selben Tag in eine Portiersloge gezogen und uns zwei solcher Köpfe zu einem Preis von tausend Sucres das Stück angeboten hatte! Heutzutage sind solche Schädel oft Fälschungen, die aus Affenköpfen hergestellt werden. Die beiden angebotenen aber waren sicherlich echte Köpfe von Vollblutindianern gewesen und so naturgetreu, daß auch der kleinste Zug bewahrt schien. Es waren die Schädel eines Mannes und einer Frau, jeder so groß wie eine Apfelsine. Den der Frau konnte man sogar schön nennen, obwohl nur die Wimpern und das lange schwarze Haar ihre natürlichen Maße bewahrt hatten. Ich dachte noch immer mit Grauen daran, laut aber äußerte ich meine Zweifel, daß es Kopfjäger im Westen der Berge gäbe.

»Kann man nie wissen«, entgegnete Jorge düster. »Was würden Sie sagen wenn Ihr Freund verschwinden würde, und sein Kopf käme als Miniatur auf den Markt? Mir ist es mit einem meiner Freunde so ergangen«, fügte er hinzu und blickte mich starr an.

»Erzählen Sie doch«, sagte Hermann und kaute langsam und ohne besonderen Appetit an seinem Beefsteak.

Ich legte die Gabel vorsichtig zur Seite, und Jorge erzählte: Vor einiger Zeit lebte er mit seiner Frau auf einem entlegenen Posten im Dschungel, wo er Gold wusch und die Ausbeute der anderen Goldwäscher aufkaufte. Die Familie hatte dort einen eingeborenen Freund, der regelmäßig kam und sein Gold gegen Handelsware eintauschte. Eines Tages wurde der Freund im Dschungel umgebracht, Jorge spürte den Mörder auf und drohte, ihn zur Strafe zu erschießen. Nun war aber der Mörder einer von denen, die im Verdacht standen, eingeschrumpfte Menschenköpfe zu verkaufen. Jorge versprach ihm das Leben, falls er ihm augenblicklich den Schädel ausliefere. Sofort zog der Indianer den Kopf von Jorges Freund hervor, der allerdings nur noch faustgroß war. Jorge war sehr gerührt, seinen Freund so wiederzusehen, denn das Gesicht war unverändert, nur daß es kleiner geworden war. Bewegt nahm Jorge das winzige Haupt entgegen und brachte es seiner Frau nach Hause. Sie fiel in Ohnmacht, als sie es sah, und Jorge mußte seinen Freund in einem Koffer verschwinden lassen. Nun war es jedoch im Dschungel so feucht, daß wahre Bärte von grünem Schimmel auf dem Schädel wuchsen, und Jorge mußte ihn ab und zu hervorholen und an der Sonne trocknen. Dort hing er dann für eine Weile und pendelte an dem langen Haar, und der Frau wurde jedesmal übel, wenn sie ihn zu sehen bekam. Irgendwann aber fraß sich eine Maus in den Koffer und richtete den armen Freund übel zu. Das war ein großer Schmerz für Jorge, der nun den Kopf mit allem erforderlichen Zeremoniell in einem winzig kleinen Loch am Flugplatz feierlich begrub. »Denn er war ja doch einmal ein menschliches Wesen«, schloß Jorge.

»Gesegnete Mahlzeit!« sagte ich.

Als wir im Nachtdunkel zum Hotel gingen, plagte mich die unbehagliche Vorstellung, der Hut hinge Hermann furchtbar weit über die Ohren. Vielleicht aber hatte Hermann ihn nur wegen des kühlen Nachtwindes, der von den Anden her wehte, so weit herabgezogen.

Am nächsten Tag saßen wir bei unserem Generalkonsul Bryhn und seiner Frau auf deren großer Hazienda vor der Stadt unter Eukalyptusbäumen. Bryhn glaubte zwar kaum, daß wir auf unserer geplanten Dschungeltour nach Quivedo zu einer so drastischen Veränderung unserer Hutnummer genötigt würden, aber . . . Es gab genug Räuber in der Gegend, in die wir zu fahren gedachten. Der Generalkonsul zeigte uns Artikel, die er aus den Lokalzeitungen ausgeschnitten hatte und die verkündeten, daß in der Trockenzeit Soldaten ausrükken sollten, um die Bandidos auszurotten, die sich in der Gegend um Quivedo aufhielten. Vorher dorthin zu reisen sei der reinste Wahnsinn, sagte er, und wir würden weder einen Führer noch ein Fahrzeug für die Tour bekommen. Während wir uns unterhielten, jagte draußen auf der Straße ein Jeep der amerikanischen Militärmission vorbei; im gleichen Augenblick kam uns ein Gedanke. Unser Generalkonsul begleitete uns in die amerikanische Gesandtschaft, wo es uns gelang, zum Militärattaché persönlich vorzudringen. Er war ein schlanker, geschmeidiger junger Mann in Khaki und Reitstiefeln und fragte uns lachend, wieso wir uns in die Gipfel der Anden verirrt hätten, während die Zeitungen von uns behaupteten, wir wollten mit einem Floß aufs Meer hinaus.

Wir erklärten ihm, unser Floß stehe vorläufig noch als Bäume im Quivedo-Dschungel und wir säßen hier auf dem Dach des Kontinents und könnten es nicht erreichen. Wir baten den Militärattaché, uns entweder ein Flugzeug und zwei Fallschirme oder einen Jeep und einen Chauffeur mit Ortskenntnissen auszuleihen.

Der Militärattaché war zuerst ganz

verdutzt über unsere Frechheit, dann ließ er sich die Geschichte durch den Kopf gehen und sagte lächelnd: »All right! Da Sie mir keine dritte Möglichkeit lassen, ziehe ich es vor, die zweite zu wählen.«

Um Viertel nach fünf am nächsten Morgen rollte ein Jeep vor unsere Hoteltür, und ein ekuadorianischer Ingenieurkapitän sprang heraus und meldete sich zum Dienst. Er hatte – Schlamm hin, Schlamm her – den Befehl, uns nach Quivedo zu fahren. Der Jeep war mit Benzinkanistern vollgestopft, denn es gab weder Radspuren noch Tankstellen längs des Weges, den wir fahren wollten. Auf Grund der Meldungen über die Bandidos war unser neuer Freund, der Kapitän Agurto Alexis Alvarez, bis an die Zähne mit Dolchen und Schießeisen bewaffnet. Wir aber waren ganz friedfertig in Jacke und Schlips ins Land gekommen, um für gutes Geld an der Küste Stämme zu kaufen, so daß unsere ganze Ausrüstung an Bord des Jeeps nur aus einem Sack mit Konserven bestand. Wir hatten in aller Eile noch eine gebrauchte Kamera und für jeden die unumgängliche Khakihose beschaffen können, und der Generalkonsul hatte uns seine schwere Parabellum-Pistole aufgenötigt und reichlich Munition dazu, damit wir alles ausrotten könnten, was unseren Weg kreuzen sollte.

Wenig später sauste der Jeep durch die menschenleeren, engen und winkligen Gassen, und der Mond schien gespenstisch auf die weißgekalkten Wände. Schließlich kamen wir aufs offene Land hinaus, wo wir in rasender Fahrt einem guten Sandweg folgten, der südwärts über die Berge führte.

Der Weg blieb gut. Wir fuhren auf dem Höhenzug entlang bis zu dem Bergdorf Latakunga, wo sich auf einem mit Palmen bestandenen Platz fensterlose Indianerhäuser wie blind um eine weißgekalkte Kirche scharten. Dort bogen wir in einen Saumpfad ein, der sich in vielen Windungen westwärts über Berg und Tal in die Andenkette hineinschlängelte. Wir kamen in eine Welt, die zu erleben wir uns nie hätten träumen lassen. Es war die ureigenste Welt der Bergindianer, ein Märchenland jenseits von Zeit und Raum. Auf der ganzen Fahrt sahen wir weder Wagen noch Rad. Barfüßige Hirten, die, in farbenreiche Ponchos gehüllt, unruhige Herden von steifbeinigen, würdigen Lamas vor sich hertrieben, stellten den ganzen Verkehr dar. Manchmal kamen auch ganze Indianerfamilien die Straße entlang. Der Mann ritt meist auf einem Maultier voraus, während seine kleine Frau mit ihrer ganzen Sammlung von Hüten auf dem Kopf und dem Jüngsten der Familie im Bündel auf dem Rücken dahintrippelte und unablässig mit flinken Fingern Wolle spann. Hinterdrein trotteten bedächtig Esel und Maultiere, beladen mit Flechtwerk, Binsen und Töpferwaren.

Je länger wir fuhren, desto weniger Indianer verstanden Spanisch, und bald waren Agurtos Sprachkenntnisse ebenso nutzlos wie unsere. Hier und da stand eine Gruppe von Hütten oben in den Bergen. Immer weniger waren aus Lehm gebaut und immer mehr aus Zweigen und trockenem Gras zusammengefügt. Es war, als seien sowohl die Hütten als auch die braungebrannten, runzligen Menschen derselben Erde entwachsen, dem kargen Andenboden, auf den die Bergsonne herabglühte. Sie gehörten zu Fels, Geröll und Bergweiden so natürlich wie die Pflanzen selbst. Arm an irdischen Gütern und klein von Wuchs, haben die Bergindianer die zähe Gesundheit des Wildes und das wache kindliche Gemüt der Naturmenschen, und je weniger sie sich mit uns verständigen konnten, desto fröhlicher lachten sie. Leuchtende Gesichter mit schneeweißen Zähnen strahlten uns an, wo wir auf Menschen trafen. Nichts ließ darauf schließen, daß ein weißer Mann in dieser Gegend je Geld verloren oder verdient hatte. Es gab weder Reklameschilder noch Wegweiser, und wenn wir eine Blechbüchse oder ein Stück Papier an den Straßenrand warfen, so wurde das gleich als brauchbares Hausgerät aufgehoben.

Es ging bergauf über sonnenverbrannte Hänge ohne Busch oder Baum und wieder hinab in Täler mit Wüstensand und Kakteen, wir kletterten immer höher und erreichten schließlich den höchsten Kamm. Schneefelder umgaben uns, und der Wind war so beißend kalt, daß wir, wollten wir nicht zu Eiszapfen erstarren, die Fahrt verlangsamen mußten. Wir hockten frierend in unseren Hemden da und sehnten uns nach der Wärme des Dschungels. Doch wir fuhren noch lange durch das Gewirr der Felsen, an Kämmen entlang, über Geröllhalden und Grasflecken, und immer wieder mußten wir nach dem nächsten Stück Weg suchen. So erreichten wir den Westabfall, wo die Andenkette jäh hinab ins Tiefland stürzt; dort war ein Saumpfad entlang den Hängen in den brüchigen, lockeren Fels gehauen, und Schluchten und Abgründe umgaben uns allerorten. Wir setzten unser ganzes Vertrauen in Freund Agurto, der über das Lenkrad gebeugt dasaß und es stets rechtzeitig vor jedem Abgrund herumriß. Unversehens traf uns ein mächtiger Windstoß. Wir hatten den äußersten Kamm des Andenrückens erreicht, an dem der Fels in steilen Wänden abbricht, nahezu senkrecht, bis in den Dschungel dort in der bodenlosen Tiefe, viertausend Meter unter uns. Doch um den schwindelnden Ausblick auf das Dschungelmeer wurden wir betrogen, denn als wir den Kamm hinter uns hatten, wälzten sich uns dicke Wolkenbänke entgegen wie Dampf aus einem Hexenkessel. Doch nun ging es ungehindert hinab in die Tiefe, ständig bergab in steilen Kehren, an Schluchten und Graten entlang. Die Luft wurde feuchter und wärmer und war immer mehr gesättigt mit dem schweren, erschlaffenden Treibhausdunst aus der Dschungelwelt dort unten.

Und dann kam der Regen. Anfangs nur Tropfen, bald aber stürzte es nur so herab und schlug wie mit Trommelschlegeln auf den Jeep. Das Schokoladewasser floß rechts und links von uns den Berg hinunter, und wir flossen förmlich mit hinab, weg von den trockenen, kahlen Bergflanken hinter uns und hinein in eine andere Welt, wo Stock und Stein und Lehmhänge überquollen von Moos und grünen Pflanzen. Blätter schossen nur so in die Luft. Bald wurden sie zu mächtigen Riesenfächern, die wie grüne Regenschirme tropfnaß über den Berg hinaushingen. Dann tauchten die ersten gebrechlichen Vorposten der Dschungelbäume auf, behängt mit schweren Moosfransen, Bärten und Schlingpflanzen. Und überall gluckste und rauschte es. Als der Abhang flacher wurde, wälzte sich uns eine Armee von grünen Riesengewächsen entgegen und verschluckte den winzigen Jeep, der nur mehr langsam auf dem verschlammten Weg weiterplatschte. Wir hatten den Dschungel erreicht. Die Luft war feucht und warm und gesättigt mit Pflanzenduft.

Als die Dunkelheit hereinbrach, sichteten wir auf einem Hügel eine Anzahl palmengedeckter Hütten. Klatschnaß vom warmen Wasser, stellten wir den Jeep für die Nacht unter ein trockenes Dach. Was unsere armen Körper in einer der Hütten an stechenden Schmarotzern auflasen, ertrank erfreulicherweise am nächsten Tag wieder im Regen. Den Jeep mit Bananen und Früchten beladen, ging es weiter durch den Dschungel, tiefer und tiefer hinab, unserer Meinung zum Trotz, schon längst am Grunde der Tiefe angelangt zu sein. Der Schlamm wurde immer ärger, doch das hielt uns nicht auf, und die Räuber blieben in unbekanntem Abstand.

Erst als ein breiter Fluß, der lehmiges Wasser durch den Dschungel wälzte, den Weg versperrte, kapitulierte der Jeep. Wir saßen fest, denn es war unmöglich, am Ufer entlangzufahren. Auf einer Rodung nahebei stand eine Hütte, an deren Sonnenseite einige Halbblutindianer ein Leopardenfell ausspannten. Daneben tummelten sich Hunde und Hühner oder machten es sich auf den Kakaobohnen bequem, die zum Trocknen ausgebreitet waren. Als der Jeep heranholperte, kam Leben ins Bild. Alles lief zusammen, und die Leute, die Spanisch sprachen, sagten uns, wir seien am Palenque-Fluß und Quivedo liege gleich auf der anderen Seite. Es gebe keine Brücke, und das Wasser sei reißend und tief, sie wären aber gern bereit, uns und den Jeep auf einem Floß überzusetzen. Am Ufer fanden wir das Weltwunder. Armdicke Stämme waren mit Bambus und Pflanzenfasern zu einer Art Floß zusammengebunden, das doppelt so lang und so breit war wie der Jeep. Eine Planke wurde unter jedes Rad geschoben, und mit angehaltenem Atem fuhren wir den Jeep auf das Balkenwerk. Obwohl die meisten Stämme im Schlammwasser versanken, trugen sie den Jeep und uns und noch vier halbnackte Schokoladenmänner, die uns mit langen Stangen hinausstakten.

»Balsa?« fragten Hermann und ich wie aus einem Munde.

»Balsa«, bestätigte einer der Burschen und gab den Stämmen respektlos einen Fußtritt.

Die Strömung ergriff uns und wirbelte uns flußab, während die Männer geschickt stakend das Floß auf Kurs hielten, schräg über den Strom hinweg auf das stillere Wasser am anderen Ufer zu. Das war unsere erste Begegnung mit dem Balsaholz und unsere erste Fahrt auf einem Balsafloß.

Wir kamen wieder an Land und fuhren triumphierend in Quivedo ein. Zwei

Reihen von geteerten Holzhäusern mit reglosen Geiern auf den Palmendächern bildeten eine Art Straße, die zugleich die ganze Ortschaft war. Die Bevölkerung ließ alles stehen und liegen, was sie in Händen hatte, und Schwarze und Braune, Junge und Alte quollen geradezu aus Türen und Fenstern. Wie ein reißender Strom von tausend plappernden Zungen wälzten sie sich dem Jeep entgegen und hängten sich wie Kletten an alle Seiten des Fahrzeugs. Während wir unser irdisches Eigentum beisammenhielten und Agurto verzweifelt manövrierte, ging unserem Jeep die Luft aus, und er sank pfeifend in die Knie. Wir waren in Quivedo angekommen und mußten die Empfangsumarmung aushalten.

Don Federicos Plantage lag noch ein Stück weiter flußabwärts. Als der Jeep mit Agurto, Hermann und mir nach einem Stück Wegs zwischen Mangobäumen hindurch in den Hof hineinhumpelte, kamen uns der kleine, hagere Dschungelbewohner und sein Neffe Angelo schon entgegengelaufen. Angelo war noch ein Bub und hauste mit dem Alten zusammen hier in der Einsamkeit. Wir überbrachten Grüße von Don Gustavo, und bald stand der Jeep allein auf dem Hof, während ein neuer Tropenregenschauer auf den Dschungel herniederprasselte. Für uns aber gab es ein Fest im Bungalow Don Federicos, bei dem Spanferkel und junge Hühner über dem offenen Feuer brieten, während wir im Kreis um eine von Südfrüchten überquellende Schale saßen und unser Anliegen vorbrachten. Der Dschungelregen, der draußen niederging, sandte eine warme, süße Mischung von Blumenduft und Moder durch das Drahtgewebe der Fliegenfenster.

Don Federico war lebhaft wie ein kleiner Junge. Ja, selbstverständlich, Balsaflöße habe er schon als Kind gekannt. Vor fünfzig Jahren habe er noch unten am Meer gewohnt, und da seien die Indianer aus Peru auf großen Balsaflößen die Küste heraufgesegelt gekommen, um in Guayaquil Fische zu verkaufen. Sie brachten stets ein paar Tonnen Trockenfisch, die in einer Bambushütte mitten auf dem Floß lagerten, und außerdem waren Frauen und Kinder, Hunde und Hühner an Bord. So große Balsastämme, wie man sie damals für die Flöße verwendet hatte, würden jetzt im Regen allerdings nur schwer zu finden sein. Schlamm und Überschwemmung hätten die Balsaplantage oben in den Bergen bereits unzugänglich gemacht, selbst zu Pferde wäre sie nicht mehr zu erreichen. Aber, sagte Don Federico, er wolle sein Bestes tun. Vielleicht wüchsen noch einzelne Bäume wild im Wald, näher am Bungalow. Wir brauchten ja nicht viele.

Abends hörte der Regen ein Weilchen auf, und wir machten einen kleinen Spaziergang unter Mangobäumen rund um den Bungalow. Dort hatte Don Federico die verschiedensten wilden Orchideen wie in Blumentöpfe in halbe Kokosschalen gepflanzt, die von den Ästen herabhingen. Im Gegensatz zu den kultivierten Orchideen strömten diese seltenen Pflanzen einen wunderbaren Duft aus, und Hermann wollte gerade die Nase in eine hineinstecken, als etwas Langes, Dünnes und Glitzerndes sich aus dem Laubwerk über ihm herauswand. Wie ein Blitz fuhr ein Peitschenschlag Angelos dazwischen, und eine Schlange fiel zuckend zu Boden. Im nächsten Augenblick war sie mit einer Astgabel im Nacken an die Erde geheftet und ihr der Kopf zerschlagen.

»Tödlich«, sagte Angelo und entblößte die gebogenen Giftzähne der Schlange, um zu zeigen, was er meinte.

Nun war uns, als sähen wir allerorts Giftschlangen im Laubwerk lauern, und wir traten, Angelos leblose Trophäe über einen Stecken gehängt, den Rückzug ins Haus an. Hermann häutete das grüne Scheusal ab, und Don Federico erzählte die reinsten Gespenstergeschichten von Giftschlangen und von Riesenschlangen, so dick wie Suppenteller. Plötzlich erblickten wir an der Wand die Schatten zweier riesiger Skorpione. Sie waren so groß wie Hummer, stürzten sich aufeinander und trugen mit ihren Scheren einen Kampf ums Leben aus, während sie den gebogenen Giftstachel am Ende des Unterleibs zum Todesstoß erhoben hielten. Es war ein unheimlicher Anblick, und erst als wir die Paraffinlampe hoben, sahen wir, daß zwei gewöhnliche Skorpione von Fingergröße, die auf der Kante des Schreibpults ihren Kampf austrugen, die übernatürlichen Riesenschatten hervorgerufen hatten.

»Laßt sie nur in Ruhe«, sagte Don Federico lächelnd. »Der eine bringt den anderen um, und den überlebenden brauchen wir im Haus, er hält uns die Kakerlaken vom Hals. Achtet darauf, daß des Nachts das Moskitonetz ordentlich dicht ist, und schüttelt die Kleider aus, bevor ihr sie morgens anzieht, dann seid ihr sicher. Mich hat schon oft ein Skorpion gestochen, und ich bin immer noch nicht tot.«

Ich schlief gut. Nur ein paarmal, wenn Eidechsen oder Fledermäuse allzu beunruhigend an meinem Kopfende zirpten und kratzten, wurde ich wach und dachte an giftiges Gewürm.

Wir standen zeitig auf, um auf die Jagd nach Balsabäumen zu gehen.

»Am besten, wir schütteln die Kleider aus«, sagte Agurto. Im nächsten Augenblick fiel ein Skorpion aus seinem Hemdsärmel und verschwand in einer Bodenritze.

Kurz nach Sonnenaufgang sandte Don Federico seine Männer hoch zu Roß in alle Richtungen, sie sollten nach Balsabäumen in der Nähe der Wege suchen. Unsere eigene Gruppe bestand aus Don Federico, Hermann und mir. Wir kamen bald an eine offene Stelle, wo ein alter Riesenbaum wuchs, der Don Federico bekannt war. Er überragte beträchtlich alle Bäume im Umkreis und maß seine drei Fuß im Querschnitt. Nach gut polynesischer Sitte tauften wir den Baum, bevor wir Hand an ihn legten. Wir gaben ihm den Namen »Ku« nach einer polynesischen Gottheit amerikanischer Herkunft. Dann schwangen wir das Beil und trieben es in den Stamm, daß es durch den Urwald hallte. Aber einen saftstrotzenden Balsabaum zu fällen ist eine Mordsarbeit. Das Holz federte, als schlüge man mit einem stumpfen Beil auf Kork. Die Axt prallte förmlich zurück, und ich hatte noch nicht allzuviel

Hiebe getan, als Hermann mich schon ablösen mußte. So wanderte das Beil zwischen uns hin und her, während die Splitter flogen und der Schweiß in der Dschungelhitze nur so floß. Spät am Nachmittag stand »Ku« nur noch wie ein Hahn auf einem Bein, zitternd unter unseren Schlägen, bald schwankte er, und dann stürzte er schwer auf den Wald herab, ein Riese, der in weitem Umkreis starke Äste und kleine Bäume im Fallen mit sich riß. Wir entästeten den Stamm und fingen gerade an, die Rinde nach Indianermanier im Zickzack zu entfernen, als Hermann das Beil fahrenließ, in die Luft sprang wie bei einem polynesischen Kriegstanz und die Hand auf den Oberschenkel drückte. Aus dem Hosenbein fiel eine glänzende Ameise, groß wie ein Skorpion, mit einem langen Giftstachel am Hinterteil. Sie mußte eine Schale wie ein Hummer haben, denn es war fast unmöglich, sie am Boden zu zertreten.

»Eine Kongo«, erklärte Don Federico bedauernd. »Das kleine Biest ist schlimmer als ein Skorpion, für einen gesunden Mann aber ungefährlich.«

Hermann war einige Tage lang mürbe und steif, doch er konnte noch mit uns auf der Jagd nach dem nächsten Balsariesen die Dschungelwege entlanggaloppieren. Manchmal hörten wir Knacken und Brechen und dumpfes Dröhnen irgendwo drinnen im Urwald. Don Federico nickte jedesmal zufrieden. Seine Halbblutindianer hatten einen weiteren Balsariesen für das Floß gefällt. Und in einer Woche waren »Ku« die Bäume »Kane«, »Kama«, »Ilo«, »Mauri«, »Ra«, »Rangi«, »Papa«, »Taranga«, »Kura«, »Kukara« und »Hiti« nachgefolgt, zwölf mächtige Balsariesen, jeder getauft zu Ehren der polynesischen Sagenfiguren, deren Namen einmal mit Tiki von Peru übers Meer gebracht worden waren. Saftglänzend wurden die Stämme durch den Dschungel gezogen, zuerst von Pferden, dann von Don Federicos Traktor, der sie bis an die Uferböschung vor dem Bungalow brachte.

So voller Saft waren die Stämme keineswegs leicht wie Kork. Jeder wog bestimmt eine Tonne, und wir warteten voller Spannung, wie sie im Wasser schwimmen würden. Wir rollten sie an die Kante der Böschung und banden Seile aus zähen Schlingpflanzen an ihre Enden, damit sie nicht mit dem Strom davontrieben, wenn sie ins Wasser kamen. Einen nach dem anderen ließen wir dann die Böschung hinab in den Fluß rollen, und jedesmal schoß eine Schlammfontäne in die Höhe. Sie wälzten sich ein Weilchen, und als sie sich beruhigt hatten, lagen sie etwa zur Hälfte im Wasser, und sie sanken auch dann nicht tiefer, als wir hinaufbalancierten. Mit zähen Lianen, die überall aus den Kronen der Dschungelbäume herabhingen, fügten wir die Stämme zu zwei provisorischen Flößen zusammen, die wir so miteinander verbanden, daß das eine im Schlepp des anderen lag. Wir beluden sie mit dem, was wir später an Bambus und Lianen brauchen würden, und dann gingen Hermann und ich an Bord; zwei Männer einer geheimnisvollen Mischrasse, mit denen wir leider keinerlei Sprache gemeinsam hatten, begleiteten uns.

Als wir die Vertäuungen kappten, erfaßten uns die wirbelnden Wassermassen und trugen uns in rascher Fahrt flußabwärts. Das letzte, was wir im Duschregen sahen, waren unsere prächtigen Freunde, die weit draußen auf der Landzunge vor dem Bungalow standen. Wenig später krochen wir unter ein kleines Regendach aus frischen Bananenblättern und überließen die Probleme des Steuerns unseren braunen Experten. Der eine handhabte vorn, der andere hinten ein riesiges Ruder. Sie beherrschten das Floß mit spielender Leichtigkeit, selbst in der reißendsten Strömung. So tanzten wir zwischen Sandbänken und versunkenen Bäumen in eleganten Kurven zu Tal.

Wie eine geschlossene Mauer stand der Dschungel auf beiden Seiten am Ufer, und Papageien und andere farbenfrohe Vögel flatterten aus dem dichten Laubwerk auf, wenn wir vorbeizogen. Ein paarmal warf sich ein Alligator in den Fluß und verschwand im Schlammwasser. Und dann bekamen wir ein noch viel merkwürdigeres Ungetüm zu Gesicht. Es war eine Iguana, eine Rieseneidechse, groß wie ein Krokodil, mit schwerem Kehlsack und gezacktem Rücken. Sie döste auf einer Schlammbank, als hätte sie sich aus prähistorischer Zeit verschlafen, und rührte sich nicht, als wir vorbeiglitten. Die Ruderer gaben uns durch ein Zeichen zu verstehen, daß wir nicht zu schießen brauchten. Wenig später sahen wir ein kleineres Exemplar, das aber immerhin noch gut einen Meter maß. Es kroch einen dicken Ast entlang, der über den Fluß hinaushing, aber nur so weit, bis es in Sicherheit war. Dort lag es dann, glänzend blau und grün, und fixierte uns mit kalten Schlangenaugen. Nach einer Weile trieben wir an einem mit Farnkraut bewachsenen Hügel vorbei, und auf dessen Kuppe sahen wir das größte von allen. Der Silhouette eines phantastisch in Stein gehauenen, gezackten chinesischen Drachens gleich, Brust und Schädel erhoben, hob es sich vom Himmel ab. Es lag reglos da und bewegte nicht einmal den Kopf, während wir den Hügel umfuhren und wieder im Dschungel verschwanden.

Weiter flußab spürten wir Rauch, und dann glitten wir an mehreren strohgedeckten Hütten vorüber, die in Rodungen längs des Flusses standen. Wir auf dem Floß waren Gegenstand intensiver Aufmerksamkeit seitens der fragwürdigen Individuen an Land, einer unheimlichen Mischung von Indianern, Negern und Spaniern. Ihre Fahrzeuge, Einbäume, hatten sie auf den Strand gezogen.

Zu den Mahlzeiten lösten wir unsere Freunde am Steuerruder ab. Über einem kleinen Feuer, das sie mit nassem Lehm bändigten, brieten sie Fisch und Brotfrucht. Gebratenes Huhn, Eier und Südfrüchte waren ein weiterer Teil des Menüs an Bord.

Und unablässig trugen die Stämme sich und uns in hohem Tempo durch den Dschungel stromab auf dem Weg zum Meer. Was störten uns Schlamm und Überschwemmung, je höher der Fluß, desto rascher die Fahrt!

Als die Dunkelheit hereinbrach, begann an den Ufern ein ohrenbetäubendes Konzert. Kröten und Frösche, Grillen und Moskitos quakten, zirpten und summten anhaltend und vielstimmig im Chor. Manchmal gellte der Schrei einer Wildkatze durch das Dunkel, oft kreischten Vögel, von nächtlichen Räubern des Dschungels aufgescheucht. Nur selten sahen wir den Feuerschein aus einer Eingeborenenhütte und hörten wir Geschrei und Hundegebell, während wir im nächtlichen Dunkel dahinglitten. Meist aber waren wir mit dem Dschungelorchester allein unter den Sternen, bis uns Müdigkeit und Regen in die Blätterhütte trieben, wo wir einschliefen, die Pistolen griffbereit neben uns.

Je weiter wir den Fluß hinabkamen, desto häufiger wurden Hütten und Plantagen der Eingeborenen. Bald säumten ganze Dörfer das Ufer. Der Verkehr wurde auch hier von Einbäumen besorgt, die man mit langen Stangen vorwärts trieb. Hier und da trafen wir ein kleines Balsafloß, das mit Bergen grüner Bananen beladen war. Wo der Palenque-Fluß in den Rio Guayas mündet, war der Wasserstand so hoch geworden, daß eine lebhafte Schiffsverbindung mit Raddampfern zwischen Vinces und Guayaquil möglich war. Um kostbare Zeit zu sparen, nahmen wir – Hermann und ich – unsere Hängematten und dampften mit dem Schiff durch das dicht besiedelte Tiefland zur Küste. Unsere braunen Freunde trieben allein mit dem Floß hinterdrein.

In Guayaquil mußten wir uns trennen. Hermann blieb an der Mündung des Rio Guayas zurück, um die Balsastämme in Empfang zu nehmen. Von dort aus würde er sie auf einem Küstendampfer nach Peru verfrachten und dort den Bau des Floßes leiten, das eine getreue Kopie der alten Indianerfahrzeuge werden mußte. Ich selbst nahm das Postflugzeug nach Lima, der Hauptstadt Perus; meine Aufgabe war es nun, einen passenden Bauplatz für das Floß ausfindig zu machen.

Der Flug führte mich in großer Höhe an der Küste des Stillen Ozeans entlang. Auf der einen Seite hatte ich die Felswüsten Perus, auf der anderen das blinkende Weltmeer. Von dort aus wollten wir mit dem Floß starten. Das Meer war schier endlos, wenn man es vom Flugzeug aus betrachtete. Weit, weit im Westen verschmolzen Himmel und Meer entlang einer unbestimmbaren Linie, und ich wurde den Gedanken nicht los, daß hinter diesem Horizont sich noch Hunderte solcher Meeresflächen ausdehnten über ein Fünftel der Erde hinweg, bevor es wieder Land gab – Polynesien. Ich versuchte mir vorzustellen, daß wir in wenigen Wochen auf der winzigen Fläche eines Floßes geradenwegs in das Blau dort unten hineintreiben würden. Doch diesen Gedanken schlug ich mir rasch aus dem Kopf; er rief das gleiche unangenehme Gefühl im Magen hervor, das man hat, wenn man bereitsitzt, mit dem Fallschirm abzuspringen.

Von Lima fuhr ich mit dem Zug nach Callao, dem wichtigsten Hafen dieses sieben Millionen Einwohner zählenden Landes. Dort gedachten wir das Floß zu bauen. Man sah auf den ersten Blick, daß der ganze Hafen mit Schiffen und Kränen und Lagerschuppen, mit Zollamt und Hafenkontoren und allem, was sonst noch dazugehört, vollgestopft war. Und wo es weiter draußen ein Stückchen offenen Strand gab, wimmelte es von Badenden. Wir brauchten dem Floß und der Ausrüstung nur einmal den Rücken zu kehren, und die Neugierigen würden sie Stück für Stück auseinandernehmen. Die Zeiten für Floßbaumeister hatten sich in Peru noch stärker verändert als in Ekuador, und ich sah nur eine einzige Möglichkeit: hinter die hohen Betonmauern des Marinehafens zu gelangen, wo Marinesoldaten an den Eisentoren Wache hielten und mit angsteinflößendem Mißtrauen mich wie jeden anderen Unbefugten beäugten, der an den Mauern entlangschlenderte. Gelangte man dort hinein, war man in einem sicheren Hafen.

Ich hatte den peruanischen Marineattaché in Washington getroffen und von ihm ein Empfehlungsschreiben bekommen. Dieses Schreiben in der Hand, ging ich am Tag darauf ins Marineministerium und suchte um einen Empfang bei Marineminister Manuel Nieto nach. Er empfing mich am nächsten Vormittag in dem eleganten Empiresaal des Ministeriums, der von Vergoldungen und Spiegeln nur so glitzerte. Nach einer Weile erschien der Marineminister in voller Uniform, ein kleiner, breitgebauter Offizier, straff wie Napoleon. Er fragte nach meinem Anliegen, und ich bat ihn, auf dem Gelände der Marinewerft ein Floß bauen zu dürfen.

»Junger Mann«, sagte der Minister und trommelte ungeduldig mit den Fingern, »Sie sind leider durchs Fenster statt durch die Tür gekommen. Ich würde Ihnen gern helfen, doch dazu brauche ich eine Order vom Außenminister, ich kann einen Ausländer nicht ohne weiteres das Sperrgebiet der Marine betreten und ihn über die Werft verfügen lassen. Auf alle Fälle wünsche ich Ihnen viel Glück zu einem schriftlichen Ansuchen beim Auswärtigen Amt.«

Ich dachte mit Schrecken an Gesuche, die so lange weitergereicht werden, bis sie ins Blaue verschwinden. Wie glücklich waren doch Kon-Tikis rauhe Zeiten, da kannte man noch keine Eingaben.

Vom Außenminister empfangen zu werden war wesentlich schwieriger. Norwegen hatte keine residierende Gesandtschaft in Peru, und unser hilfsbereiter Generalkonsul Bahr konnte mich daher nur in die subalternen Referate mitnehmen, und ich fürchtete, das würde mir nicht weiterhelfen. Vielleicht konnte mir Dr. Cohens Brief an den Präsidenten der Republik von Nutzen sein. So ersuchte ich durch die Adjutantur um eine Audienz bei Seiner Exzellenz Don José Bustamente y Rivero, dem Präsidenten von Peru. Einige Tage später wurde mir mitgeteilt, ich solle mich um zwölf Uhr im Palast einfinden.

Lima ist eine moderne Stadt mit einer halben Million Einwohnern und liegt auf einer grünen Ebene am Fuße der Bergwüsten. Ihre Architektur und vor allem ihre Gärten und Anlagen machen sie zu einer der schönsten Hauptstädte der Welt, ein Stück moderner Riviera oder Kalifornien, mit einem Schuß altspanischer Architektur versetzt. Der Palast des Präsidenten liegt mitten in der Stadt und wird von bewaffneten Paradeposten in farbenprächtiger Uniform streng bewacht. Eine Audienz ist in Peru eine ernste Angelegenheit, und die meisten Bürger kennen den Präsidenten nur aus der Wochenschau. Soldaten mit leuchtenden Schärpen führten mich die Treppe hinauf an das Ende eines langen Korridors, wo ich von drei Zivilisten registriert wurde, bevor ich durch eine kolossale Eichentür in einen Saal geführt wurde. Dort empfing mich an einem großen Tisch mit langen Stuhlreihen ein Weißgekleideter, der mich einlud, Platz zu nehmen, und dann den Raum verließ. Einen Augenblick später ging eine große Tür auf, und ich wurde in einen erheblich eleganteren Saal geführt, wo eine stattliche Gestalt in makelloser Uniform mir entgegenkam. Der Präsident, dachte ich und riß mich zusammen. Aber nein. Der Mann in der goldbetreßten Uniform bot mir einen altertümlichen Stuhl mit vornehm-steifer Rückenlehne an und ging. Ich hatte etwa eine Minute lang wie verloren auf der Stuhlkante gesessen, als abermals eine Tür aufging und ein Diener mich in ein großes, vergoldetes Zimmer mit prachtvollen Möbeln von höchster Eleganz hineinkomplimentierte. Er verschwand ebenso rasch, wie er gekommen war, und ich saß mutterseelenallein auf einem antiken Sofa und sah durch eine Flucht leerer Säle, deren Türen weit offenstanden. Es war so still, daß ich jemanden mehrere Säle weiter husten hörte. Dann näherten sich feste Schritte. Ich sprang auf und grüßte zögernd einen stattlichen Herrn in Uniform. Nun, er war es auch nicht. Ich verstand nicht alles, was er sagte, konnte seinen Worten aber entnehmen, daß mir der Präsident seine Grüße sende, er sei noch in einer Kabinettssitzung, stehe jedoch in Kürze zu meiner Verfügung.

Nach zehn Minuten wurde die Stille von abermals festen Schritten unterbrochen, und ein Mann mit Gold, Schnüren und Epauletten erschien. Ich sprang rasch auf und machte eine tiefe Verbeugung. Mein Gegenüber verbeugte sich jedoch noch tiefer, führte mich durch mehrere Säle und schließlich eine mit schweren Teppichen belegte Treppe hinauf. In einem winzigen Raum, in dem nur ein paar moderne Ledersessel und ein Sofa standen, ließ er mich allein. Nun kam ein kleiner Mann herein, diesmal wieder in weißem Anzug. Resigniert wartete ich, wohin er mich zu führen gedächte. Doch er führte mich nirgends hin. Er grüßte nur freundlich und blieb stehen. Es war der Präsident Bustamente y Rivero.

Der Präsident konnte gerade doppelt soviel Englisch, wie ich Spanisch konnte, und so war nach der Begrüßung und nachdem er mir bedeutet hatte, Platz zu nehmen, unser gemeinsamer Wortschatz aufgebraucht. Man kann zwar alles mögliche durch Zeichen und Gebärden klären, aber man kann auf diese Art nicht um Zugang zum Marinehafen von Peru bitten. Das einzige, was mir klar wurde, war, daß der Präsident nicht verstand, was ich sagte. Und das begriff er offenbar noch rascher als ich, denn schon nach wenigen Augenblicken ging er hinaus, und als er zurückkam, begleitete ihn der Luftfahrtmininster. General Reveredo, ein lebhafter, athletischer Mann in Fliegeruniform, sprach glänzend Englisch mit amerikanischem Akzent. Ich entschuldigte mich für das Mißverständnis, ich hätte mich nicht um einen Flughafen, sondern um den Kriegshafen bemüht. Der General antwortete lächelnd, er sei nur als Dolmetscher hinzugezogen worden. Stück um Stück wurde nun meine Theorie dem Präsidenten übersetzt, der interessiert zuhörte und mich einer gründlichen Befragung unterzog. Dann sagte er: »Falls es möglich ist, daß die Südseeinseln zuerst von Peru aus entdeckt wurden, ist die Expedition auch von Interesse für Peru. Können wir etwas für Sie tun, dann sagen Sie es.«

Ich bat als erstes um einen Platz zum Bau des Floßes innerhalb der Mauern des Kriegshafens. Ferner bat ich um Zugang zu den Werkstätten der Marine, um einen Lagerplatz für unsere Ausrüstung und um Erleichterung bei deren Einfuhr, um Erlaubnis, das Trockendock benutzen zu dürfen, um die Hilfe des Marinepersonals bei der Arbeit und schließlich um ein Fahrzeug, das uns beim Start von der Küste freischleppte.

»Worum hat er gebeten?« fragte der Präsident so gespannt, daß selbst ich es verstand.

»Bagatellen!« antwortete Reveredo kurz. Der Präsident nickte zufrieden sein Ja.

Bevor die Audienz aufgehoben wurde, versprach Reveredo, dem Außenminister werde noch am selben Tag die eigenhändige Anweisung des Präsidenten zugehen und der Marineminister Nieto werde freie Hand erhalten, uns in allem zu helfen, worum wir gebeten hatten.

»Gott beschütze Sie alle!« sagte der General lächelnd und schüttelte den Kopf.

Der Adjutant trat ein und begleitete mich zu einem auf dem Flur wartenden Posten.

Die Zeitungen von Lima brachten den Bericht über die norwegische Floßexpedition, die von Peru aus starten wolle, am gleichen Tag wie die Nachricht, daß eine schwedisch-finnische wissenschaftliche Expedition ihre Studien unter den Dschungelindianern im Gebiet des Amazonas abgeschlossen habe. Zwei der schwedischen Expeditionsteilnehmer seien im Kanu weiter stromauf bis nach Peru gefahren und soeben in Lima angekommen. Der eine davon sei Bengt Danielsson von der Universität Uppsala, der nun die Bergindianer in Peru studieren wolle. Ich schnitt die Notiz aus. Ich saß im Hotel und schrieb einen Brief an Hermann wegen des Bauplatzes, als ein Klopfen an der Tür mich unterbrach. Ein großer, sonnengebräunter Mann im Tropenanzug trat ein, und als er den weißen Helm vom Kopf nahm, sah es aus, als hätte der flammend rote Bart ihm das Gesicht verbrannt und das Haar bis auf die Kopfhaut abgesengt. Der Mann kam aus der Wildnis, zu Hause aber war er offensichtlich in einem Lehrsaal.

Bengt Danielsson, dachte ich.

»Bengt Danielsson«, stellte er sich vor.

Er hat wahrscheinlich von unserem Floß gehört, dachte ich und bat ihn, Platz zu nehmen.

»Ich habe gerade von Ihren Reiseplänen gehört«, sagte der Schwede.

Und nun kommt er als Ethnologe daher, um meine Theorie in Stücke zu schlagen, dachte ich. Doch der Schwede fuhr ganz friedlich fort: »Und jetzt bin ich hier, um Sie zu fragen, ob Sie mich mitnehmen wollen. Die Wanderungstheorie interessiert mich.«

Ich wußte von dem Mann nur, daß er Wissenschaftler war und geradenwegs aus dem finstersten Dschungel kam. Doch wenn ein einzelner Schwede den Mut aufbrachte, zu fünf Norwegern auf ein Floß zu steigen, dann war er nicht von Pappe. Doch das friedliche Wesen und den Humor des Mannes vermochte selbst der imponierende Bart nicht zu verbergen.

Bengt wurde der sechste im Bunde, denn der Platz stand ja noch offen. Und er war der einzige von uns, der Spanisch sprach.

Als das Flugzeug ein paar Tage später die Küste entlang nach Norden brummte, sah ich von neuem respektvoll hinunter auf das endlose blaue Meer. Es war, als fließe es in den Himmel. Dort unten, wo es so viel Wasser gab, daß es aussah, als wollte es am Horizont überlaufen, würden wir sechs demnächst zusammengedrängt sein wie Mikroben auf einem Stäubchen. Eine riesige, öde Welt würde uns zur Verfügung stehen, ohne daß wir uns mehr als ein paar Schritte voneinander entfernen konnten. Vorläufig aber hatten wir noch Spielraum genug. Hermann wartete in Ekuador auf die Bäume. Knut Haugland und Torstein Raaby waren gerade mit dem Flugzeug in New York gelandet. Erik Hesselberg saß auf einem Schiff von Oslo nach Panama. Bengt wartete im Hotel in Lima auf die anderen, und ich selbst war mit dem Flugzeug unterwegs nach Washington.

Keine zwei von den Burschen hatten einander früher gesehen, und alle waren im Typ völlig verschieden. Auf diese Weise würden einige Wochen auf dem Floß vergehen, bevor wir unserer gegenseitigen Geschichten müde wurden. Keine Sturmfront, kein Tiefdruckgebiet und kein Unwetter lag drohender vor uns als die Gefahr eines psychischen Wolkenbruchs, denn wir sechs würden monatelang auf dem treibenden Floß aufeinanderhocken. Da war ein guter Witz oft ebenso wichtig wie eine Schwimmweste.

In Washington lag bei beißender Winterkälte noch immer hoher Schnee. Es war Februar. Bjørn hatte sich auf das Funkproblem gestürzt und mit Erfolg die amerikanischen Amateure interessiert, Rapporte und Meldungen des Floßsenders abzuhören. Knut und Torstein waren dabei, die Zusammenarbeit vorzubereiten, die zum einen mit speziellen Kurzwellensendern aufgenommen werden sollte, zum anderen mit solchen Geheimsendern, wie sie im Krieg die Sabotagekommandos benutzt hatten. Tausend kleine und große Dinge mußten bedacht werden, wenn wir das erreichen wollten, was wir planten.

Der Papierberg im Archiv wuchs. Militärische und zivile Schreiben auf Weiß, Gelb und Blau, auf englisch, spanisch, französisch und norwegisch. In unserem praktischen Zeitalter kann selbst eine Floßreise der Papierindustrie eine halbe Fichte kosten. Gesetze und Verfügungen banden uns an allen Ecken und Enden, und Knoten um Knoten mußte gelöst werden.

»Möchte schwören, daß die Korrespondenz zehn Kilo wiegt«, sagte Knut eines Tages verzweifelt, als er wieder an der Schreibmaschine saß.

»Zwölf«, sagte Torstein trocken. »Ich hab sie gewogen.«

Meine Mutter muß eine klare Vorstellung von den Verhältnissen während dieser dramatischen Vorbereitungstage gehabt haben, als sie schrieb: ». . . und ich wünsche jetzt nur, ich wüßte Euch alle sechs sicher an Bord des Floßes beisammen.«

Da traf ein Eiltelegramm aus Lima ein.

Hermann war von der Brandung an Land geschleudert worden und lag übel zugerichtet mit ausgerenktem Hals im Krankenhaus von Lima.

Torstein Raaby flog mit Gerd Vold, der populären Londoner Sekretärin der norwegischen Fallschirmsaboteure während des Krieges, die uns nun in Washington half, sofort nach Lima. Sie fanden Hermann bereits auf dem Wege der Besserung. Die Ärzte hatten ihn dreißig Minuten lang mit dem Kopf in einer Schlinge aufgehängt und ihm den Atlaswirbel wieder einrenken können. Das Röntgenbild zeigte, daß dieser oberste Halswirbel völlig quergestanden hatte.

Hermanns Bärennatur hatte ihm das Leben gerettet, und blau und grün und steif kam er bald wieder ins Marinearsenal, wo er die Balsastämme deponiert hatte und nun mit der Arbeit begann. Er würde noch wochenlang ärztliche Behandlung nötig haben, und es war fraglich, ob er die Fahrt überhaupt würde mitmachen können. Er selbst zweifelte nicht einen Augenblick daran, trotz des Denkzettels bei der ersten Umarmung durch den Pazifik.

Dann traf Erik im Flugzeug aus Panama ein, und Knut und ich kamen aus Washington, und damit waren wir alle am Startplatz in Lima versammelt.

Im Marinearsenal lagen die großen Balsastämme aus dem Quivedo-Urwald. Es war ein geradezu rührender Anblick. Roh behauene Stämme, gelber Bambus, Binsen und grüne Bananenblätter lagen als Baumaterial zuhauf inmitten von Reihen dräuender grauer U-Boote und Zerstörer. Sechs hellhäutige Nordländer und zwanzig braune Marinesoldaten mit Inkablut in den Adern schwangen Beile und lange Macheten und knoteten und spannten lange Taue. Fesche Seeoffiziere in Blau und Gold schlenderten vorbei und betrachteten verständnislos die blassen Fremden und ihre vegetabilischen Materialien, die so völlig unerwartet zu ihnen ins Arsenal hineingeschneit waren.

Zum erstenmal seit Hunderten von Jahren wurde in der Callao-Bucht wieder ein Balsafloß gebaut. Von dort, wo der Sage nach das verschwundene Geschlecht Kon-Tikis die Küstenindianer lehrte, solche Flöße zu bauen und damit zu segeln, von dort weiß die Geschichte zu berichten, daß unsere Rasse die Küstenindianer davon abgebracht hat, solche Flöße zu benutzen. Ein primitives, zerbrechliches Floß kann den

Menschen das Leben kosten. Die Abkömmlinge der Inkas sind mit der Zeit gegangen, sie haben Bügelfalten in den Hosen und tragen steife Kragen. Bambus und Balsa sind Vergangenheit, vorwärts zu Panzer und Stahl!

Eine unvergleichliche Unterstützung gewährte uns das hypermoderne Arsenal. Mit Bengt als Dolmetsch und Hermann als Bauleiter verfügten wir über die Tischler- und Segelmacherwerkstätten, über das halbe Depot zum Lagern unserer Ausrüstung und über eine kleine Schwimmpier, von der aus das Holz bei Baubeginn ins Wasser gelassen wurde.

Neun der dicksten Stämme bildeten die unterste Lage. Wir schlugen tiefe Kerben als Widerlager für die Taue in das Holz, die die Stämme und damit das ganze Floß zusammenhalten sollten. Nicht ein einziger Bolzen, kein Nagel und kein Drahtseil wurden bei der gesamten Konstruktion benutzt. Wir ließen die neun großen Stämme zuerst lose Seite an Seite im Wasser liegen, damit sie sich frei in ihre natürliche Schwimmstellung einspielen konnten, bevor wir sie endgültig zusammenzurrten. Der größte Stamm, nahezu vierzehn Meter lang, wurde in der Mitte eingebaut und ragte an beiden Enden weit heraus. Daneben folgten symmetrisch immer kürzere Stämme, so daß die Seiten des Floßes reichlich neun Meter lang wurden und der Bug wie ein stumpfer Pflug wirkte. Achtern war das Floß gerade, nur die drei mittelsten Stämme ragten heraus und bildeten die Unterlage für einen kurzen und dicken Balsaklotz, der quer lag und die Dollen für das lange Steuerruder hielt. Als die neun Balsastämme mit einigen Rollen fünfviertelzölliger Hanftaue solide zusammengeschnürt waren, wurden die dünneren Balsastämme mit ungefähr einem Meter Zwischenraum quer darüber gebunden. Damit war das Floß fertig, mühsam zusammengezurrt mit fast dreihundert verschieden starken Tauen, jedes mit einem haltbaren Knoten versehen. Als Deck wurde gespaltener Bambus in Form eines offenen Gitters darauf festgebunden, das mit losen Matten aus geflochtenem Bambusstroh belegt wurde. In der Mitte des Floßes, ein wenig zum Heck hin versetzt, errichteten wir eine kleine, an einer Seite offene Hütte aus Bambusrohr mit Wänden aus geflochtenem Bambusstroh und einem Dach aus Bambusstreben; gedeckt wurde es mit lederartigen Bananenblättern, die wir wie Ziegel übereinanderlegten. Vor der Hütte richteten wir zwei Masten aus eisenhartem Mangrovenholz auf, an jeder Seite einen. Sie standen schräg zueinander und waren an der Spitze über Kreuz zusammengebunden. Das große, rechteckige Segel wurde an einer Rah aufgehängt. Diese bestand aus zwei Bambusstangen, die fest zusammengeschnürt waren, was dem Ganzen doppelte Festigkeit verlieh.

Die neun großen Stämme, die uns übers Meer tragen sollten, wurden am Vorderende zugespitzt, damit sie leichter durchs Wasser glitten. Über dem Wasserspiegel befestigten wir am Bug niedrige Wellenbrecher. Wo größere Räume zwischen den Stämmen waren, schoben wir solide Kiefernplanken hindurch, die senkrecht ins Wasser tauchten; fünf insgesamt und ohne System verteilt. Sie reichten eineinhalb Meter unter das Floß, waren einen Zoll stark und reichlich einen halben Meter breit. Tauwerk und Keile hielten sie an ihrem Platz. Sie dienten als kleine parallele Kiele oder Schwerter. Solche Senkkiele hatte man auf allen Balsaflößen der Inkazeit benutzt, sie sollten verhindern, daß die flachen Flöße mit Wind und Wetter quer trieben. Wir bauten weder Reling noch sonst ein Geländer rund um das Floß, und nur an den Seiten lag ein langer Balsastamm als Halt für die Füße.

Die ganze Konstruktion war eine getreue Kopie der Fahrzeuge, die man im alten Peru und in Ekuador benutzt hatte, bis auf die Wellenbrecher am Bug, die sich dann auch als völlig überflüssig erwiesen.

Ansonsten stand es uns selbstverständlich frei, die Einzelheiten an Bord nach unserem Geschmack zu arrangieren, solange das die Funktion des Floßes nicht beeinflußte. Wir wußten, das Floß würde in der Zeit, die vor uns lag, unsere ganze kleine Welt sein, und jede kleinste Kleinigkeit an Bord würde infolgedessen im Lauf der Wochen an Dimension und Wichtigkeit zunehmen.

Deshalb gestalteten wir die kleine Fläche so abwechslungsreich wie nur möglich. Die Bambusmatten reichten nicht über das ganze Deck, sondern bildeten nur vor der Hütte und an ihrer Steuerbordseite, dort, wo die Wand eine breite Öffnung hatte, eine Art Fußboden. Die Backbordseite wurde zu einem Hinterhof für Kisten und Ausrüstungsgegenstände, die wir so festzurrten, daß nur ein schmaler Gang frei blieb. Am Bug und hinter der Hütte blieben die neun Riesenstämme unbedeckt. Wenn wir uns also rund um die Bambushütte bewegten, stiegen wir von gelbem Bambus und Flechtwerk hinunter auf die grauen Stämme des Achterdecks und dann hinauf auf den Lastenstapel an der anderen Seite. Das waren nicht viele Schritte, aber der psychologische Effekt des Unregelmäßigen gab uns Abwechslung und glich die begrenzte Bewegungsfreiheit aus. In der Mastspitze brachten wir ein Holzbrett an, nicht so sehr, um einen Ausguck zu haben, wenn wir auf der anderen Seite des Meeres uns wieder dem Land näherten, sondern um unterwegs hinaufklettern und das Meer aus einem anderen Blickwinkel betrachten zu können.

Als das Floß Form annahm und golden und frisch von reifem Bambus und grünen Blättern zwischen den Kriegsschiffen lag, kam der Marineminister selbst zur Inspektion. Wir waren schrecklich stolz auf unser Fahrzeug, das zwischen den großen, unheimlichen Kriegsschiffen wie ein nettes kleines Andenken an die Inkazeit wirkte. Doch der Minister war über das, was er zu sehen bekam, entsetzt bis auf den Grund seiner Seele. Ich wurde ins Marineamt beordert, um einen Revers zu unterzeichnen, wonach die Marine von jeder Verantwortung für das, was wir in ihrem Hafen gebaut hatten, frei war. Anschließend mußte ich beim Hafenmeister unterschreiben, daß, wenn ich schon mit Menschen und Last an Bord in See stach, das völlig auf eigene Verantwortung und eigenes Risiko geschah.

Später erlaubte man einer ganzen Reihe von ausländischen Marinefachleuten und Diplomaten den Zutritt zum Arsenal, damit sie das Floß besichtigen konnten. Das verlief auch nicht ermutigender, und ein paar Tage später wurde ich zu dem Botschafter einer Großmacht gebeten.

»Leben Ihre Eltern?« fragte er, und als ich das bejahte, sah er mir tief in die Augen und sagte mit hohler, unheilverkündender Stimme: »Ihre Mutter und Ihr Vater werden es sehr schwer nehmen, wenn die Nachricht von Ihrem Tod sie erreicht!«

Als Privatmann bat er mich dringlich, die Fahrt aufzugeben, solange es noch Zeit sei. Ein Admiral, der das Floß besichtigt habe, hätte ihm erklärt, daß wir niemals lebend hinüberkommen würden. Zum ersten hätte das Floß blödsinnige Maße, es sei klein genug, um in einem hohen Brecher zu kentern, andererseits aber gerade lang genug, um gleichzeitig von zwei Wogenkämmen emporgehoben zu werden – und unter der Last der Menschen und der Ladung würden die spröden Balsastämme dann brechen. Und was noch schlimmer sei, der größte Balsaexporteur des Landes habe ihm mitgeteilt, daß die porösen Balsastämme nur den vierten Teil der Entfernung schwimmen und uns dann, völlig mit Wasser durchtränkt, unter den Beinen wegsinken würden.

Das hörte sich böse an, doch da wir auf unserem Standpunkt beharrten, verehrte man uns eine Bibel, die wir auf die Fahrt mitnehmen sollten. Wir bekamen wirklich wenig Ermutigendes von den Fachleuten zu hören, die das Floß gesehen hatten. Stürme, vielleicht sogar Taifune würden uns über Bord spülen und dem niedrigen und offenen Fahrzeug ein Ende bereiten. Hilflos würde es von Wind und Wetter auf dem offenen Ozean umhergetrieben werden, und auch bei normal bewegter See würden wir dauernd von Salzwasser durchnäßt sein, das die Haut unserer Beine zerfressen und alles an Bord zerstören würde. Wenn wir alles zusammentrugen, was die einzelnen Fachleute – jeder für sich – als entscheidenden Fehler der Grundkonstruktion bezeichnet hatten, so blieb kein Tau, kein Knoten, kein Maß und kein Holzstück am ganzen Floß, das nicht zu unserem Untergang auf See führen würde.

Die Wetten, wieviel Tage sich unser Floß wohl halten würde, gingen hoch, und ein leichtsinniger Marineattaché setzte allen Whisky, den die Mitglieder der Expedition in ihrem Leben noch trinken konnten, wenn sie lebend eine Südseeinsel erreichten.

Am schlimmsten wurde es, als ein norwegisches Schiff den Hafen anlief und wir den Kapitän und ein paar seiner erfahrensten Seebären mit ins Arsenal nehmen durften. Wir warteten gespannt auf ihre Reaktion, und die Enttäuschung war groß, als sich alle einig waren, daß das zusammengebundene, plumpe Fahrzeug niemals aus dem Segel würde Nutzen ziehen können. Der Kapitän behauptete sogar, das Floß würde, falls es überhaupt flott bliebe, ein oder zwei Jahre benötigen, um mit dem Humboldt-Strom überzusetzen. Der Bootsmann betrachtete die Zurrungen und schüttelte den Kopf. Wir brauchten uns keine Sorgen zu machen, das Floß würde keine vierzehn Tage halten, inzwischen sei jedes Tau zerrissen, weil die schweren Stämme sich im Wellengang ständig auf und nieder bewegen und aneinander reiben würden. Wenn wir weder Stahlseil noch Kette verwenden wollten, sollten wir nur gleich zusammenpacken. Es war schwer, solchen Argumenten zu begegnen. Es hätte genügt, daß eines zutraf, und uns wäre keine Chance geblieben. Ich fürchte, daß ich mich selbst oft gefragt habe, ob wir wüßten, was wir taten. Ich war nicht in der Lage, die einzelnen Warnungen zu widerlegen, da ich ja kein Seemann war, doch im Hintergrund hatte ich jenen einzigen Trumpf, auf den die ganze Reise aufgebaut war. Ich hielt mir die ganze Zeit über vor Augen, daß eine prähistorische Kultur von Peru hinüber zu den Inseln gelangte, zu einer Zeit, da solche Flöße die einzigen Fahrzeuge an dieser Küste waren. Und ich schlußfolgerte ganz allgemein: Wenn das Balsaholz im Jahre 500 für Kon-Tiki geschwommen sei und die Zurrungen gehalten hätten, daß sie dasselbe auch für uns tun würden, solange wir nur das Floß ähnlich genug herstellten. Bengt und Hermann hatten sich gründlich mit diesem Problem beschäftigt, und während sich die Experten Sorgen machten, nahm es die gesamte Mannschaft mit größter Seelenruhe und unterhielt sich königlich in Lima. Nur ein einziges Mal nahm mich Torstein zur Seite und fragte besorgt, ob ich auch ganz sicher sei, daß die Meeresströmung den richtigen Weg einhalte. Wir kamen gerade aus einem Kino und hatten Dorothy Lamour im Strohröckchen unter Palmen und Hulamädchen auf einer entzückenden Südseeinsel herumtanzen sehen.

»Dort wollen wir hin!« sagte Torstein. »Gnade dir, wenn die Strömung nicht so läuft, wie du gesagt hast!«

Als sich der Abreisetag näherte, gingen wir zu der üblichen Paßkontrolle, um uns die Ausreiseerlaubnis zu holen. Bengt als Dolmetsch stand als erster in der Schlange.

»Wie heißen Sie?« fragte ein kleiner, eifriger Beamter und betrachtete mißtrauisch über die Brillengläser hinweg Bengts mächtigen Bart.

»Bengt Emmerich Danielsson«, antwortete Bengt ehrerbietig.

Der Mann spannte ein langes Formular in die Schreibmaschine.

»Mit welchem Schiff sind Sie nach Peru gekommen?«

»Ja, sehen Sie«, sagte Bengt erklärend und beugte sich zu dem kleinen, erschrockenen Mann hinunter, »ich kam mit keinem Schiff. Ich kam in einem Kanu nach Peru.«

Der Mann sah voll stummer Bewunderung auf Bengt und klapperte »Kanu« in eine der offenen Rubriken.

»Und mit welchem Schiff wollen Sie Peru verlassen?«

»Ja, sehen Sie«, antwortete Bengt höflich, »ich möchte Peru nicht mit einem Schiff verlassen, sondern mit einem Floß.«

»Was denn nicht noch alles!« rief der Beamte erbost und riß das Papier aus der Maschine. »Ich muß doch sehr bitten, meine Fragen vernünftig zu beantworten!«

Ein paar Tage vor der Abreise wurden Proviant, Wasser und unsere gesamte Ausrüstung auf dem Floß verstaut. Wir nahmen ausreichend Proviant für sechs Mann und vier Monate, und zwar in Form von Militärrationen, die in kleinen, stabilen Pappkartons verpackt waren. Hermann kam auf den Gedanken, Asphalt zu kochen und jeden einzelnen Karton mit einer gleichmäßig dicken Schicht zu umgeben. Wir streuten Sand obenauf, damit die Kartons nicht aneinanderkleben konnten, und verstauten sie unter dem Bambusdeck in den freien Räumen zwischen den neun niedrigen Querstämmen.

An einer kristallklaren Quelle hoch oben im Gebirge füllten wir sechsundfünfzig Kannen mit zusammen 1100 Litern Trinkwasser, die wir ebenfalls zwischen den Querstämmen sicher unterbrachten, so daß die See sie ständig umspülen konnte. Auf dem Bambusdeck zurrten wir den Rest der Ausrüstung fest. Außerdem standen dort große, geflochtene Körbe mit Obst, Rüben und Kokosnüssen.

In der Bambushütte bekamen Knut und Torstein die eine Ecke, um dort das Funkgerät zu montieren, und unter dem Fußboden banden wir zwischen den Querstämmen acht Holzkisten fest. Zwei waren wissenschaftlichen Instrumenten und Filmen vorbehalten, die anderen sechs wurden verteilt, jeder bekam eine mit dem Hinweis, daß er so viel an privater Habe mitnehmen könne, wie er in seiner Kiste unterbringe. Da Erik einige Rollen Zeichenpapier und eine Gitarre mitbrachte, wurde seine Kiste so voll, daß er die Strümpfe nebenan bei Torstein einquartieren mußte. Vier Marinesoldaten schleppten Bengts Kiste herbei. Er nahm nichts anderes mit als Bücher, und es war ihm gelungen, dreiundsiebzig soziologische und ethnologische Werke zu verstauen. Über die Kisten legten wir geflochtene Binsenmatten und darauf die Strohsäcke. Damit waren wir klar zum Start.

Wir ließen das Floß erst einmal aus dem Marinegelände schleppen und ruderten es ein wenig im Hafen umher, damit wir sehen konnten, ob die Last gleichmäßig verteilt war. Danach wurde es zum Jachtklub von Callao hinübergeschleppt, wo geladene Gäste und andere Interessierte am Tag vor der Abreise der Taufe des Floßes beiwohnen durften.

Am 27. April wurde die norwegische Flagge gehißt, und an einer Rah in der Mastspitze wehten die Flaggen der Länder, die der Expedition tatkräftig Unterstützung gewährt hatten. Der Kai war schwarz von Menschen, die die Taufe des wunderlichen Fahrzeugs sehen wollten. Gesichtsfarbe und -schnitt brachten in Erinnerung, daß viele von ihnen Nachkommen derer waren, die einst mit Balsaflößen an dieser Küste entlanggesegelt waren. Doch es waren auch Abkömmlinge der alten Spanier gekommen, an ihrer Spitze die Repräsentanten der Marine und der hohen Regierungsstellen. Außerdem waren erschienen: die Gesandten der Vereinigten Staaten, Großbritanniens, Frankreichs, Chinas, Argentiniens und Kubas, der Exgouverneur der britischen Pazifikkolonien, die Vertreter Schwedens und Belgiens und unsere Freunde von der kleinen norwegischen Kolonie mit ihrem Generalkonsul Bahr. Es wimmelte von Presseleuten, die Filmkameras schnurrten, es fehlten nur Hörnerklang und Trommelwirbel.

In einem waren wir uns einig: Falls das Floß sich vor der Bucht in seine Bestandteile auflöste, dann würden wir lieber jeder auf einem Stamm nach Polynesien paddeln, statt es zu wagen, nach Callao zurückzukehren!

Gerd Vold, Sekretärin der Expedition und Verbindungsglied zum Festland, sollte das Floß mit der Milch einer Kokosnuß taufen, zum einen, um im Stil der Steinzeit zu bleiben, zum anderen, weil der Champagner durch ein Mißverständnis am Boden von Torsteins Privatkiste gelandet war. Nachdem unsere Freunde auf englisch und spanisch zu wissen bekommen hatten, daß das Floß seinen Namen zur Erinnerung an den mächtigen Vorgänger der Inkas erhalte, jenen Sonnenkönig, der vor eineinhalb Jahrtausenden von Peru über das Meer nach Westen entschwand und in Polynesien wiederauftauchte, wurde das Floß von Gerd Vold »Kon-Tiki« getauft. Sie klatschte die – angespaltene – Kokosnuß so hart gegen den Bug, daß Milch und Kernfleisch allen ins Haar spritzten, die andächtig in der Nähe standen.

Dann wurde die Bambusrahe gehißt, und das Segel entfaltete sich. In seiner Mitte prangte groß und rot Kon-Tikis bärtiges Antlitz, eine Schöpfung des Künstlers Erik. Es war eine getreue Kopie des Kopfes, der in dem roten Stein einer Säule oben in der Ruinenstadt Tiahuanaco eingemeißelt war.

»Ah, Señor Danielsson!« rief unser Vorarbeiter überwältigt, als er die bärtige Figur auf dem Segel sah.

Zwei Monate lang hatte er Bengt »Señor Kon-Tiki« tituliert, nachdem wir ihm eine Zeichnung des bärtigen Gesichts gezeigt hatten. Nun aber war ihm endlich aufgegangen, daß Danielsson Bengts richtiger Name war.

Bevor wir abfuhren, gewährte der Präsident uns allen eine Abschiedsaudienz. Danach machten wir noch einen Ausflug weit hinauf in die schwarzen Berge, um uns an Fels und Geröll satt zu sehen, ehe wir unsere Reise hinaus auf den Ozean antraten. Solange wir am Floß arbeiteten, hatten wir in einer Pension in einem Palmenhain vor Lima gewohnt, und für die Fahrt zum Arsenal und zurück stand uns ein Auto des Luftfahrtministeriums zur Verfügung; es war Gerd gelungen, den Wagen samt Fahrer für die Expedition auszuleihen.

Nun baten wir den Chauffeur, uns so weit in die Berge hinaufzufahren, wie es in einem Tag zu schaffen war. So fuhren wir die Wüstenstaße empor, an den alten Bewässerungskanälen der Inkazeit entlang, bis in die schwindelnde Höhe von viertausend Metern über dem Mast des Floßes. Dort verzehrten wir mit den Augen Stein und Felsriesen und grünes Gras, und wir waren bemüht, uns an dem schönen Massiv der Andenkette, die vor uns lag, zu übersättigen. Wir versuchten, uns einzureden, daß wir des Steins und festen Grundes nun überdrüssig seien und nichts anderes wünschten, als endlich hinauszusegeln und das Meer kennenzulernen.

4

Über den Stillen Ozean

Dramatischer Start. Wir werden auf See geschleppt. Der Wind frischt auf. Kampf mit den Wogen. Das Leben im Humboldt-Strom. Das Flugzeug findet uns nicht. Die Stämme ziehen Wasser. Holzwerk kontra Tauwerk. Fliegende Fischgerichte. Ein seltener Schlafgenosse. Der Schlangenfisch vergreift sich. Augen im Meer. Meeresspuk. Begegnung mit dem größten Fisch der Welt. Jagd auf Seeschildkröten.

An dem Tag, da die »Kon-Tiki« auf See geschleppt werden sollte, herrschte emsiges Leben und Treiben im Hafen von Callao. Minister Nieto hatte den Marineschlepper »Guardian Rio« angewiesen, uns aus der Bucht zu schleppen und über den Bereich des Küstenverkehrs hinaus bis in die Gewässer, wo die Indianer einst mit ihren Flößen gefischt hatten. Die Tageszeitungen brachten die Nachricht in roten und schwarzen Schlagzeilen, und die Menschen liefen schon in den frühen Morgenstunden des 28. April auf den Kais zusammen.

Jeder von uns sechs, die wir gemeinsam an Bord gehen wollten, hatte in zwölfter Stunde noch seine kleinen Anliegen zu erledigen, und als ich an den Kai hinunterkam, war nur Hermann zur Stelle, der die Wache auf dem Floß übernommen hatte. Absichtlich hatte ich das Auto schon weit vor unserem Liegeplatz halten lassen und war zu Fuß die ganze Mole entlanggegangen, um mir noch einmal ordentlich die Beine zu vertreten, das letzte Mal für unbekannte Zeit. Dann sprang ich an Bord des Floßes. Es sah einfach chaotisch aus. Säcke, Bananenbündel und Fruchtkörbe waren in allerletzter Stunde auf das Deck geworfen worden. Sie mußten verstaut und vertäut werden, sobald wir an Bord einigermaßen klargekommen waren. Mitten auf dem wüsten Haufen saß völlig erschöpft Hermann, einen Käfig mit einem grünen Papagei auf den Knien, der Abschiedsgabe einer freundlichen Seele in Lima.

»Paß einen Augenblick auf den Papagei auf«, sagte Hermann, »ich muß noch mal an Land ein Glas Bier trinken. Es dauert noch ein paar Stunden, bis der Schlepper kommt.«

Er war kaum in dem Gewimmel am Kai verschwunden, als die Menschenmenge auf irgend etwas zeigte und zu winken anfing; am Eingang des Hafens tauchte mit Volldampf unser Schlepper »Guardian Rio« auf. Er warf Anker vor dem wogenden Wald von Masten, der den Weg zur »Kon-Tiki« versperrte, und setzte dann eine Barkasse aus, die uns durch den Schwarm der Segelboote hindurchbugsieren sollte. Sie war bis auf den letzten Platz besetzt mit Matrosen, Offizieren und Filmfotografen, und während Kommandos hallten und die Kameras surrten, wurde ein starkes Tau am Bug des Floßes befestigt.

»Un momento«, rief ich verzweifelt, das Papageienbauer in der Hand. »Es ist zu früh, wir müssen auf die anderen warten – los expedicionarios«, erklärte ich und zeigte zur Stadt hinüber.

Aber keiner verstand mich. Die Offiziere lächelten höflich, und der Knoten am Bug wurde besonders gründlich festgezogen. Ich zerrte die Schlinge los und warf sie mit allerhand Zeichen und Gebärden ins Wasser. Der Papagei nutzte die gute Gelegenheit dieses Trubels, schob den Kopf durch das Gitter und öffnete mit dem Schnabel den Türverschluß. Als ich mich umdrehte, stolzierte er vergnügt über das Bambusdeck. Ich wollte ihn greifen, doch da schimpfte er kräftig auf spanisch und flatterte über die Bananenbüschel davon. Ein Auge auf die Matrosen, die das Tau wieder am Bug befestigten, veranstaltete ich eine wilde Jagd auf den Papagei. Schreiend suchte er in der Bambushütte Zuflucht. Dort konnte ich ihn in eine Ecke treiben und ihn an einem Fuß erwischen, als er versuchte, über mich hinwegzukurven. Als ich herauskam und meine flügelschlagende Beute in den Käfig sperrte, hatten die Matrosen an Land bereits alle Vertäuungen des Floßes gelöst, und so tanzte es hilflos hin und her im Sog der langen Dünung, die über die Mole hereinschlug. Verzweifelt griff ich nach einem Paddel und bemühte mich vergebens, den knirschenden Stoß zu parieren, den es jedesmal gab, wenn das Floß gegen das Pfahlwerk der Mole geschleudert wurde. Dann zog die Barkasse an, und mit einem Ruck begann die »Kon-Tiki« ihre lange Fahrt. Mein einziger Begleiter war ein leider nur Spanisch sprechender Papagei, der übelgelaunt aus seinem Käfig starrte. Die Menschen an Land jubelten und winkten, und die dunkelhäutigen Fotografen fielen beinahe ins Wasser vor Eifer, alle Einzelheiten des dramatischen Starts der Expedition auf den Film zu bekommen. Einsam und verzweifelt stand ich auf dem Floß und spähte nach meinen verlorenen Gefährten, doch keiner kam. So erreichten wir die »Guardian Rio«, die unter Dampf lag und unverzüglich Anker lichten und auslaufen wollte.

Im Nu war ich die Strickleiter hinauf, und dann machte ich so lange Spektakel, bis das Auslaufen verschoben und ein Boot an den Kai zurückgesandt wurde. Nach einer guten Weile kam es zurück, vollbeladen mit schönen Señoritas, aber ohne einen einzigen der vermißten Männer der »Kon-Tiki«. Das alles war ja ganz schön und gut, aber keine Lösung meiner Probleme, und während das Floß von graziösen Señoritas nur so wimmelte, ging das Boot abermals auf Jagd nach »los expedicionarios noruegos«.

In der Zwischenzeit kamen Erik und Bengt an den Kai heruntergeschlendert, beladen mit Lesestoff und einigen Kleinigkeiten. Sie stießen auf den Strom der Menschen, der auf dem Heimweg war, und an der Sperrlinie der Polizei hielt sie ein liebenswürdiger Beamter auf, der ihnen mitteilte, daß es nichts mehr zu sehen gebe. Bengt machte eine flotte Geste mit der Zigarre und erklärte dem Polizisten, sie seien nicht gekommen, um etwas zu sehen, sondern gehörten selbst auf das Floß.

»Das hat doch keinen Zweck«, sagte der Polizist nachsichtig. »Die ›Kon-Tiki‹ ist schon vor einer Stunde ausgelaufen.«

»Unmöglich«, sagte Erik und zog ein Pakat hervor, »hier ist die Lampe.«

»Er ist der Navigator, und ich bin der Steward«, ergänzte Bengt.

Sie drängten sich vorbei, doch das Floß war tatsächlich weg. Sie liefen verzweifelt die Mole hinauf und hinunter und trafen dabei die übrige Mannschaft, die ebenfalls eifrig nach dem verschwundenen Floß suchte. Dann bekamen sie das hereinkommende Boot zu Gesicht, und wenig später waren wir alle wieder vereint. Das Wasser schäumte um das Floß, als uns die »Guardian Rio« aufs Meer hinausschleppte.

Es war inzwischen später Nachmittag, und die »Guardian Rio« würde uns erst am nächsten Morgen freigeben, wenn wir den Küstenverkehr hinter uns hatten.

Gleich außerhalb der Mole bekamen wir unruhige See, und die kleinen Boote, die uns begleiteten, kehrten eins nach dem anderen um. Nur ein paar große Jachten blieben bei uns bis zum Ausgang der Bucht; man wollte sehen, wie es uns dort draußen ergehen würde.

Die »Kon-Tiki« folgte dem Schlepper wie ein stoßender Bock an der Leine, bohrte den Bug in die Kabbelsee, und das Wasser schäumte nur so über Bord. Das sah wenig vertrauenerweckend aus, denn das war ruhige See im Vergleich zu dem, was uns erwartete. Wir waren mitten in der Bucht, als das Schlepptau brach, und während das Stück, das am Floß hing, langsam versank, dampfte der Schlepper ruhig weiter. Wir legten uns an den Rand des Floßes, um das Tau herauszufischen, und die Jachten zogen an uns vorbei und versuchten, den Schlepper zu stoppen. Nesselquallen, groß wie Waschschüsseln, schwappten in den Wellen längs des Floßes auf und ab und umschlossen alles Tauwerk als glitschiger, brennender Belag. Als das Floß sich hob, beugten wir uns über den Rand und reckten die Arme zur Wasserfläche hinunter, und als die Hände das glitschige Schlepptau gerade berührten, tauchte das Floß wieder hinab, und unsere Köpfe steckten plötzlich tief in den Wellen, und Salzwasser und Riesenquallen ergossen sich über unsere Rücken. Wir spuckten und fluchten und zogen uns die Quallenfäden aus dem Haar, doch als der Schlepper zurückkam, war das Tau wieder an Deck und klar zum Spleißen. Als wir es an Deck des Schleppers werfen wollten, trieben wir plötzlich unter das überhängende Heck des Schiffes und liefen Gefahr, zwischen Wasser und Bordwand zerdrückt zu werden. Wir ließen alles fallen, was wir in Händen hatten, griffen nach Bambusstangen und Paddeln und bemühten uns, freizukommen, bevor es zu spät war. Doch wir schafften es nie so recht, denn wenn wir in einem Wellental waren, konnten wir das Eisendach über uns nicht erreichen, und wenn das Wasser uns wieder hob, schien die ganze »Guardian Rio« ins Wasser zu sinken.

An Deck des Schleppers liefen die Leute durcheinander und schrien. Endlich fing die Schraube – nun schon neben uns – an, sich zu drehen, und das half uns, von der »Guardian Rio« in letzter Sekunde klarzukommen. Der Bug des Floßes hatte ein paar kräftige Schläge aushalten müssen und hing nun ein wenig windschief in der Verzurrung, doch das glich sich allmählich von selbst aus.

»Wenn etwas so schlecht anfängt, dann muß es ja gut ausgehen«, sagte Hermann. »Wenn nur dieses Schleppen ein Ende hat, ehe es das Floß in Stücke reißt.«

Die Schlepperei dauerte bei langsamer Fahrt die ganze Nacht und verlief bis auf ein paar kleine Zwischenfälle glatt. Die Jachten hatten uns längst Lebewohl gesagt, und das letzte Leuchtfeuer war achteraus verschwunden. Nur einige wenige Positionslichter passierten uns im Dunkeln. Wir teilten für die Nacht Wachen ein, um das Schlepptau stets im Auge zu behalten, und alle taten einen guten Schlaf. Als es tagte, hüllte dichter Nebel die Küste ein, während wir im Westen einen strahlendblauen Himmel vor uns hatten. Die See rollte in einer langen, ruhigen Dünung und war von leichten Schaumkämmen gekrönt, und Kleider und Baumstämme und alles, was wir anfaßten, war triefend naß von Tau. Es war kühl, und das grüne Wasser war erstaunlich kalt für zwölf Grad südlicher Breite. Hier wälzte der Humboldt-Strom seine kalten Wassermassen aus der Antarktis herauf, schob sie nordwärts die ganze peruanische Küste entlang und bog dann dicht unterhalb des Äquators nach Westen hinaus auf das Meer. Hier waren Pizarro, Zarate und die anderen frühen Spanier zum erstenmal den großen Segelflößen der Inka-Indianer begegnet, die sich fünfzig bis sechzig Seemeilen aufs Meer hinauswagten, um Thunfische und Goldmakrelen zu fangen. Tagsüber wehte der Wind vom Land her, während er abends auf das Land zu stand und ihnen heimhalf, falls sie es wünschten.

Der Schlepper lag in der Nähe. Wir achteten darauf, das Floß möglichst weit weg zu halten, als wir unser kleines, aufgeblasenes Gummiboot zu Wasser brachten. Es hüpfte wie ein Fußball über die Wellen und tanzte mit Erik, Bengt und mir dahin, bis wir das Fallreep der »Guardian Rio« zu fassen bekamen und an Bord klettern konnten. Mit Bengt als Dolmetscher trugen wir unsere genaue Position in die Karte ein. Wir befanden uns fünfzig Seemeilen von Land, nordwestlich von Callao, und mußten in den ersten Nächten noch Laternen setzen, um nicht von Küstendampfern gerammt zu werden. Weiter draußen würden wir keinem Schiff mehr begegnen, denn es gab keine Route, die durch diesen Teil des Pazifiks führte.

Wir nahmen feierlich Abschied von allen an Bord, und viele freundliche Blicke folgten uns, als wir wieder ins Gummiboot hinunterstiegen und über die Wogen zurück zur »Kon-Tiki« tanzten. Dann wurde das Schlepptau losgeworfen, und das Floß war sich selbst überlassen. Die fünfunddreißig Mann an Bord der »Guardian Rio« standen an der Reling, und wir sahen sie winken, solange wir die Konturen zu unterscheiden vermochten; und wir sechs saßen auf den Kisten an Bord unseres Floßes und folgten dem Schlepper mit den Augen, solange wir ihn erkennen konnten. Erst als sich die dunkle Rauchfahne am Horizont auflöste und schließlich verschwand, schüttelten wir uns und nickten einander zu.

»Gute Fahrt!« sagte Torstein. »Jungens, jetzt können wir den Motor anlassen.«

Alles lachte. Wir prüften die Windrichtung. Es ging eine leichte Brise, die von Süd nach Südost gedreht hatte. Wir hißten die Bambusrahe mit dem großen Rahsegel, doch das hing schlaff herab und gab dem Kon-Tiki-Gesicht ein runzliges, unzufriedenes Aussehen.

»Der Alte sieht sich gar nicht ähnlich«, sagte Erik. »Als er jung war, hat es wahrscheinlich stärker geweht.«

»Sieht aus, als ob wir Tempo verlieren«, meinte Hermann, ging zum Bug und warf einen Balsaspan ins Wasser.

»Eins, zwei, drei – – – neununddreißig, vierzig, einundvierzig.«

Der Balsaspan schwamm noch immer neben uns. Er hatte noch nicht einmal den halben Weg am Floß entlang zurückgelegt.

»Wir werden wohl mit ihm zugleich hinüberkommen«, sagte Torstein optimistisch.

»Na, hoffentlich treiben wir nicht mit der Abendbrise zurück«, sagte Bengt. »Es war ja sehr unterhaltsam beim Abschied in Callao, doch auf einen Willkommensgruß will ich gern verzichten!«

Der Span hatte endlich das Heck des Floßes erreicht. Wir riefen »Hurra!« und fingen an, alles zu verstauen und festzubinden, was in letzter Minute an Bord geschleppt worden war. Bengt stellte einen Primus auf den Boden einer leeren Kiste, und bald tranken wir warmen Kakao, aßen Keks und öffneten eine frische Kokosnuß. Die Bananen waren noch nicht reif.

»Jetzt geht es uns doch schon ganz gut«, brummte Erik zufrieden. Er stieg einher in einer dicken Schafpelzhose und einem mächtigen Indianerhut, den Papagei auf den Schultern.

»Nur eins schätze ich gar nicht«, fügte er hinzu. »Und das sind all diese wenig bekannten Gegenströme, die uns geradenwegs auf die Klippen vor der Küste setzen können, falls wir noch eine Weile so liegenbleiben.«

Wir erwogen die Möglichkeit zu paddeln, beschlossen dann aber, auf den Wind zu warten.

Und der Wind kam. Sacht und stetig blies er aus Südost. Rasch füllte sich das Segel, es blähte sich wie eine schwellende Brust, und der Kon-Tiki-Kopf strotzte vor Unternehmungslust. Die »Kon-Tiki« setzte sich in Bewegung.

Wir riefen: »Auf nach Westen!« und zogen an Schoten und Seilen.

Das Steuerruder wurde achtern ins Wasser gelassen, und die Wachordnung trat in Kraft. Wir warfen am Bug Papierkugeln und Späne über Bord und standen achtern mit der Uhr.

»Eins – zwei – drei – – – achtzehn

– neunzehn – jetzt!« Papier und Holzstückchen passierten das Steuerruder, und bald sah es aus, als tanze eine Perlenschnur in den Wellen auf und ab. Es ging voran, Meter für Meter.

Die »Kon-Tiki« pflügte die See nicht wie ein schnittiges Rennboot; stumpf, breit, schwer und solid, schob sie sich bedächtig über die Wogen. Sie übereilte sich nicht, doch nachdem sie erst einmal in Gang gekommen war, arbeitete sie sich mit unerschütterlicher Energie voran.

Die Steuerung machte uns im Augenblick die größten Schwierigkeiten. Das Floß war zwar genauso gebaut, wie es die Spanier beschrieben hatten, doch in unserem Jahrhundert war kein Mensch mehr am Leben, der uns einen praktischen Einführungskurs im Segeln mit Indianerflößen hätte geben können. Das Problem war zwar mit Experten an Land gründlich diskutiert worden, das Ergebnis aber war nur mager gewesen. Sie verstanden davon genausowenig wie wir selbst.

Der Südost nahm rasch an Stärke zu, und es zeigte sich, daß wir das Floß so auf Kurs halten mußten, daß der Wind das Segel von achtern füllte. Wenn der Wind zu sehr von der Seite kam, schwang das Segel unversehens herum und schlug gegen Ladung, Besatzung und Hütte, und das Floß drehte sich und setzte Heck voraus den alten Kurs fort. Es war ein schwerer Strauß, wenn drei Mann mit dem Segel kämpften und drei das lange Steuerruder hin und her wuchteten, um die Nase des Floßes wieder in Fahrtrichtung zu bekommen. Und wenn wir das endlich geschafft hatten, mußte der Steuermann höllisch aufpassen, daß nicht im nächsten Augenblick das ganze Theater von vorn losging.

Das sechs Meter lange Steuerruder lag frei zwischen zwei Pflöcken auf einem mächtigen Klotz. Ein gleiches Ruder hatten unsere eingeborenen Freunde benutzt, als wir auf den Stämmen den Palenque-Fluß hinuntertrieben. Die Ruderstange aus Mangrovenholz war zäh wie Stahl, aber so schwer, daß sie wie ein Stein versinken würde, wäre sie über Bord gegangen; am Ende der Stange war ein großes Brett aus Kiefernholz als Ruderblatt festgebunden. Wir mußten all unsere Kräfte aufwenden, das lange Steuerruder festzuhalten, wenn die Wogen dagegenschlugen, und die Hände wurden müde von dem krampfhaften Griff, mit dem wir den Schaft umklammerten, damit das Ruderblatt senkrecht eintauchte. Diese Schwierigkeit behoben wir, indem wir ein Querholz am Handgriff des Steuerruders befestigten, so daß ein Hebelarm entstand, der die Handhabung erleichterte. Unterdessen nahm der Wind ständig zu.

Schon am Nachmittag blies der Passat mit voller Stärke. Er wühlte das Meer zu brausenden Seen auf, die sich von achtern auf uns stürzten. Erst jetzt wurde uns allen klar, daß uns nun das Meer selbst in Empfang nahm. Nun war es ernst, alle Brücken waren abgebrochen. Ob es gut gehen würde, hing ganz allein von der Seetüchtigkeit des Balsafloßes ab. Wir wußten, von nun an würde nie mehr der Wind aufs Land zu wehen und uns damit die Möglichkeit geben, wieder umzukehren. Wir waren in den Bereich des Passats gekommen, und jeder Tag führte uns weiter und weiter hinaus aufs Meer. Nun galt es nur noch, mit vollen Segeln durchzuhalten. Selbst wenn wir versuchten, die Nase heimwärts zu drehen, wir würden trotzdem mit dem Heck voran aufs Meer hinaustreiben. Es gab nur noch einen einzigen Kurs: den Wind von achtern und den Bug gen Sonnenuntergang. Und das war ja auch der Sinn unserer Fahrt: Wir wollten der Sonne auf ihrem Weg folgen, wie – unserer Meinung nach – Kon-Tiki und die alten Sonnenanbeter es einst getan hatten, als sie von Peru aus aufs Meer gejagt wurden.

Wir spürten Triumph und Erleichterung, als sich das Floß über die ersten drohenden Wogenkämme schwang, die wider uns schäumten. Doch es war dem Steuermann unmöglich, das Ruder festzuhalten, wenn sich brausende Seen über ihn hinwegwälzten und das Ruder aus den Dollen hoben oder es zur Seite drückten, er wurde dann umhergeschleudert wie ein hilfloser Akrobat. Selbst zwei Mann zugleich vermochten das Ruder nicht festzuhalten, wenn die Seen sich gegen uns erhoben und die Ruderwache überrollten. So verfielen wir darauf, einen Strick vom Ruderblatt zu jeder Seite des Floßes zu ziehen. Außerdem banden wir das Ruder in den Dollen fest, so daß ihm nur mehr eine begrenzte Bewegungsfreiheit blieb. Auf diese Art konnten wir auch den schwersten Seen trotzen, wenn wir uns nur selbst festzuhalten vermochten.

Die Wellentäler gruben sich immer tiefer ein, und uns wurde klar, daß wir den reißendsten Teil des Humboldt-Stroms erreicht hatten. Ganz offensichtlich wirkte sich die Strömung aus, die Wogen waren nicht nur ein Produkt des Windes. Das Wasser war grün und kühl und umgab uns, so weit wir sehen konnten. Die gezackten Berge Perus waren in den dichten Wolkenbänken hinter uns versunken, und als sich die Dunkelheit über das Meer breitete, begann unser erster Zweikampf mit den Elementen. Noch waren wir unsicher gegenüber dem Meer, noch war es völlig ungewiß, ob es sich als Freund oder Feind der engen Nachbarschaft zeigen würde, die wir selbst gesucht hatten. Als im Dunkel der Nacht das Rauschen des Meeres plötzlich von dem Zischen eines nahenden Wogenrückens übertönt wurde und ein weißer Kamm in der Höhe des Hüttendaches auf uns zukam, klammerten wir uns fest und warteten unruhig darauf, daß die Wassermassen über uns und dem Floß zusammenschlugen. Aber jedesmal erlebten wir die gleiche Überraschung und die gleiche Erlösung: »Kon-Tiki« wippte gelassen ein Ende in die Luft und stieg unangefochten in die Höhe, während die Wassermassen am Floß vorbeirauschten. Dann glitten wir in das Wellental hinab und warteten auf die nächste große See. Die größten kamen mit Vorliebe zwei oder drei hintereinander nach einer Reihe von kleineren Wellen. Und wenn zwei große Wogen allzu dicht hintereinander liefen, brach die zweite über das Heck herein, weil die erste den Bug nach oben hielt.

Es war daher unverbrüchliches Gesetz, sich auf Ruderwache ein Tau um den Leib zu schlingen, dessen anderes Ende am Floß befestig war; denn es gab ja weder Reling noch sonst etwas. Es kam darauf an, das Heck gegen See und Wind gerichtet und das Segel gefüllt zu halten. Wir hatten einen alten Rettungsbootkompaß auf einer Kiste festgebunden, so daß Erik den Kurs kontrollieren und Position und Geschwindigkeit berechnen konnte. Vorläufig war es ungewiß, wo wir uns befanden, denn der Himmel war bewölkt und der Horizont ein einziges Wogenchaos. In dieser Zeit gingen stets zwei Mann zugleich auf Wache, und Seite an Seite brauchten sie all ihre Kraft im Kampf mit dem tanzenden Steuerruder; die anderen versuchten derweilen, in der offenen Bambushütte ein Auge voll Schlaf zu nehmen. Wenn eine schwere See kam, überließen die beiden die Steuerung dem Tauwerk, sprangen empor und klammerten sich an eine Bambusstange am Hüttenfirst, während die Wassermassen donnernd von achtern über sie hereinbrachen und zwischen den Stämmen und über die Seiten des Floßes abliefen, und noch ehe das Floß sich drehen und das Segel umschlagen konnte, mußten sie wieder am Ruder sein. Denn hätte die nächste Woge das Floß von der Seite überrascht – sie hätte sich geradenwegs in die Bambushütte ergossen. Solange die See von achtern kam, verschwand sie sofort wieder zwischen den vorspringenden Stämmen, und nur ganz selten erreichte sie die hintere Hüttenwand. Die runden Stämme ließen das Wasser durch wie die Zinken einer Gabel.

Der Vorteil eines Floßes war ganz offenkundig: je mehr Zwischenraum, desto besser. Durch die Spalten strömte das Wasser ab, aber niemals herein.

Gegen zwölf Uhr nachts passierte uns ein Schiffslicht in nördlicher Richtung, gegen drei ein weiteres auf demselben Kurs. Wir winkten mit unserer kleinen Paraffinleuchte und blinkten mit einer Taschenlampe, doch man sah uns nicht, und die Lichter glitten langsam nach Norden und verschwanden im Dunkel. Wohl keiner an Bord ahnte, daß ein echtes, bemanntes Inkafloß in der Nähe war und sich durch die Wellen hindurchraufen mußte. Und wir auf dem Floß ahnten ebensowenig, daß es die letzten Schiffe und unsere letzte Begegnung mit Menschen gewesen war, bevor wir auf der anderen Seite des Meeres ankamen.

Wie Kletten klammerten wir uns in der Finsternis an das Steuerruder, und das kühle Seewasser rann uns aus dem Haar. Das Ruder schlug uns vorn und hinten mürbe, und die Fäuste wurden allmählich steif. Diese harte Schule in den ersten Tagen verwandelte uns Landratten rasch in Seebären. In den ersten vierundzwanzig Stunden gab es für jeden von uns zwei Stunden Ruderwache und drei Stunden Ruhe im Wechsel. Wir hatten es so eingerichtet, daß stündlich ein frischer Posten kam und den ablöste, der schon zwei Stunden draußen war. Jeder Muskel war in der Wachzeit bis zum äußersten angespannt, nur so ließ sich die Steuerung bewältigen. Wenn wir erschöpft waren vom Drücken des Ruders, traten wir auf die andere Seite hinüber und zogen es, und waren Arm und Brust vom Drükken wund, nahmen wir den Rücken zu Hilfe. So schlug uns das Ruder auf Brust und Rücken schön gleichmäßig grün und blau. Wenn wir endlich abgelöst waren, krochen wir halb betäubt in die Bambushütte, schlangen ein Tau um die Füße und schliefen in den salzigen Kleidern ein, noch ehe wir in den Schlafsack hineinkamen. Doch schon zog es wiederum brutal am Tau, drei Stunden waren um, und abermals mußte man hinaus und einen der beiden ablösen, die am Steuerruder standen.

Die zweite Nacht war noch schlimmer, die See war noch gröber geworden, statt daß sie sich beruhigt hätte. Zwei Stunden ununterbrochenes Raufen mit dem Steuerruder war zu lange. Wir taugten nicht mehr viel in der zweiten Hälfte der Wache, die Seen bekamen Oberhand, schleuderten uns herum wie einen Ball, und ein Guß nach dem anderen klatschte auf uns herab. Wir gingen nun dazu über, eine Wache von einer Stunde bei eineinhalb Stunden Ruhe einzurichten. Die ersten sechzig Stunden waren ein einziger Kampf gegen ein Chaos von Wogen, die sich auf uns zuwälzten, eine nach der anderen, unaufhörlich, hohe Wellen und niedrige Wellen, spitze Wellen und runde Wellen, schräge Wellen und Wellen auf dem Rücken anderer Wellen. Am ärgsten von uns litt Knut. Er war zwar von der Ruderwache befreit, doch er mußte Neptun opfern und duldete schweigend Qualen in einem Winkel der Hütte. Der Papagei hockte melancholisch in seinem Käfig und ließ den Schnabel hängen, schlug aber jedesmal mit den Flügeln, wenn das Floß einen unerwarteten Sprung machte und die Wellen achtern gegen die Wand klatschten. Dabei rollte die »Kon-Tiki« gar nicht so besonders, sie nahm die Seen gelassener, als es irgendein Boot der gleichen Ausmaße getan hätte, doch man konnte unmöglich voraussehen, nach welcher Seite sich das Deck das nächste Mal neigen würde, und wir lernten nie die Kunst, geschickte Seemannsbeine auf das Floß zu stellen, denn es schaukelte nach der Länge ebenso wie nach der Breite.

In der dritten Nacht beruhigte sich die See ein wenig, obgleich der Wind in unverminderter Stärke blies. Gegen vier Uhr tauchte völlig unerwartet ein Nachläufer schäumend aus dem Dunkel auf und drehte das Floß herum, bevor die Männer am Steuer zur Besinnung kamen. Das Segel drückte gegen die Hütte und drohte, diese und sich selbst in Fetzen zu schlagen. Alle Mann mußten an Deck. Wir sicherten die Ladung und zogen an Schoten und Stütztauen, in der Hoffnung, das Floß wieder auf den richtigen Kurs zu bringen, damit das Segel sich wieder füllen und friedlich vorwärts wölben konnte. Aber das Floß wollte sich nicht abermals drehen lassen. Es wollte nun Heck voran marschieren, und damit basta! Wie immer wir auch zogen, schoben und ruderten, das einzige Ergebnis war, daß um ein Haar zwei Mann über Bord gegangen wären, als das Segel sie im Dunkeln erfaßte. Die See war sichtlich ruhiger geworden. Steif, zerschlagen an allen Gliedern, mit wunden Fäusten und verschlafenen Augen waren wir kaum noch einen roten Heller wert. Es war besser, die Kräfte zu schonen, falls der Sturm einen noch härteren Strauß erfordern sollte, man konnte nie wissen. So fierten wir das Segel und rollten es um die Bambusstange.

Die »Kon-Tiki« lag seitlich in den Wellen und nahm sie wie ein Kork. Alles an Bord war vertäut, wir bliesen die Wache ab und krochen alle sechs in die winzige Bambushütte, wo wir uns zusammendrängten und wenig später schliefen wie Mumien in einer Sardinenbüchse.

Keiner von uns wußte, daß wir uns durch die härtesten Ruderwachen der Reise hindurchgeschlagen hatten. Erst weit draußen auf dem offenen Ozean fanden wir die einfache und geniale Methode der Inkas heraus, ein Floß zu steuern.

Wir erwachten erst am hellen Tag, als der Papagei anfing, sich aufzuplustern und Krach zu schlagen und in seinem Käfig auf und ab zu hüpfen. Die See ging noch immer hoch, doch nun waren es lange, gleichmäßige Wogen und nicht so wilde, jagende Wellen wie am Tag zuvor. Das erste, was wir sahen, war, daß die Sonne auf das gelbe Bambusdeck schien und dem Meer rundum ein lichtes und freundliches Aussehen gab. Was tat es schon, daß der Ozean brauste und wogte, wenn er uns nur auf dem Floß in Frieden ließ. Was tat es schon, daß er sich vor unserer Nase hoch aufbäumte, wenn wir wußten, daß das Floß in der nächsten Sekunde hinaufgleiten und den brausenden Kamm glätten würde wie eine Dampfwalze, daß der drohende, gläserne Berg uns nur in die Höhe heben und dann winselnd und gluckernd unter dem Floß davonrollen würde. Die alten Meister aus Peru hatten genau gewußt, was sie taten, als sie sowohl einen hohlen Schiffsrumpf vermieden, der sich mit Wasser füllen könnte, wie auch ein Fahrzeug, das zu lang war, um eine Welle nach der anderen abreiten zu können. Eine Dampfwalze aus Kork, das war der Effekt eines Balsafloßes.

Erik nahm unsere Position an der Sonnenhöhe, und es stellte sich heraus, daß wir zusätzlich zur Segelfahrt eine gewaltige Abdrift längs der Küste nach Norden hatten. Wir trieben mit dem Humboldt-Strom, der in dieser Gegend etwa hundert Seemeilen vor der Küste dahinzieht. Das große Spannungsmoment lag darin, ob wir in die unberechenbaren Strömungswirbel südlich der Galápagos geraten würden. Das konnte schicksalsschwere Folgen haben, denn die kräftigen Meeresströmungen dort würden uns in alle Richtungen, auch an die Küste von Mittelamerika, fegen können. Verlief aber alles wie berechnet, dann trieben wir mit dem Hauptstrom nach Westen über das Meer, bevor wir die Höhe der Galápagos-Inseln erreichten. Der Wind blies weiterhin genau aus Südost. Wir hißten das Segel, bekamen das Floß mit dem Heck zum Wind und nahmen die Ruderwachen wieder auf.

Knut hatte nun endlich die Qualen der Seekrankheit überstanden. Er und Torstein kletterten in die schwingende Mastspitze, wo sie mit mysteriösen Funkantennen experimentierten, die sie zuerst an einem Ballon, dann an einem Drachen in die Lust steigen ließen. Plötzlich schrie einer aus dem Radioverschlag, er höre die Marinestation von Lima, die uns rufe. Man teilte uns mit, das Flugzeug des amerikanischen Gesandten sei von der Küste her unterwegs, um uns ein letztes Lebewohl zu sagen und um zu sehen, wie wir uns auf offenem Meer ausnähmen. Wenig später bekamen wir direkte Verbindung mit dem Funker an Bord des Flugzeugs, und dann hatten wir ein völlig unerwartetes Gespräch mit Gerd Vold, der Sekretärin der Expedition, die an Bord des Flugzeuges war. Wir gaben ihnen unsere Position so genau wie möglich und sendeten stundenlang Peilsignale, und die Stimme im Äther wurde stärker und schwächer, je nachdem ARMY-119 näher oder ferner kreiste und suchte. Aber wir hörten nie das Motorengeräusch, und das Flugzeug sahen wir ebensowenig. Das niedrige Floß inmitten der Wogen zu finden war nicht einfach, und unser eigener Gesichtskreis war sehr begrenzt; schließlich mußte der Pilot die Suche aufgeben und zurück zur Küste fliegen. Es war das letzte Mal, daß jemand versuchte, uns zu finden.

In den folgenden Tagen ging die See hoch, doch die Wellen brausten in gleichmäßigen Abständen von Südosten heran, und das Steuern war bedeutend leichter. Wir nahmen See und Wind schräg von achtern gegen die Backbordseite; so bekam der Steuermann die Wellen weniger zu spüren, und das Floß lief ruhig und ohne sich zu drehen. Wir konstatierten voller Unruhe, daß uns Südostpassat und Humboldt-Strom mit jedem Tag näher an die Wirbel vor den Galápagos-Inseln herantrieben. Und wir kamen so rasch voran – genau nach Nordwesten –, daß unser täglicher Durchschnitt in dieser Zeit bei fünfundfünfzig bis sechzig Seemeilen lag, mit einem Rekord von einundsiebzig Seemeilen oder gut einhundertdreißig Kilometern an einem einzigen Tag.

»Ist es schön auf den Galápagos?« fragte Knut eines Tages behutsam mit einem Seitenblick auf die Karte, wo nun schon eine Perlenschnur von Positionen vermerkt war. Die entstandene Linie glich einem Finger, der hämisch auf die verhexten Inseln zeigte.

»Kaum«, antwortete ich, »der Inka Tupac Yupanqui soll knapp vor der Zeit des Kolumbus von Ekuador nach den Galápagos-Inseln gefahren sein, aber weder er noch irgendein anderer Eingeborener hat sich wegen des Wassermangels dort niedergelassen.«

»O.k.«, sagte Knut. »Dann werden wir, zum Teufel, nicht hinfahren. Jedenfalls hoffe ich es.«

Wir hatten uns inzwischen daran gewöhnt, daß uns das Meer umschäumte, es machte uns nichts mehr aus. Was hieß es schon, wenn wir ein wenig herumtanzten, tausend Faden Wasser unter uns, solange wir und das Floß ständig obenauf waren! Nur stellte sich hier die nächste Frage: Wie lange konnten wir uns obenauf halten? Es war nicht zu übersehen, daß die Balsastämme Wasser zogen. Der hinterste Querbalken ließ das am deutlichsten erkennen; wenn wir mit dem Finger auf das bereits schwammige Holz drückten, floß Wasser heraus. Insgeheim brach ich ein

Stück von dem durchtränkten Holz ab und warf es über Bord. Es sank ganz allmählich und war nach einer Weile in der Tiefe verschwunden. Später sah ich ein paar der anderen genau dasselbe tun, wenn sie glaubten, sie seien unbeobachtet. Sie standen dann da und schauten andächtig dem wasserschweren Splitter nach, der ruhig im grünen Wasser versank.

Als wir starteten, hatten wir die Wasserlinie des Floßes markiert, doch in der unruhigen See war es unmöglich, festzustellen, wie tief wir lagen, denn bald hoben sich die Stämme aus dem Wasser, bald tauchten sie tief hinein. Doch als wir ein Messer in das Holz stießen, konnten wir zu unserer Freude feststellen, daß das Holz etwa einen Zoll unter der Oberfläche trocken war. Wir rechneten aus: Wenn das Wasser auch weiterhin mit der gleichen Geschwindigkeit eindrang, würden die Stämme erst dann bis zur Wasserfläche abgesunken sein, wenn wir – unseren Berechnungen nach – uns dem Land wieder näherten. Wir hofften jedoch, daß der Saft in den tiefer liegenden Schichten als Imprägnierung wirken und die Wasseraufnahme bremsen würde.

Und noch eine Gefahr spukte in den ersten Wochen ein wenig in unseren Köpfen: das Tauwerk. Am Tage waren wir so beschäftigt, daß wir kaum darüber nachdachten, doch wenn wir nach Einbruch der Dunkelheit in unsere Schlafsäcke gekrochen waren, hatten wir Zeit, zu grübeln, zu fühlen und zu lauschen. Dann lagen wir, jeder auf seinem Strohsack, und spürten, daß sich die Binsenmatte im Takt mit den großen Stämmen unter uns hob und senkte. Das ganze Floß bewegte sich, aber auch die neun Stämme verschoben sich gegeneinander; wenn der eine sich hob, senkte sich der andere – ein ruhig wogendes Gleichmaß. Sie bewegten sich nicht viel, doch es genügte, daß man sich wie auf dem Rücken eines großen, atmenden Tieres vorkam, und wir zogen es vor, in der Längsrichtung auf einem Stamm zu liegen. Die ersten zwei Nächte waren die schlimmsten, doch waren wir zu müde, uns daran zu stören. Später quollen die Taue im Wasser und hielten die Stämme fester zusammen. Trotzdem gab es keine Stelle an Bord, wo es – im Verhältnis zur Umgebung – völlig ruhig war. Die Grundlage des Floßes bewegte und verschob sich in all ihren Teilen, und alles andere folgte dieser Bewegung, das Bambusdeck, der Doppelmast, die vier geflochtenen Wände der Hütte und das Sprossendach mit den Blättern darauf, alles war ja nur zusammengebunden und drehte und hob sich nun in entgegengesetzten Richtungen. Zwar nur kaum merklich, aber deutlich genug: Stieg die eine Ecke empor, sank die andere hinunter, drehte sich die eine Hälfte des Daches nach vorn, so drehte sich die andere Hälfte nach hinten. Sahen wir zur offenen Seite der Hütte hinaus, so gab es noch mehr Leben und Bewegung; dann schwankte der Himmel ruhig im Halbkreis, und das Wasser wälzte sich empor. Das Tauwerk mußte den ganzen Druck aushalten. Des Nachts konnten wir es knarren und ächzen, quietschen und sich reiben hören. Es war wie ein einziger Klagechor im Dunkel, wobei Tau für Tau, je nach Stärke und Spannung, seinen eigenen Ton hatte. Jeden Morgen wurde das Tauwerk gründlich untersucht. Einer von uns ließ sich mit dem Kopf voran über die Floßkante ins Wasser hinab – wobei zwei Mann ihn krampfhaft an den Knöcheln festhielten – und kontrollierte, ob die Taue an der Unterseite des Floßes noch in Ordnung waren. Das Tauwerk hielt. Die Seeleute hatten behauptet, nach vierzehn Tagen würde auch das letzte Tau geborsten sein, doch wir konnten vorläufig nicht das geringste Zeichen einer Abnutzung feststellen, trotz des ganzen Konzerts. Erst viel später fanden wir die Erklärung dafür: Das Balsaholz war so weich, daß die Taue sich allmählich ins Holz schnitten; dadurch lagen sie geschützt und konnten nicht zwischen den Stämmen zerrieben werden.

Nach acht Tagen Fahrt bekamen wir ruhigere See, das Meer war blau und nicht mehr grün wie bisher, und wir trieben nach Westnordwest statt genau nach Nordwest. Das nahmen wir als erstes, schwaches Zeichen, daß die Küstenströmung uns freigegeben hatte. Wir konnten hoffen, mit dem Hauptstrom auf den Ozean hinauszutreiben.

Schon am ersten Tag, den wir allein auf dem Meer verbrachten, hatten wir Fische in der Nähe des Floßes beobachtet, doch wir waren so sehr mit der Steuerung beschäftigt, daß keiner ans Fischen dachte. Am zweiten Tag befanden wir uns eine Zeitlang mitten in einem dichten Sardinenschwarm, und wenig später wälzte ein acht Fuß langer Blauhai den weißen Bauch nach oben und streifte die Stämme am Heck, wo Hermann und Bengt barfüßig in den Wellen standen, doch als wir die Handharpune klar hatten, war er verschwunden. Am dritten Tag bekamen wir Besuch von Thunfischen, Bonitos und Goldmakrelen, und ein recht fetter fliegender Fisch landete an Bord. Wir benutzten ihn als Köder und zogen sofort zwei große Goldmakrelen heraus – die Spanier nennen sie Dorados –, von denen die eine zehn, die andere fünfzehn Kilogramm wog. Das gab Essen für mehrere Tage. Während der Ruderwachen sahen wir viele Fische, die uns nicht einmal dem Namen nach bekannt waren, und eines Tages gerieten wir in einen Schwarm von Tümmlern, der anscheinend gar kein Ende nehmen wollte. Die schwarzen Rücken drängten sich dicht an die Seiten des Floßes, und überall tauchten sie an der Oberfläche auf, so weit wir von der Mastspitze aus sehen konnten. Je näher wir dem Äquator kamen, desto alltäglicher wurden die fliegenden Fische. Und als wir dann endlich in dem blauen Wasser trieben, wo das Meer sich majestätisch einherwälzte, sonnenbeschienen und friedlich, leicht vom Wind gekräuselt, sahen wir sie blinken, einem Regen von Projektilen gleich, die aus dem Meer herausschossen und in gerader Linie dahinflogen, bis ihr Schwung aufgebraucht war und sie wieder in das sich kräuselnde Wasser tauchten.

Wenn wir des Nachts die winzige Paraffinlampe hinausstellten, lockte der Lichtschein die fliegenden Fische an, und große und kleine Exemplare sausten quer über das Floß. Häufig prallten sie gegen die Hütte oder das Segel und fielen herunter auf das Deck; zum Start in die Luft brauchten sie den Anlauf im Wasser, und so lagen sie dann hilflos zappelnd da wie großäugige Heringe mit langen Brustflossen. Es kam vor, daß wir einen von uns saftig fluchen hörten, wenn ihm an Deck unerwartet ein fliegender Fisch mit voller Fahrt ins Gesicht geklatscht war. Sie kamen immer mit voller Fahrt, das Maul voran, und es verging einem Hören und Sehen, wenn sie einem ins Gesicht klatschten. Doch der Geschädigte verzieh den ungewollten Angriff bald, denn trotz allem war dort das Schlaraffenland des Meeres, wo prächtige Fischgerichte statt gebratener Tauben durch die Luft geflogen kamen. Wir brieten sie zum Frühstück, und ob es nun am Fisch, am Koch oder am Appetit lag, auf alle Fälle erinnerten sie uns an gebratene Forellen; zuvor allerdings mußten wir die Schuppen entfernen.

Die erste Aufgabe des Kochs nach dem Wecken war es, die fliegenden Fische aufzusammeln, die im Laufe der Nacht an Deck gelandet waren. Er fand stets etwa ein Dutzend, manchmal mehr, und einmal lagen sogar sechsundzwanzig fette Exemplare auf dem Floß. Es ärgerte Knut mächtig, daß ihn, als er eines Morgens die Bratpfanne schwang, ein fliegender Fisch nur an der Hand traf, statt ins Bratfett zu springen.

Unsere intime Nachbarschaft mit dem Meer wurde Torstein zum erstenmal richtig bewußt, als er eines Tages beim Erwachen eine Sardine auf dem Kopfpolster fand. Es war zuwenig Platz in der Hütte, und Torstein lag mit dem Kopf in der Türöffnung – und biß jeden ins Bein, der ihm unversehens ins Gesicht trat, wenn er nachts hinaus mußte. Er hob die Sardine am Schwanz hoch und vertraute ihr verständnisvoll an, daß alle Sardinen seine volle Sympathie besäßen. Wir zogen pflichtschuldigst unsere Füße an den Leib, so daß Torstein mehr Platz hatte, doch dann geschah etwas, was ihn veranlaßte, sich einen Schlafplatz auf unserer Küchenausrüstung hinten in der Funkecke zu suchen.

Es geschah einige Nächte später. Der Himmel hatte sich bezogen, und es war stockfinster. Torstein hatte die Paraffinlampe neben seinen Kopf gestellt, damit die Nachtwachen sehen konnten, wohin sie traten, wenn sie beim Wachwechsel über seinen Kopf hinwegkrochen. Gegen vier Uhr erwachte Torstein, weil die Lampe umfiel und etwas Kaltes, Nasses ihm um die Ohren klatschte.

Ein fliegender Fisch, dachte er und tastete im Dunkeln danach, um ihn fortzuschleudern. Er bekam etwas Langes, Feuchtes zu fassen, das sich wie eine Schlange ringelte. Er zuckte zurück, als hätte er sich verbrannt, der unsichtbare Besucher glitt in Richtung auf Hermann davon, und Torstein versuchte, die Lampe wieder anzuzünden. Hermann fuhr ebenfalls in die Höhe, und damit erwachte auch ich. Mir fielen sofort die Riesenkraken ein, die des Nachts in diesen Gewässern emporsteigen.

Als die Lampe brannte, saß Hermann triumphierend da, die Faust um den Hals eines langen, dünnen Fisches geklammert, der sich wie ein Aal in seinen Händen wand. Der Fisch war einen Meter lang, dünn wie eine Schlange, hatte große schwarze Augen und eine spitze Schnauze mit einem Räubermaul voll langer Zähne. Die Zähne waren messerscharf und legten sich an den Gaumen an, wenn der Fisch etwas schlucken wollte. Unter Hermanns Griff würgte er plötzlich einen großäugigen, etwa zwanzig Zentimeter langen weißen Fisch heraus und gleich darauf noch einen von derselben Art, offensichtlich Tiefseefische, die allerdings von den Zähnen des »Schlangenfisches« stark mitgenommen waren. Die dünne Haut dieses Fisches war am Rükken blauviolett, an der Unterseite stahlblau und löste sich, sobald man fest zugriff.

Endlich erwachte auch Bengt von dem Aufruhr, und wir hielten ihm den langen Fisch unter die Nase. Er richtete sich blinzelnd in seinem Schlafsack auf und sagte sanft: »Nein. So ein Tier gibt es gar nicht.« Worauf er sich gelassen niederlegte und weiterschlummerte.

Bengt hatte gar nicht so unrecht. Später stellte sich nämlich heraus, daß wir sechs, die wir rund um das Licht in der Bambushütte saßen, die ersten waren, die ein lebendes Exemplar dieser Gattung sahen. Nur das Skelett war bekannt, man hatte ein paar davon an der Küste Südamerikas und auf den Galápagos-Inseln gefunden; die Ichthyologen nannten ihn Gempylus oder Schlangenmakrele und nahmen an, daß er in großen Meerestiefen lebe, da ihn noch niemand lebend gesehen hatte. Doch falls er wirklich in großer Tiefe lebte, so nur am Tage, wenn die Sonne die großen Augen blendete, denn in den dunklen Nächten war der Gempylus an der Oberfläche des Meeres – und auch darüber – auf Jagd. Das bekamen wir auf dem Floß zu spüren.

Acht Tage nachdem der seltene Fisch in Torsteins Schlafsack gelandet war, stellte sich abermals Besuch ein. Wiederum gegen vier Uhr morgens, der Mond war untergegangen, und es war dunkel, aber sternenklar. Das Floß ließ sich leicht steuern, und als meine Wache vorüber war, machte ich einen kleinen Spaziergang entlang der Kante, um zu sehen, ob zur Wachablösung alles in Ordnung war. Ich hatte ein Tau um den Leib, wie es die Wache immer trug, und mit der Lampe in der Hand balancierte ich vorsichtig auf dem äußersten Stamm am Mast vorbei. Der Stamm war naß und glatt, daher war ich ziemlich verärgert, als jemand hinter mir ganz unerwartet das Seil ergriff und daran zog, so daß ich um ein Haar das Gleichgewicht verloren hätte. Erzürnt drehte ich mich mit dem Licht um, doch keine Menschenseele war zu sehen. Da zog und zerrte es nochmals am Tau, und ich sah etwas Glänzendes an Deck liegen und sich winden. Es war wiederum ein Gempylus, und diesmal hatte er seine Zahnreihen so tief in das Rettungstau geschlagen, daß viele seiner Zähne abbrachen, bevor ich ihn losbekam. Vermutlich hatte das Licht der Lampe das weiße, sich schlängelnde Tau schimmern lassen, und unser Gast aus der Meerestiefe hatte einen Satz gemacht, in der Hoffnung, einen extralangen und leckeren Bissen zu schnappen. Sein

Sprung endete in einem Glas mit Formalin.

Das Meer birgt viele Überraschungen für den, der seinen Fußboden in Höhe des Wasserspiegels hat und langsam und lautlos dahintreibt. Ein Jäger, der sich seinen Weg durch den Wald bahnt, kann nach Hause kommen und erzählen, daß es nichts Lebendes zu sehen gab, und ein anderer setzt sich lautlos auf einen Baumstumpf und wartet; dann fängt es oft zu rascheln an und zu knacken, und neugierige Augen schauen hervor. So ist es auch auf dem Meer. Wir durchpflügen es meist mit Motorenlärm und Kolbenstampfen, und das Wasser sprüht nur so um den Bug. Dann kommen wir zurück und sagen, auf dem Meer gebe es nichts zu sehen. Für uns aber verging kein Tag, ohne daß uns neugierige Gäste besuchten, die um uns herumschwänzelten, und einzelne davon, wie Goldmakrelen und Lotsenfische, wurden so zutraulich, daß sie dem Floß Gefolgschaft leisteten über das Meer und Tag und Nacht in unserer Nähe blieben.

Wenn die Nacht einfiel und die Sternenwelt am dunklen Tropenhimmel funkelte, dann blinkte das Meeresleuchten rund um uns mit den Sternen um die Wette, und vereinzeltes, leuchtendes Plankton glich runden, glühenden Kohlen, so daß wir unwillkürlich die nackten Beine anzogen, wenn eine dieser leuchtenden Kugeln aufs Achterdeck gespült wurde. Fingen wir sie ein, entpuppten sie sich als kleine, leuchtende Garnelenarten. In solchen Nächten erschraken wir oft, wenn plötzlich zwei runde leuchtende Augen dicht neben dem Floß aus der See tauchten und uns – als sei es Neptun persönlich – hypnotisierend anstarrten. Oft waren es große Tintenfische, die an der Oberfläche schwammen und deren unheimliche, grüne Augen in der Dunkelheit wie Phosphor leuchteten. Doch es kam auch vor, daß die leuchtenden Augen Tiefseefischen gehörten, die nur des Nachts emporstiegen und nun fasziniert in das Licht starrten. Ein paarmal, bei ruhiger See, war das nachtschwarze Wasser um das Floß herum im Nu wie übersät mit runden Köpfen, zwei bis drei Fuß im Durchmesser, die reglos dalagen und uns mit großen leuchtenden Augen anglotzten. In anderen Nächten wurden Leuchtkugeln, einen Meter und mehr im Durchmesser, unter uns im Wasser sichtbar, die in unregelmäßigen Abständen aufblitzten wie eine für Augenblicke angeknipste elektrische Lampe.

Allmählich gewöhnten wir uns daran, solche unterirdischen oder besser unterseeischen Wesen unter dem Fußboden zu haben, und trotzdem waren wir immer wieder überrascht, wenn eine neue Ausgabe davon auftauchte. In einer bewölkten Nacht gegen zwei Uhr, es war schwer, das schwarze Wasser vom schwarzen Himmel zu unterscheiden, bemerkte die Ruderwache ein schwaches Leuchten im Wasser, das nach und nach die Form eines großen Tieres annahm. Es war unmöglich, festzustellen, ob es Plankton war, was auf seinem Körper leuchtete, oder ob das Tier eine phosphoreszierende Haut besaß, denn der Lichtschein in dem schwarzen Wasser gab dem spukhaften Wesen unscharfe, fließende Konturen; bald war es rund, bald oval oder dreikantig, und dann spaltete es sich in zwei Teile, die unabhängig voneinander unter dem Floß hin und her schwammen. Schließlich zogen drei dieser großen, leuchtenden Spukwesen in langsamen Runden unter uns dahin. Es mußten richtige Ungeheuer sein, denn allein die sichtbaren Teile maßen ihre sechs bis acht Meter, und wir versammelten uns rasch an Deck, um diesen Gespenstertanz zu beobachten. Er dauerte Stunde um Stunde und folgte dem Floß auf seiner Fahrt. Geheimnisvoll und lautlos hielten sich unsere leuchtenden Gefolgsleute ein gut Stück unter der Wasseroberfläche, meist an Steuerbord, wo die Lampe war, doch häufig standen sie auch unter dem Floß, und manchmal ließen sie sich auf der Backbordseite sehen. Das Leuchten verriet, daß diese Bestien größer sein mußten als Elefanten, aber Wale waren es nicht, denn sie kamen nie an die Oberfläche, um zu atmen. Waren es ungeheure Rochen, die ihre Form veränderten, sobald sie sich auf die Seite wälzten? Wir wollten sie heraufłocken und hielten die Lampe dicht über die Wasserfläche, doch sie ließen sich nicht verleiten. So blieb es unklar, was für eine Art Geschöpfe uns da begleiteten. Und wie alle zünftigen Kobolde und Spukwesen waren sie verschwunden, als der Tag zu grauen begann.

Wir bekamen nie eine befriedigende Erklärung für das nächtliche Erscheinen dieser drei leuchtenden Ungeheuer, es sei denn, die Lösung hing mit einem anderen Besuch zusammen, der sich bei strahlendem Sonnenlicht eineinhalb Tage später einfand.

Es war der 24. Mai, und wir trieben in einer angenehmen Dünung ungefähr fünfundneunzig Grad West und sieben Grad Süd. Gegen Mittag hatten wir die Innereien von zwei großen Goldmakrelen über Bord geworfen, die wir im Morgengrauen gefangen hatten, und ich gab deshalb scharf acht, als ich am Bug zu einem erfrischenden Bad untertauchte. Dabei kam mir ein zwei Meter langer brauner Fisch zu Gesicht, der neugierig durch das kristallklare Wasser auf mich zuschwamm. Ich war rasch auf der Floßkante, hockte im Sonnenschein und sah dem Fisch nach, der uns ruhig passierte, als ein wildes Kriegsgeheul ertönte, das Knut hinter der Bambushütte ausstieß. Er brüllte »Hai!«, daß sich seine Stimme in Fisteltönen brach; und da beinahe täglich Haie am Floß entlangschwammen, ohne daß es eine solche Aufregung gab, spürten wir alle, daß etwas Besonderes geschehen sein mußte, und wir eilten nach achtern, um Knut zu helfen. Er hatte dort gekauert und seine Shorts in den Wellen gewaschen und, als er einmal aufschaute, das größte und häßlichste Antlitz unmittelbar vor sich gesehen, das wir jemals im Leben erblickt hatten. Es war der Schädel eines wahrhaftigen Seeungeheuers, so riesig und scheußlich, daß selbst ein Gespenst aus der Tiefe nicht solchen Eindruck auf uns gemacht hätte. Der Schädel war breit und flach wie der eines Frosches, hatte kleine Augen an den Seiten und ein krötenartiges Maul, das eineinhalb Meter breit war und von dessen Winkeln lange Fransen herabhingen. An den Schädel schloß sich ein ungeheuerlicher Körper an, der in einen langen, dünnen Schwanz endete. Die spitze Schwanzflosse stand senkrecht und verriet, daß dieses Seeungeheuer kein Wal irgendeiner Gattung war. Der Körper war bräunlich gefärbt und von Kopf bis Schwanz mit kleinen weißen Flecken übersät. Das Monstrum schwamm träge hinter uns her, grinste wie eine Bulldogge und schlug ruhig mit dem Schwanz. Die große, runde Rückenflosse ragte aus dem Wasser, und manchmal war auch fast die ganze Schwanzflosse zu sehen. Wenn es ein Wellental kreuzte, umspülte das Wasser den breiten Rücken, als strudle es um ein verborgenes Riff. Vor dem breiten Maul schwamm in Fächerformation ein Schwarm von zebraartig gestreiften Lotsenfischen, und große Remorafische und andere Parasiten hatten sich an dem gewaltigen Körper festgesaugt und ritten auf ihm durch das Wasser; das Ganze bildete eine seltsame Tiergemeinschaft, die sich um etwas scharte, was einem schwimmenden Unterwasserriff glich.

Eine zehn Kilogramm schwere Goldmakrele hing an sechs unserer größten Angelhaken hinter dem Floß als Köder für Haifische. Eine Gruppe Lotsenfische jagte darauf zu, beschnupperte den Kadaver, ohne ihn anzurühren, und schwänzelte dann zurück zu ihrem Herrn und Meister, dem Seekönig. Wie bei einem mechanischen Ungetüm setzte sich die Maschinerie in Gang und glitt bedächtig auf die Makrele zu, die wie ein kleiner, armseliger Kosthappen vor seinem Maul hing. Wir zogen den Köder heran, und das Seeungeheuer folgte ihm langsam bis an die Seite des Floßes. Ohne das Maul zu öffnen, sog es dann die Makrele ein, als lohne es nicht, eines so unbedeutenden Bissens wegen das ganze Scheunentor aufzutun. Als der Riese ganz dicht ans Floß herangekommen war, rieb er den Rücken an dem schweren Steuerruder und hob es aus dem Wasser, und nun hatten wir Gelegenheit, das Monstrum aus nächster Nähe zu studieren – und dann schien es, als hätten wir alle den Verstand verloren, denn wir lachten laut und schrien erregt über den völlig unglaublichen Anblick, der sich uns bot. Selbst Walt Disney konnte bei all seiner Phantasie kein haarsträubenderes Untier erfinden als dieses Geschöpf, das nun mit seinem Maul am Floßrand lag und uns anblinzelte.

Das Ungeheuer war ein Walhai, der größte Hai und zugleich der größte Fisch, der überhaupt bekannt ist. Er ist außerordentlich selten, und nur einzelne Exemplare werden hier und da in den tropischen Weltmeeren beobachtet. Der Walhai wird durchschnittlich fünfzehn Meter lang und erreicht nach Meinung der Zoologen ein Gewicht von fünfzehn Tonnen. Man glaubt, daß große Exemplare sogar zwanzig Meter lang werden können; ein harpuniertes Walhaibaby hatte eine Leber von dreihundert Kilogramm und eine Sammlung von dreitausend Zähnen in seinem breiten Maul.

So riesengroß war das Monstrum, daß der Schädel auf der einen Seite sichtbar war und die ganze Schwanzpartie noch auf der anderen aus dem Wasser ragte, als es anfing, uns zu umkreisen und unter dem Floß hindurchzuschwimmen. Und sein Gesicht sah so unsagbar grotesk, träge und dumm aus, daß wir vor Lachen brüllten, obwohl wir wußten, daß die Bestie in ihrem Schwanz Kraft genug hatte, um Balsastämme und Tauwerk in Stücke zu schlagen, falls sie uns angriff. Wieder und wieder zog sie in engen Kreisen um das Floß, und wir warteten, was geschehen würde. Ab und an glitt sie gemütlich unter das Steuerruder und hob es in die Höhe, so daß das Ruderblatt den Rücken entlangglitt. Wir standen rund um das Floß herum mit Handharpunen bereit, aber sie wirkten wie Zahnstocher im Verhältnis zu der mächtigen Bestie, mit der wir es zu tun hatten. Nichts deutete darauf, daß der Walhai uns je wieder zu verlassen gedächte. Er kreiste uns ein und folgte uns wie ein treuer Hund dicht neben dem Floß.

Etwas Ähnliches hatte keiner von uns bisher erlebt, und keiner hatte auch nur daran gedacht, so etwas je zu erleben, und das ganze Abenteuer mit dem Seeungeheuer, das hinter und unter dem Floß schwamm, kam uns so völlig unnatürlich vor, daß wir es einfach nicht ernst zu nehmen vermochten.

In Wahrheit umschwamm uns der Hai kaum eine Stunde, doch uns war, als dauere der Besuch schon einen ganzen Tag. Schließlich wurde es Erik, der an einer Ecke des Floßes stand, zuviel, und von unbedachten Zurufen ermutigt, hob er die zweieinhalb Meter lange Handharpune. Der Walhai glitt langsam auf ihn zu, und als der breite Kopf sich genau unter der Ecke des Floßes befand, rammte Erik die Harpune mit all seiner Bärenkraft senkrecht hinunter und tief hinein in den knorpligen Schädel. Es dauerte ein oder zwei Sekunden, bevor der Riese begriffen hatte, was geschehen war. Dann aber verwandelte sich der langsame Idiot blitzschnell in einen Berg von Stahlmuskeln. Wir hörten ein Sausen, als die Fangleine über die Floßkante fuhr, und sahen eine Wasserkaskade, als der Riese sich auf den Kopf stellte und in die Tiefe raste. Die drei, die am nächsten standen, wurden umgerissen, und zweien von ihnen wurde von der Leine, die durch die Luft zischte, die Haut zerschunden und versengt. Die dicke Fangleine, stark genug, ein Rettungsboot festzuhalten, verfing sich an der Floßkante; sie barst sofort wie ein Bindfaden, und wenig später tauchte ein abgebrochener Harpunenschaft zweihundert Meter entfernt an der Oberfläche auf. Ein Schwarm entsetzter Lotsenfische jagte davon, verzweifelt bemüht, ihrem Herrn und Meister zu folgen. Wir warteten lange, daß das Ungeheuer zurückgerast käme wie ein wütendes U-Boot, doch wir sahen den Walhai nie wieder.

Um diese Zeit trieben wir im Südäquatorialstrom nach Westen, ungefähr vierhundert Seemeilen südlich der Galápagos-Inseln. Wir waren nun sicher davor, in die Galápagos-Strömungen hineinzugeraten, und das einzige, was wir von der Inselgruppe bemerkten, waren große Schildkröten, die sich so weit aufs offene Meer hinaus verirrt hatten. Eines Tages sahen wir eine kolossale Seeschildkröte, die mit dem Kopf und der einen Flosse auf der Wasseroberfläche herumplatschte. In der Dünung erkannten wir, daß es grün und blau und golden im Wasser darunter blinkte, und wir begriffen, daß die Schildkröte mit Goldmakrelen um ihr Leben kämpfte. Offenbar war der Kampf ganz einseitig und bestand darin, daß zwölf bis fünfzehn großköpfige und farbenprächtige Goldmakrelen Hals und Flossen der Schildkröte angriffen und so versuchten, sie zu ermüden, denn die Schildkröte kann nicht tagelang Kopf und Glieder in die Schale eingezogen halten.

Als die Schildkröte das Floß bemerkte, tauchte sie und schwamm, gefolgt von den glitzernden Fischen, schnurgerade auf uns zu. Sie kam dicht neben dem Floß empor und machte Anstalten, auf die Stämme heraufzukriechen, doch da sah sie uns. Wären wir routinierter gewesen, hätten wir sie ohne Schwierigkeit mit einem Tau heraufziehen können, solange der lange Rückenschild ruhig neben dem Floß dahinglitt. Doch wir brauchten zuviel Zeit zum Gaffen, und als wir das Lasso klar hatten, war die Riesenschildkröte bereits außer Reichweite vor dem Bug. Wir brachten unser winziges Gummiboot zu Wasser, und Hermann, Bengt und Torstein verfolgten die Seeschildkröte in der runden Nußschale, die nicht größer war als das, was vor ihnen schwamm. Bengt, der Steward, träumte bereits von einem unerschöpflichen Fleischfaß und leckerster Schildkrötensuppe, doch je rascher sie ruderten, desto schneller glitt die Schildkröte dicht unter der Oberfläche dahin, und sie waren noch keine hundert Meter vom Floß entfernt, als die Schildkröte spurlos verschwand. Aber ein gutes Werk hatten die drei auf jeden Fall getan, denn als das winzige buttergelbe Gummiboot auf dem Wasser zurückgetanzt kam, hatte es den ganzen blinkenden Schwarm von Goldmakrelen auf sich gezogen. Die Fische schlossen einen Ring um die neue Schildkröte, und die dreistesten schnappten nach den Ruderblättern, die wie Flossen ins Wasser tauchten.

Inzwischen entschwand die friedliche Seeschildkröte, glücklich befreit von allen ihren niedriggesinnten Verfolgern.

5

Auf halbem Weg

Tägliches Leben und Experimente. Trinkwasser für Floßfahrer. Kartoffel und Flaschenkürbis verraten ein Geheimnis. Die Kokosnuß und die Krabben. Johannes. Wir segeln in Fischsuppe. Plankton. Eßbares Meeresleuchten. Umgang mit Walen. Ameisen und Entenmuscheln. Schwimmende Haustiere. Die Goldmakrele als Gefolgsmann. Haifang. Die »Kon-Tiki« wird zum Seeungeheuer. Lotsenfische und Remoras als Erbschaft des Haies. Warnung vor Riesenkraken. Fliegende Tintenfische. Unbekannter Besuch. Der Taucherkorb. Mit Thunfischen und Bonitos in deren eigenstem Element. Das falsche Riff. Das Schwert löst ein Rätsel. Auf halbem Weg.

Die Wochen vergingen. Von Schiffen sahen wir keine Spur. Nichts trieb uns entgegen, was verriet, daß es noch andere Menschen auf der Welt gab. Das ganze Meer gehörte uns. Alle Pforten des Horizonts standen offen, und es taute förmlich Friede und Freiheit von der Himmelswölbung herab.

Uns war, als hätten der frische Salzgeschmack der Luft und all die blaue Reinheit rundum Körper und Seele gewaschen und gereinigt. Die großen Probleme der zivilisierten Menschheit wurden klein dort auf dem Meer und kamen uns vor wie abwegige Produkte des menschlichen Geistes. Nur die Elemente waren von Bedeutung. Und die Elemente schienen das kleine Floß zu ignorieren. Vielleicht nahmen sie es auch an als ein Stück der Natur, das die große Harmonie des Meeres nicht störte, sondern sich nach Strömung und Seegang richtete wie Meeresvögel und Fische. Statt sich als furchtbare Feinde geifernd auf uns zu werfen, waren sie vertraute Freunde geworden, die uns stetig und sicher voranhalfen. Während Wind und Wellen uns schoben und stießen, zog uns die Strömung mit sich fort, beides genau auf unser Ziel zu.

Hätte ein Schiff an einem Durchschnittstag dort draußen unseren Weg gekreuzt, dürfte sich ihm ein friedliches Bild geboten haben: ein Floß, gelassen auf und nieder tanzend über weite, rollende Dünungswogen und vorbei an gischtenden Schaumwirbeln, während der Passat ein rostgelbes Segel straff gewölbt hielt in Richtung auf Polynesien.

Am Heck des Floßes hätte man einen Mann gesehen, nackt, braun und bärtig, der sich entweder mit einem langen Steuerruder herumplagte und an verwickelten Tauen zog oder – bei ruhigem Wetter – auf einer Kiste saß, im Sonnenschein döste und das Steuerruder bedächtig mit den Zehen hielt. Sofern dieser Mann nicht zufälligerweise Bengt selbst war, hätte man diesen im Hütteneingang auf dem Bauch liegen sehen, eins seiner dreiundsiebzig soziologischen Bücher vor der Nase.

Ansonsten war Bengt als Steward verantwortlich für die Zusammenstellung der täglichen Rationen. Hermann traf man stets auf Außenposten. Entweder hockte er mit meteorologischen Instrumenten in der Mastspitze, oder er tauchte mit Schwimmbrille unter das Floß, um ein Schwert zu kontrollieren, oder er ließ sich im Gummiboot nachschleppen und war mit Ballons und seltsamen Meßapparaten beschäftigt; er war unser technischer Chef und verantwortlich für meteorologische und hydrographische Beobachtungen.

Knut und Torstein hatten ständig zu tun mit ihren nassen Trockenbatterien, mit Lötkolben und Kopplungsschemata. Es bedurfte all ihrer Kriegserfahrungen, die bescheidene Funkstation im Sprühregen und Tau, einen Fuß hoch über dem Wasserspiegel, betriebsfähig zu halten. Nacht für Nacht sendeten sie abwechselnd unsere Berichte und Wetterbeobachtungen, irgendwelche Funkamateure fingen die Meldungen auf und gaben sie weiter ans Meteorologische Institut in Washington oder an den jeweiligen Adressaten. Erik flickte meistens am Segel herum oder spliß Taue, falls er nicht schnitzte oder Skizzen von bärtigen Männern und merkwürdigen Fischen zeichnete. Jeden Mittag nahm er den Sextanten zur Hand, kroch auf eine Kiste und sah nach der Sonne, um herauszufinden, wie weit wir seit dem Tag zuvor gekommen waren. Ich selbst hatte genug zu tun mit Logbuch und Berichten, Planktonsammeln, Fischen und Filmen. Jedermann war für sein Gebiet verantwortlich, und keiner mischte sich in die Arbeit des anderen. Alle sauren Tätigkeiten, wie Ruderwache und Küchendienst, wurden gerecht verteilt. Jeder von uns hatte zwei Stunden Tagwache und zwei Stunden Nachtwache am Steuer. Und der Küchendienst ging die Runde von einem Tag zum anderen.

Es gab kaum Gesetze und Regeln an Bord, außer daß der Nachtposten einen Strick um den Leib und das Rettungstau seinen festen Platz haben mußte, daß vor der Hütte gegessen wurde und gewisse unvermeidliche Geschäfte nur achtern am äußersten Ende der Stämme erledigt wurden. Mußte ein wichtiger Entschluß gefaßt werden, riefen wir ein Pow-wow nach Indianermanier ein und diskutierten die Sache gründlich, bevor wir eine Entscheidung trafen.

Der Tag auf der »Kon-Tiki« begann damit, daß die letzte Nachtwache Leben in den Koch hineinschüttelte, der schläfrig auf das taunasse Deck hinauskroch und in der Morgensonne fliegende Fische sammelte. Da wir keine Lust hatten, den Fisch roh – nach polynesischer wie auch peruanischer Vorschrift – zu schlucken, brieten wir ihn über einem kleinen Primus, der am Boden einer Kiste stand, die vor der Hüttentür festgebunden war. Diese Kiste war unsere Küche. Ihr Standort war vor dem Südostpassat geschützt, der ständig schräg von achtern blies. Nur wenn Wind und See allzusehr mit der Primusflamme jonglierten, kam es vor, daß die Kiste Feuer fing, und als der Koch einmal geschlafen hatte, stand plötzlich die Kiste in hellen Flammen, die sofort auf die Wand der Bambushütte übergriffen. Doch der Brand wurde rasch gelöscht, als der Rauch in die Hütte drang, denn zum Wasser hatten wir es ja an Bord der »Kon-Tiki« nicht weit.

Dem Duft des gebratenen Fisches gelang es nur höchst selten, die schnarchenden Individuen in der Bambushütte zu wecken, so daß der Koch sie ein bißchen mit der Gabel stechen oder sein »Backen und Banken« in so falschen Tönen singen mußte, daß keiner ihn länger anzuhören vermochte. Wenn sich keine Haiflossen in der Nähe des Floßes zeigten, begann der Tag mit einem Sprung in den Stillen Ozean. Dann folgte das »Frühstück im Blauen« auf dem Floßrand.

Über das Essen an Bord konnte man nicht klagen. Unsere Ernährung hatte zwei Experimenten zu dienen, das eine dem Quartiermeister und dem zwanzigsten, das andere Kon-Tiki und dem fünften Jahrhundert gewidmet. Torstein und Bengt waren als Versuchsobjekte für das erste Experiment ausersehen und begrenzten ihre Mahlzeiten auf die hübschen, kleinen Packungen mit Spezialproviant, die wir in dem freien Raum zwischen den Stämmen und dem Bambusdeck verstaut hatten. Fisch und Seeproviant waren ohnehin nie ihre starke Seite gewesen. Alle paar Wochen lösten wir die Verschnürungen, die das Bambusdeck hielten, und nahmen einen neuen Vorrat heraus, den wir vor der Bambushütte festzurrten. Es zeigte sich, daß die zähe Asphaltschicht auf der Pappe standhielt, während die Konservenbüchsen, die lose danebenlagen, vom Meerwasser, das ständig den Proviant umspülte, angefressen wurden und ihr Inhalt verdarb. Kon-Tiki hatte auf seiner urwüchsigen Fahrt über den Ozean weder Asphalt noch Patentbüchsen gekannt und trotzdem keine ernsteren Versorgungsprobleme gehabt. Auch die Verpflegung in der Vergangenheit bestand ja aus dem, was man vom Land mitnahm oder sich unterwegs zu verschaffen wußte. Zwei Absichten können Kon-Tiki geleitet haben, als er Peru nach der Niederlage auf dem Titicacasee verließ. Da er die priesterliche Verkörperung der Sonne in einem Volk von Sonnenanbetern war, ist es höchst wahrscheinlich, daß er sich aufs Meer hinauswagte, um der Sonne selbst auf ihrer Reise zu folgen, in der Hoffnung, ein neues und friedlicheres Land zu finden. Die andere Möglichkeit ist, daß er mit seinen Flößen die Küste Südamerikas entlangsegeln und weiter nördlich wieder an Land gehen wollte, um dort ein neues Reich zu gründen. Bei dem Versuch, die Küste und damit die feindlichen Stämme zu meiden, konnte er dann – wie wir – leicht eine Beute des Südostpassats und des Humboldt-Stroms geworden sein. Und dann hatten ihn die mächtigen Elemente in genau demselben großen Halbkreis gen Sonnenuntergang getrieben.

Was auch immer die Sonnenanbeter

für Pläne hatten: Als sie ihr Heimatland verließen, sorgten sie bestimmt für Proviant. Getrocknetes Fleisch, Fisch und Süßkartoffeln waren der wichtigste Teil ihrer primitiven Nahrung. Wenn die Floßfahrer der Vergangenheit von der peruanischen Küste aus in See stachen, hatten sie reichlich Wasservorrat an Bord. An Stelle von Tongefäßen verwendeten sie die Schale der großen Flaschenkürbisse, die gegen Stoß und Schlag nahezu unempfindlich sind. Vielleicht noch besser geeignet für die Flöße waren die dicken Rohre des Riesenbambus. Die Zwischenwand der Knoten wurde durchbohrt und Wasser durch ein kleines Loch am Ende eingefüllt, das mit einem Pflock abgedichtet wurde. Dreißig bis vierzig dieser dicken Bambusrohre konnten in Längsrichtung des Floßes unter Deck festgebunden werden, wo sie im Schatten lagen, kühl umspült vom frischen Seewasser, das im Äquatorstrom etwa sechs- bis siebenundzwanzig Grad Celsius mißt. So konnte man einen Wasservorrat transportieren, der doppelt so groß war wie der, den wir selbst für die ganze Reise brauchten. Noch mehr konnte man laden, wenn man die Bambusrohre unter dem Floß befestigte, wo sie im Wasser weder Gewicht noch Platz wegnahmen.

Wir wußten, daß nach zwei Monaten das Frischwasser schal wird und nicht mehr schmeckt. Doch bis dahin hat man den ersten, regenarmen Teil des Meeres hinter sich gebracht und längst ein Gebiet erreicht, wo kräftige Regenschauer den Wasservorrat ergänzen werden. Wir gaben pro Mann und Tag eineinviertel Liter Wasser aus, und nicht immer wurde die Ration verbraucht.

Selbst wenn es unsere Vorgänger mangelhaft versorgt von Land getrieben hätte, wären sie durchgekommen, solange sie mit dem fischreichen Strom übers Meer trieben. Es verging nicht ein Tag während der ganzen Reise, ohne daß Fische um uns waren, die sich leicht fangen ließen, ganz zu schweigen von den fliegenden Fischen, die freiwillig an Bord sprangen. Es kam sogar vor, daß große, wohlschmeckende Bonitos in den Wellen an Bord schwammen und zappelnd auf dem Floß liegenblieben, wenn das Wasser wie in einem Sieb zwischen den Stämmen verschwand. Man konnte einfach nicht verhungern.

Zudem war den alten Eingeborenen ein Kniff recht gut bekannt, auf den im Krieg auch viele Schiffbrüchige kamen: Man kann aus rohem Fisch eine durststillende Feuchtigkeit herauskauen. Man kann den Saft auch auspressen, indem man den Fisch in Stücke schneidet und diese in einem Tuch auswindet oder, wenn der Fisch groß genug ist, einfach Gruben in seine Seite schneidet, die sich rasch aus den Lymphen des Fisches füllen. Solange man etwas Besseres zu trinken hat, schmeckt diese Flüssigkeit nicht gut, doch ihr Salzgehalt ist so gering, daß man den Durst mit ihr löschen kann.

Unser Bedarf an Trinkwasser wurde stark reduziert, weil wir ständig Bäder nahmen und uns feucht in die schattige Hütte legten. Falls ein Hai uns majestätisch umkreiste und ein richtiges Tauchbad unmöglich machte, legten wir uns achtern auf die Stämme, krallten Finger und Zehen gut ins Tauwerk und bekamen dann alle paar Sekunden mehrere Badewannen kristallklaren Pazifik über uns geschüttet.

Wenn man in der Wärme von Durst geplagt wird, nimmt man an, der Körper verlange Wasser. Das führt oft zu einem übermäßigen Eingriff in den Wasservorrat, was jedoch nicht im mindesten hilft. An einem richtig heißen Tag in den Tropen kann man sich mit lauwarmem Wasser vollaufen lassen, bis man es oben im Hals stehen spürt, und bleibt trotzdem durstig. Der Körper benötigt dann nämlich nicht Feuchtigkeit, sondern, merkwürdig genug, Salz. Die Spezialrationen an Bord enthielten deshalb auch Salztabletten zum fleißigen Gebrauch an besonders warmen Tagen, denn der Schweiß raubt dem Körper das Salz. Wir erlebten solche Tage, wenn der Wind sich legte und die Sonnenhitze uns ungehindert an Deck zu fassen bekam. Wir konnten dann die Wasserration auf einen Zug hinterschütten, so daß es im Magen förmlich kluckerte, die Kehle verlangte boshaft immer noch mehr. An diesen Tagen setzten wir der Frischwasserration zwanzig bis vierzig Prozent Seewasser zu, da wir zu unserer Überraschung festgestellt hatten, daß dieses Brackwasser den Durst löschte. Wir hatten den Seewassergeschmack zwar lange im Mund, doch nie wurde uns übel. So konnten wir unseren Wasservorrat bedeutend strekken. Eines Morgens, als wir beim Frühstück saßen, schlug ein Brecher unerwartet herauf und in unsere Hafergrütze. Er lehrte uns ganz unaufgefordert, daß der Haferbrei den dumpfigen Geschmack des Meersalzes beinahe völlig überdeckt.

Die alten Polynesier wußten Eigentümliches an Überliefertem zu berichten: Ihre ältesten Vorfahren hätten, als sie über das Meer einwanderten, Blätter einer bestimmten Pflanze mit sich geführt. Wenn man diese kaue, lege sich der Durst. Die Pflanze bewirke auch, daß man in einer Zwangslage selbst reines Meerwasser trinken könne, ohne daß einem übel davon werde. Solche Pflanzen wüchsen aber nicht auf den Südseeinseln und müßten daher aus der Heimat der Vorfahren stammen. Diese Behauptungen der Polynesier waren so hartnäckig, daß moderne Forscher die Sache untersuchten. Sie kamen dabei zu dem Resultat, daß die einzige bekannte Pflanze mit einer solchen Wirkung die Koka ist, die nur in Peru wuchs. Und im prähistorischen Peru wurde ebendiese Koka, die das Kokain enthält, sowohl von den Inkas wie von deren verschwundenen Vorgängern regelmäßig genossen, das haben die Grabfunde aus der Vorinkazeit bewiesen. Auf mühseligen Reisen über die Berge und zur See nahmen die Alten ganze Bündel solcher Blätter mit und kauten sie Tage hindurch, um Durst und Müdigkeit fernzuhalten. Und für eine kurze Zeit kann das Kauen von Kokablättern auch gegen die schädlichen Folgen des Trinkens von Seewasser immun machen.

Die Kokablätter erprobten wir an Bord der »Kon-Tiki« nicht, doch wir transportierten auf dem Vorderdeck große, geflochtene Körbe voll anderer Pflanzen, die für die Südseeinseln größere Bedeutung erlangt hatten. Die Körbe standen im Schutz der Hüttenwand, und gelbe Triebe und grüne Blätter sprossen im Lauf der Zeit länger und länger aus dem Flechtwerk hervor; es war, als hätten wir einen kleinen Tropengarten an Bord. Als die ersten Europäer die Südseeinseln betraten, fanden sie große Plantagen mit Süßkartoffeln vor, auf der Oster-Insel genauso wie auf Hawaii oder auf Neuseeland, die gleiche Kartoffel auf vielen Inseln – aber nur auf polynesischem Gebiet. Sie war in den Gebieten, die weiter westlich lagen, völlig unbekannt. Die Süßkartoffel war eine der wichtigsten Kulturpflanzen auf diesen entlegenen Inseln, wo die Menschen im wesentlichen von Fischen lebten. Viele Legenden der Polynesier kreisten um diese Pflanze, und nach ihren Mythen hatte kein Geringerer als Tiki selbst sie mitgebracht, als er mit seiner Frau Pani aus der Heimat der Vorfahren kam, wo die Süßkartoffel ein wichtiges Nahrungsmittel gewesen war. Die Legenden auf Neuseeland betonen, daß die Süßkartoffel nicht mit Kanus über das Meer gebracht wurde, sondern mit Fahrzeugen aus ganzen Stämmen, die »mit Tauen zusammengebunden« waren.

Nun wuchs, wie bekannt, die Kartoffel vor der Zeit der Europäer nur in Amerika. Und die Süßkartoffel, die Kon-Tiki mit auf die Inseln brachte, Ipomoea batatas, ist genau dieselbe, die von den Indianern in Peru seit ältester Zeit angebaut wird. Getrocknete Süßkartoffeln waren der wichtigste Reiseproviant sowohl für die Seefahrer Polynesiens als auch für die Eingeborenen im alten Peru. Auf den Südseeinseln gedeiht die Süßkartoffel nur unter sorgfältiger Pflege des Menschen, und da sie Seewasser nicht verträgt, kann man ihre Verbreitung auf diesen isolierten Inseln nicht mit der Behauptung erklären, sie sei achttausend Kilometer von Peru her übers Meer getrieben. Besonders schwierig ist das Wegerklären eines so wichtigen Indiziums, auf das die Sprachforscher hingewiesen haben: Auf all den weit verstreuten Südseeinseln heißt die Süßkartoffel Kumara, und Kumara nannten dieselbe Süßkartoffel auch die alten Indianer in Peru. Der Name begleitete die Kartoffel über das Meer.

Eine andere wichtige polynesische Kulturpflanze, die wir auf der »Kon-Tiki« mitführten, war der Flaschenkürbis, Lagenaria vulgaris. Genauso wichtig wie die Frucht als Nahrungsmittel war ihre Schale, die die Polynesier über dem Feuer trockneten und dann als Wasserbehälter benutzten. Auch diese typische Tropenpflanze – die sich genausowenig verbreiten kann, indem sie über das Meer treibt – hatten die Polynesier mit der Urbevölkerung in Peru gemeinsam. Solche aus Flaschenkürbissen hergestellte Wasserbehälter wurden in den prähistorischen Wüstengräbern im Küstengebiet von Peru gefunden; sie waren dort bei der Fischfang treibenden Bevölkerung in Gebrauch, Jahrhunderte bevor die ersten Menschen die Inseln im Stillen Ozean erreichten. Die polynesische Bezeichnung für den Flaschenkürbis, Kimi, findet sich bei den Indianern in Mittelamerika wieder, wo die peruanische Kultur ihre tieferen Wurzeln hat.

Außer einer Anzahl rein zufällig mitgenommener Südfrüchte, die wir aßen, bevor sie schlecht wurden, hatten wir eine dritte Pflanze an Bord, die neben der Süßkartoffel die größte Rolle in der Geschichte des Stillen Ozeans gespielt hat: zweihundert Kokosnüsse, die unseren Zähnen etwas zu arbeiten gaben und einen erfrischenden Trunk lieferten. Einzelne Nüsse fingen sofort an zu keimen, und als wir zehn Wochen auf See waren, hatten wir ein halbes Dutzend Palmenbabys von einem Fuß Höhe an Bord, die bereits dicke, grüne Blätter trieben. Die Kokosnuß wuchs schon in vorkolumbianischer Zeit sowohl auf der Landenge von Panama wie auch in Südamerika. Der Chronist Oviedo berichtet, daß die Spanier bei der Ankunft in Peru die Kokospalme in großen Mengen vorgefunden haben. Zur gleichen Zeit wuchs sie seit langem auf allen Inseln des Pazifiks. Die Botaniker haben noch nicht schlüssig beweisen können, in welcher Richtung sie sich übers Meer verbreitet hat. Eins aber weiß man mit Sicherheit: Selbst die Kokosnuß in ihrer berühmten Schale kann ein Weltmeer nicht ohne menschliche Hilfe überwinden. Die Nüsse, die wir an Deck in Körben aufbewahrten, hielten sich eßbar und keimkräftig bis nach Polynesien. Etwa die Hälfte unseres Vorrats aber hatten wir im Wellenschlag beim Spezialproviant unter dem Deck. Jede einzelne verdarb im Seewasser. Und keine Kokosnuß kann schneller über das Meer treiben als ein Balsafloß, das den Wind zur Hilfe hat. Die »Augen« der Nüsse waren im Laufe der Zeit aufgeweicht, so daß Seewasser eindringen konnte. Und schließlich: Im Ozean gibt es mehr als genug Müllsammler, die dafür sorgen, daß nichts Eßbares von der einen Hälfte der Welt nach der anderen schwimmt.

Mitten auf dem blauen Meer kam es an ruhigen Tagen manchmal vor, daß wir an einer weißen Vogelfeder vorbeisegelten, die auf den Wellen schaukelte. Einzelne Sturmschwalben und andere Seevögel, die auf dem Wasser schlafen können, kamen uns auch noch zu Gesicht, als wir Tausende von Seemeilen vom nächsten festen Punkt entfernt waren. Betrachteten wir dann so eine Feder im Näherkommen genauer, so sahen wir, daß sie zwei bis drei Passagiere an Bord hatte, die auf ihr bequem dahinsegelten.

Wenn die »Kon-Tiki« sich wie ein zweiter Goliath näherte, entdeckten diese Passagiere, daß ein Schiff mit besserer Fahrt und mehr Platz vorbeizog, und dann kamen sie alle in rasender Geschwindigkeit übers Wasser daher und herauf auf das Floß, während die Feder ihre Fahrt allein fortsetzte. So wimmelte es bald von blinden Passagieren an Bord der »Kon-Tiki«. Es waren kleine Meerkrabben von der Größe eines Fingernagels bis zu der eines Fünförestücks. Diese waren ein Leckerbissen für uns Goliaths an Bord, wenn wir sie nur zu fassen bekamen. Die kleinen Krabben sind die Sanitätspolizei Neptuns. Sie waren stets geschwind zur Stelle, wenn etwas Eßbares zu haben war. Wenn der Koch einmal einen fliegenden Fisch zwischen den Stämmen übersah, hockten am nächsten Tag acht bis zehn kleine Krabben darauf, die ihn mit ihren Scheren in sich hineingabelten. Meistens waren sie ängstlich, verschwanden und versteckten sich, sobald wir uns näherten, doch achtern in einem kleinen Loch am Steuerklotz hatte sich eine eingenistet, die ganz zahm war. Wir tauften sie Johannes. Außer dem Papagei, der unser aller Liebling war, gehörte nun auch die Krabbe Johannes zu unserer Gemeinschaft an Deck. Ohne Johannes fühlte sich der Steuermann, wenn er mit dem Rücken zur Hütte dasaß und das Floß durch den Sonnenschein steuerte, geradezu einsam auf dem großen, blauen Meer. Die anderen kleinen Krabben zottelten lichtscheu umher und stahlen Kleinigkeiten, wie die Kakerlaken auf einem gewöhnlichen Schiff, aber Johannes saß breit und rund in seiner Türöffnung und wartete mit Stielaugen auf den Wachwechsel. Jede Ablösung brachte ein Bröckchen Keks oder einen Happen Fisch für Johannes mit. Wir brauchten uns nur über das Loch zu beugen, so kam er hervor auf seine Schwelle und streckte die Scheren aus. Er nahm uns den Happen aus den Fingern, kroch ein wenig zurück, setzte sich in die Türöffnung und mümmelte wie ein Schulbub, der das Essen in den Mund stopft, ohne die Fäustlinge auszuziehen.

Die Krabben saßen wie die Fliegen auf den wasserdurchtränkten Kokosnüssen, die infolge der Gärung platzten, oder sie fingen Plankton, das die Wellen heraufspülten. Und diese kleinsten Organismen im Meer waren ja auch beste Nahrung, selbst für uns Goliaths auf dem Floß, wir mußten nur eine Methode herausfinden, so viel davon zu fangen, daß es einen richtigen Mundvoll abgab.

Es steht fest, daß dieses kaum sichtbare Plankton einen sehr hohen Nährwert haben muß. Es treibt in unendlicher Menge mit den Strömungen in den Weltmeeren umher, und es gibt dort kein Tier, das nicht seine Existenz auf dem Plankton aufbaut. Fische und Seevögel, die selbst kein Plankton fressen, leben von anderen Fischen und Seetieren, die sich davon ernähren, völlig unabhängig von der eigenen Größe. Plankton ist ein Sammelname für Tausende von Arten sichtbarer und unsichtbarer Mikroorganismen, die dicht unter der Oberfläche treiben. Manche sind Pflanzen (Phytoplankton), andere lose Fischeier oder lebende Kleintiere (Zooplankton). Das Tierplankton lebt von Pflanzenplankton, und das Pflanzenplankton lebt von Ammoniak, Nitriten und Nitraten, die sich aus dem toten Tierplankton bilden. Und während sie so voneinander leben, sind sie Nahrung für alles, was in und über dem Meer fleucht und kreucht. Was sie nicht durch ihre Größe bewirken, machen sie durch die Menge wett. In guten Planktongebieten schwimmen Tausende in einem Glas Wasser. Mehr als einmal sind Menschen auf dem Meer verhungert, weil sie keine Fische fanden, die groß genug waren, um gespießt, mit dem Netz gefangen oder geangelt zu werden, dabei segelten sie oft genug – wörtlich genommen – in stark verdünnter, roher Fischsuppe. Hätten sie zu Angelhaken und Netz ein Gerät gehabt, fein genug, die Suppe abzuseihen, in der sie trieben, hätten sie einen nahrhaften Satz gefunden: das Plankton. Vielleicht werden sich die Menschen einmal darauf verstehen, Plankton zu ernten, wie sie einst lernten, Korn einzusammeln. Ein einzelnes Korn taugt zu nichts, in großen Mengen ist es Nahrung.

Der Meeresbiologe Dr. A. D. Bajkow brachte uns auf die Idee und schickte uns auch ein Netz, das in richtigem Verhältnis zu den Dingen stand, die wir damit fangen wollten. Das »Netz« war ein Seidengewebe mit fast dreitausend Maschen im Quadratzoll. Es war wie ein hufeisenförmiger Beutel genäht und an einem Eisenring mit anderthalb Fuß Öffnung befestigt. Das Ganze hing nun hinter dem Floß im Schlepp. Wie bei anderen Fischen war der Fang je nach Zeit und Ort verschieden. Er wurde geringer, als weiter westlich die Wassertemperatur stieg. Überall aber hatten wir die besten Resultate des Nachts, anscheinend tauchten viele Arten bei Sonnenschein in die Tiefe.

Hätten wir auf dem Floß keinen anderen Zeitvertreib gehabt, es wäre unterhaltsam genug gewesen, die Nase ins Planktonnetz zu stecken, nicht wegen des Geruchs, denn der war übel, auch nicht zum Appetitanregen, denn als gemischtes Kompott sah Plankton grauslich aus. Doch die phantastischen Formen nahmen kein Ende, wenn wir den Fang auf ein Brett schütteten und die einzelnen Kleintiere mit bloßem Auge betrachteten. Das meiste davon waren winzig kleine, garnelenähnliche Krebstiere (Copepoden) oder frei schwimmende Fischeier, doch es gab auch Fischlarven und Schalentiere, wunderliche Miniaturkrabben in allen Farben, Quallen und eine Vielzahl der verschiedensten winzigen Geschöpfe, die aussahen, als wären sie Walt Disneys Phantasie entsprungen. Manche erinnerten an fransige und flackernde Spukwesen aus Zellophan, andere glichen rotschnäbeligen Miniaturvögeln mit harten Schalen an Stelle der Federn. Es war kein Ende an zügellosen Erfindungen der Natur in der Planktonwelt, selbst ein surrealistischer Künstler konnte sich da überboten fühlen.

Wo der kalte Humboldt-Strom südlich des Äquators nach Westen schwenkt, konnten wir alle paar Stunden einige Kilo Planktongrütze aus dem Netz schütten. Das Plankton lag dann vor uns, zusammengebacken wie weicher Kuchen, in farbenreichen Schichten, braun, rot, grau und grün, je nachdem, wieviel verschiedene Planktonfelder wir passiert hatten. Wenn wir des Nachts bei Meeresleuchten das Netz einholten, war es, als zögen wir einen Sack mit funkelnden Juwelen an Bord, doch sobald wir ihn in die Hand nahmen, verwandelte sich der Seeräuberschatz in Millionen von winzigen, blinkenden Garnelen und phosphoreszierenden Fischlarven, die wie ein glühender Kohlenhaufen im Dunkeln schimmerten. Und wenn wir sie in den Eimer schütteten, dann rann der Teig aus dem Netz wie glitzernde Zaubergrütze voller Glühwürmchen. So schön dieser Nachtfang von weitem aussah, so garstig wirkte er in der Nähe. Doch je übler der Geruch, desto besser war der Geschmack, wenn man nur genug Mut aufbrachte und einen Löffel Meeresleuchten zum Mund führte. Waren viele Zwerggarnelen darunter, schmeckte es wie Garnelen-, Hummer- oder Krabbenpastete, waren es überwiegend Fischeier, schmeckte es wie Kaviar und hin und wieder wie Austern. Das ungenießbare Pflanzenplankton war entweder so klein, daß es mit dem Wasser durch das Netz sickerte, oder es war so groß, daß wir es mit den Fingern herausfischen konnten. Wie Haare in der Suppe kamen einzelne große, geleeartige Zölenteraten vor, die an zentimeterlange Glasballons erinnerten; auch Quallen waren dabei, die bitter schmeckten und herausgesucht werden mußten. Sonst konnte man alles essen, entweder so, wie es war, oder in Frischwasser gekocht als Grütze oder Suppe. Über den Geschmack läßt sich streiten. Zwei Mann an Bord meinten, Plankton schmecke delikat, zwei waren der Ansicht, es sei ganz gut, und zwei hatten schon vom Anschauen genug. Im Nährwert dürfte es den großen Schalentieren durchaus gleichwertig sein, und gut gewürzt und geschickt zubereitet, kann es bestimmt ein erstklassiges Gericht für alle werden, die Seekost lieben. Daß es Kalorien genug in diesen Kleinorganismen gibt, beweist der Blauwal, der als größtes Tier der Welt doch nur von Plankton lebt. Unsere eigene Fangmethode mit dem kleinen Netz, das oft von hungrigen Fischen geleert wurde, erschien uns höchst armselig, wenn wir zusahen, wie ein vorbeischwimmender Wal Kaskaden in die Luft sandte und das Plankton ganz einfach im Filter seiner Zelluloidbarteln festhielt.

»Warum macht ihr Planktonfresser es ihm nicht nach?« sagten Torstein und Bengt eines Tages – das Planktonnetz war uns gerade in den Wellen verlorengegangen – verächtlich zu uns anderen und wiesen auf einen blasenden Wal. »Einfach den Mund voll Wasser nehmen und es durch den Schnurrbart wieder rausblasen?«

Bis dahin hatte ich nur von fern, von Schiffen aus, Wale gesehen und im Museum einmal einen ausgestopften auf einen halben Schritt Abstand. Aber ich habe nie Sympathie für diese Riesenkörper empfunden wie sonst stets für richtige, warmblütige Tiere, zum Beispiel für ein Pferd oder einen Elefanten. Biologisch hatte ich den Wal zwar als echtes Säugetier anerkannt, in seinem Wesen jedoch war er für mich wie ein dicker, kalter Fisch. Einen ganz anderen Eindruck aber hatten wir, als sich die großen Wale auf uns zuwälzten und dicht an das Floß herankamen.

Eines schönen Tages saßen wir wie üblich auf der Floßkante und frühstückten – so nah am Wasser, daß wir uns nur umzudrehen brauchten, um das Geschirr spülen zu können –, da fuhren wir erschrocken auf, als hinter uns etwas schwer pustete wie ein schwimmendes Pferd; ein mächtiger Wal war aufgetaucht und glotzte uns an, so nahe, daß wir tief in sein Blasloch hineinsehen konnten, das wie Lackleder glänzte. Ein richtiges Pusten dort draußen auf dem Meer zu hören, wo alle lebenden Wesen lungenlos durchs Wasser glitten und höchstens das Maul schmatzend auf- und zuklappten, war so ungewöhnlich, daß wir förmlich ein warmes Gefühl der Verwandtschaft mit unserem entfernten Vetter, dem Wal, verspürten, der sich gleich uns so ewig weit aufs Meer hinaus verirrt hatte. Statt des kalten, krötengesichtigen Walhais, der keinen Sinn dafür hatte, die Nase nach frischer Luft aus dem Wasser zu heben, war nun jemand zu Besuch gekommen, der an ein gutgefüttertes, joviales Flußpferd aus dem Tiergarten erinnerte. Und am sympathischsten war mir, daß er tatsächlich atmete, bevor er wieder ins Meer sank und verschwand.

Wir bekamen häufig Walbesuch. Meistens waren es kleine Tümmler und Zahnwale, die sich in ansehnlichen Schwärmen an der Wasseroberfläche tummelten, ab und an aber waren es dickleibige Pottwale oder große Bartenwale, die einzeln oder in kleinen Herden auftauchten. Manchmal zogen sie vorbei wie ein Schiff am Horizont, dann und wann ihre Atemfontäne gen Himmel schickend, manchmal nahmen sie genau Kurs auf uns. Als das erstemal ein solcher Riese von einem Wal seinen Kurs änderte und zielbewußt das Floß ansteuerte, machten wir uns auf eine böse Kollision gefaßt. Je näher er kam, desto deutlicher hörten wir ihn in einem schweren, gedehnten Stoß schnaufen und blasen, sobald er den Kopf aus dem Wasser schob. Es war, als käme ein riesiges, dickhäutiges und unförmiges Landtier rauschend durch das Wasser daher, das ebensowenig mit einem Fisch zu tun hatte wie eine Fledermaus mit einem Vogel. Er kam genau von Backbord auf uns zu. Wir standen zu fünft am Floßrand, der sechste saß in der Mastspitze und beobachtete. Er rief uns zu, er sehe weitere sieben bis acht Wale, die ebenfalls auf dem Weg zu uns seien. Die große, glänzend schwarze Schädelwölbung des ersten Wals war kaum noch zwei Meter von uns entfernt, als sie unter die Wasserfläche sank. Dann sahen wir den ungeheuren, blauschwarzen Walrücken ruhig unter das Floß gleiten. Dort blieb er eine Weile, dunkel und reglos, und wir hielten den Atem an, als wir auf die gigantische, gewölbte Rückenfläche dieses Säugers niedersahen, der erheblich länger war als das ganze Floß. Dann ließ er sich langsam weiter hinabsinken in das bläuliche Wasser und verschwand schließlich aus unserem Blickfeld. Inzwischen hatten wir die ganze Schar auf dem Leib, doch sie wollten uns nichts Böses. Wale, die ihre Riesenkräfte mißbraucht und mit dem Schwanz Walfangboote zum Sinken gebracht hatten, waren vermutlich selbst zuerst angegriffen worden. Den ganzen Vormittag hindurch begleitete uns die schnaufende und blasende Gesellschaft. Ihre Fontänen wuchsen in die Luft, wo wir sie am allerwenigsten erwarteten, ohne daß ein Wal das Floß oder das Steuerruder auch nur streifte. Sie hatten offensichtlich ihren Spaß daran, sich in Sonne und See zu tummeln, doch gegen Mittag tauchte der ganze Schwarm wie auf ein Signal hin unter und blieb verschwunden.

Nicht nur Wale bekamen wir unter dem Floß zu sehen. Wenn wir die Schilfmatten anhoben, auf denen wir schliefen, konnten wir zwischen die

Stämme hindurch in das kristallklare Wasser hinabschauen. Warteten wir einen Augenblick, so sahen wir eine Brust- oder Schwanzflosse sich vorbeischlängeln und bisweilen auch den ganzen Fisch. Wären die Zwischenräume ein paar Zoll breiter gewesen, wir hätten gemütlich im Bett liegenbleiben und unter unserer Liegestatt angeln können.

Vor allem hielten sich Goldmakrelen und Lotsenfische ans Floß. Von dem Augenblick an, wo in der Strömung vor Callao die ersten Goldmakrelen sich uns anschlossen, verging nicht ein Tag der ganzen Reise, an dem diese großen Fische uns nicht umkreisten. Wir wußten nicht, was sie an das Floß fesselte, entweder hatte es für sie eine magische Anziehungskraft, im Schatten unter einem sich bewegenden Dach schwimmen zu können, oder es war die reichliche Nahrung, die sie in unserem Küchengarten aus Tang, Seegras und Entenmuscheln fanden, der wie Girlanden von allen Stämmen und vom Steuerruder herabhing. Zu Anfang war es nur eine dünne Schicht von glattem Grünzeug gewesen, aber bald wuchsen die grünen Tangbüschel mit verblüffender Schnelligkeit. So glich die »Kon-Tiki« – von unten gesehen – nach kurzer Zeit einem bärtigen Wassermann, der sich durch die Wogen schob, und die Tangbüschel waren ein beliebter Aufenthaltsort für Fischbrut und für unsere blinden Passagiere, die Krabben.

Eine Zeitlang drohten Ameisen an Bord überhandzunehmen. Eine kleine Art schwarzer Ameisen mußte in einem der Stämme gewesen sein, und als auf See die Feuchtigkeit in das Holz eindrang, kamen sie in wimmelnden Scharen hervor. Sie überschwemmten alles, selbst unsere Schlafsäcke, und bissen und quälten uns so sehr, daß wir schon glaubten, sie würden uns schließlich vom Floß vertreiben. Aber später, auf dem offenen Meer, als sie immer häufiger in die Nässe gerieten, bekamen sie zu spüren, daß dies nicht ihr Element war. Nur einzelne Exemplare hielten stand, bis wir die andere Seite des Meeres erreichten.

Neben den Krabben gefiel es den drei bis vier Zentimeter langen Entenmuscheln am besten auf dem Floß. Sie wuchsen zu Hunderten daran, vor allem in Lee, und ebenso schnell, wie wir sie in den Suppentopf pflückten, setzten sich neue fest und wuchsen heran.

Die Entenmuscheln schmeckten frisch und delikat. Der Tang wurde als Salat gepflückt, war eßbar, schmeckte aber weniger gut. Daß die Goldmakrelen sich in unserem Grünzeuggarten versorgten, konnten wir zwar nie unmittelbar beobachten, aber ständig drehten sie den blinkenden Bauch nach oben und strichen unter die Stämme.

Die Goldmakrele, ein farbenreicher Tropenfisch, wird bis zu eineinhalb Meter lang, ist an den Seiten stark abgeflacht und hat eine enorm hohe Kopf- und Nackenpartie. Einmal maßen wir bei einer Länge von einem Meter und dreiundvierzig Zentimetern eine Kopfhöhe von siebenunddreißig Zentimetern. Der Fisch ist prächtig gefärbt. Im Wasser schillert der Rumpf wie eine Schmeißfliege in Blau und Grün, während die Flossen goldgelb glitzern. Zogen wir eine Goldmakrele

Die Teilnehmer der „Kon-Tiki"-Expedition: Knut Haugland, Bengt Danielsson, der Autor, Erik Hesselberg, Torstein Raaby und Hermann Watzinger (von links nach rechts)

Die Stämme werden nach Indianerart entrindet

An der peruanischen Küste hat der Bau der ,,Kon-Tiki" begonnen
Kein Stück Metall wird verwendet; die Stämme werden durch Hanftaue miteinander verbunden

Die „Kon-Tiki“ vor dem Start im Hafen von Callao. Historischen Indianerfahrzeugen originalgetreu nachgebildet, ist das auf den Namen des legendären Sonnengottes getaufte Floß mit einer offenen Bambushütte auf dem Achterdeck und einem Rahsegel ausgestattet

Bei stürmischer See erfordert die Bedienung des schweren Steuerruders Kraft und volle Konzentration

Goldmakrelenfang mit fliegenden Fischen als Köder

Die Bordküche besteht aus einer Kiste, die an der Außenwand der Hütte festgebunden ist. Auf dem Boden steht ein Primuskocher

Mit einem gewaltigen Ruck schleuaert der Hai sich schließlich selbst auf die Stämme

Der Zweikampf ist zu Ende.

Ein reicher Fang: Haie, Thunfische, Bonitos

Täglich wird das Tauwerk an der Unterseite des Floßes kontrolliert

Freizeitbeschäftigung in der engen, flachen Bambushütte

Nach jedem Sturm müssen die Haltetaue nachgezogen werden

Riesige Brandungswellen haben das Floß auf eines der zahlreichen Korallenriffe geworfen

Bergungsarbeiten am Wrack

Nach 101 Tagen Floßfahrt betreten die Männer wieder festen Boden

Eine Kokosnuß aus Peru wird an der Stelle gepflanzt, wo die Seefahrer an Land gegangen sind

an Bord, bekamen wir ein wunderliches Schauspiel zu sehen. Wenn sie starb, veränderte sie allmählich die Farbe; sie wurde silbergrau mit schwarzen Flecken und schließlich glatt silberweiß. Das dauerte vier bis fünf Minuten, und dann nahm sie allmählich wieder die ursprüngliche Färbung an. Selbst im Wasser wechselte die Goldmakrele manchmal wie ein Chamäleon die Farbe, und oft bemerkten wir eine »ganz neue Art« von kupferglänzenden Fischen, die sich bei näherem Hinsehen als unser altes Gefolge, die Goldmakrelen, entpuppten.

Die hohe Stirn gibt der Goldmakrele das Aussehen einer plattgedrückten Bulldogge, und diese Stirn gleitet stets über der Wasserfläche dahin, wenn der Raubfisch wie ein Torpedo einem fliehenden Schwarm fliegender Fische hinterherjagt. Wenn er guter Laune ist, legt er sich auf die Seite, nimmt rascheste Fahrt auf, springt hoch in die Luft und fällt dann platt wie ein Pfannkuchen herab, so daß es klatscht und eine Fontäne aufsprüht. Noch nicht ganz im Wasser, nutzt er den Schwung zu einem weiteren Sprung und noch einem, hoch über die Dünung hinweg. Doch manchmal war er auch schlechter Laune, zum Beispiel wenn wir ihn auf das Floß zogen, und dann biß er. Torstein humpelte längere Zeit herum, einen Lappen um die große Zehe gebunden; er hatte sie irrtümlich in das Maul einer Goldmakrele gesteckt, die es schloß und ein bißchen darauf herumkaute. Nach der Heimkehr erfuhren wir, daß die Goldmakrele badende Menschen angreift und verspeist. Das war nun wenig schmeichelhaft für uns, denn wir hatten ja täglich in ihrer Mitte gebadet, ohne daß sie sich besonders für uns interessierten. Zu fürchtende Raubtiere sind sie auf jeden Fall, denn wir fanden sowohl Tintenfische wie auch ganze fliegende Fische in ihrem Magen.

Fliegende Fische sind überhaupt ihr Leibgericht. Auf alles, was auf die Wasserfläche klatscht, jagen sie blindlings, wohl in der Hoffnung, es sei ein fliegender Fisch. An manchem Morgen, wenn wir blinzelnd aus der Hütte krochen und noch im Halbschlaf die Zahnbürste in die See tauchten, erwachten wir mit einem Ruck, wenn ein fünfzehn Kilogramm schwerer Fisch wie der Blitz unter dem Floß hervorgeschossen kam und enttäuscht an der Zahnbürste schnüffelte. Und wenn wir uns friedlich mit dem Frühstück auf der Floßkante zurechtsetzten, kam es vor, daß sie in die Höhe sprangen und einen ihrer kräftigsten Seitenplatscher taten, so daß uns das Wasser ins Essen spritzte und den Rücken hinabfloß.

Torstein machte das unglaublichste Anglermärchen wahr, als wir eines Tages beim Mittagessen saßen. Er legte plötzlich die Gabel weg, steckte die Hand ins Meer, und ehe wir uns versahen, wirbelte das Wasser hoch auf, und eine große Goldmakrele landete zappelnd unter uns. Torstein hatte ein Stückchen Angelschnur erwischt, das ruhig vorbeigeglitten war. An ihrem Ende aber hing die völlig überrumpelte Goldmakrele, die Erik wenige Tage zuvor mit einem Haken durchgegangen war.

Es verging kein Tag, ohne daß uns

sechs oder sieben Goldmakrelen folgten, die uns umkreisten oder unter dem Floß dahinglitten. An schlechten Tagen waren es vielleicht nur zwei oder drei, doch am nächsten Tag erschienen dann häufig dreißig oder vierzig auf einmal. In der Regel genügte es daher dem Koch, wenn er zwanzig Minuten vor der Essenszeit erfuhr, daß wir frischen Fisch zu Mittag wünschten. Er band dann eine kurze Schnur an eine Bambusstange und hängte einen halben fliegenden Fisch an den Haken. Blitzschnell war eine Goldmakrele da, durchschnitt die Wasserfläche mit ihrer prachtvollen Stirn und jagte auf den Happen zu, zwei oder drei andere in ihrem Kielwasser. Die Goldmakrele ist ein herrlicher Fisch, mit dem man sich schon herumbalgen kann, und frisch gefangen ist er kernfest und delikat wie eine Mischung von Dorsch und Lachs. Zwei Tage lang konnten wir ihn aufbewahren, und mehr war auch nicht notwendig, denn es gab genügend Fisch im Meer.

Mit den Lotsenfischen wurden wir auf eine andere Art bekannt. Haie brachten sie mit und ließen sie uns nach ihren Tode adoptieren. Wir waren noch nicht lange auf See, als wir schon den ersten Haibesuch bekamen, und bald war das ein beinahe alltägliches Ereignis. Es kam vor, daß sie nur angesegelt kamen und das Floß inspizierten und wieder auf Raub gingen, nachdem sie uns ein- oder zweimal umkreist hatten. Meistens aber hielten sie sich in unserem Kielwasser dicht hinter dem Steuerruder. Dort zogen sie lautlos dahin, kurvten von Steuerbord nach Backbord und schlugen nur selten bedächtig mit dem Schwanz, um Schritt zu halten mit dem ruhigen Dahingleiten des Floßes. Das Blaugrau ihrer Haut spielte im Sonnenlicht dicht unter der Oberfläche stets ein wenig ins Braune. Die Haie folgten dem Auf und Ab der Wogen, so daß die Rückenflosse ständig drohend in die Luft stach. War schwere See, wurden sie oft mit den Wellen hoch über unser eigenes Niveau gehoben, so daß wir sie direkt von der Seite sahen, während sie würdig wie hinter einer Glaswand dahinschwammen, ihr huschendes Gefolge von kleinen Lotsenfischen vor dem breiten Maul. Sekundenlang konnte es aussehen, als kämen sie und ihre gestreiften Gesellen geradenwegs zu uns an Bord geschwommen, doch dann wippte das Floß elegant den Wogenkamm hinauf und glitt auf der anderen Seite wieder hinab.

Zu Anfang hatten wir großen Respekt vor dem Hai wegen seines Renommees und seines furchteinflößenden Aussehens. Es ist eine gnadenlose Kraft in dem stromlinienförmigen Körper, der ein einziges stählernes Muskelbündel zu sein scheint. Es ist eine kalte Gier in dem breiten, flachen Kopf mit den kleinen, grünen Katzenaugen und dem enorm klaffenden Maul, das Fußbälle schlucken kann.

Wenn der Steuermann rief »Hai Backbord!« oder »Hai Steuerbord!«, griffen wir nach Handharpune und Haigabel und stellten uns längs der Floßkante auf. Die Haie glitten meistens um das Floß herum, die Rückenflosse dicht an den Stämmen. Unser Respekt vor dem Hai stieg, als wir sahen, daß sich die Gabeln wie Spaghetti bogen, wenn wir sie gegen den Sandpapierpanzer des Rückens stießen, und die Speerspitzen der Harpunen in der Hitze des Kampfes brachen. Alles, was wir erreichten, wenn wir die Haihaut durchstoßen konnten und der Speer in den Knorpelschädel oder die Muskelstränge eindrang, war ein höllischer Kampf, bei dem das Wasser förmlich kochte und der Hai sich schließlich losriß und verschwand, während ein wenig Öl heraufschwamm und sich auf dem Wasser ausbreitete.

Um unsere letzten Harpunenspitzen zu sparen, banden wir unsere stärksten Fischhaken zu einem Bündel und verbargen es im Kadaver einer Goldmakrele. Das Vorfach aus gedrilltem Stahlseil befestigten wir an ein Stück Rettungsseil, und dann warfen wir den Lockbissen über Bord. Ruhig und sicher näherte sich der Hai, schob die Schnauze über das Wasser, öffnete mit einem Ruck das große, halbmondförmige Maul und ließ die Goldmakrele darin verschwinden und verschluckte sie. Und dann saß er fest.

Es wurde ein schrecklicher Waffengang. Tobend schlug der Hai das Wasser zu Schaum, doch wir hatten das Seil fest im Griff und zerrten den widerstrebend Herumschlagenden an das Heck heran. Dort blieb er abwartend liegen und sperrte nur den Rachen auf, wie um uns mit seinen parallelen Reihen von Sägeblattzähnen zu schrecken. Wir nutzten die nächste Welle und zogen ihn auf die niedrigen, tangglatten Stammenden, warfen rasch eine Schlinge um seine Schwanzflosse und traten dann zurück, bis der Kriegstanz vorüber war.

In den Schädelknorpeln des ersten Hais fanden wir eine unserer Harpunenspitzen, und wir glaubten, daß sie die Ursache für die verhältnismäßig bescheidene Kampflust dieses Tieres gewesen sei. Doch wir fingen auch weiterhin Hai um Hai nach genau derselben Methode, und es ging jedesmal so glatt. Doch selbst wenn der Hai anfangs noch so heftig riß und zerrte und unheimlich schwer zu bändigen war, er wurde geradezu mutlos und zahm und gebrauchte seine Riesenkräfte nicht mehr, sobald es uns gelang, die Leine so straff zu halten, daß der Hai bei diesem Tauziehen nicht einen Zoll zu gewinnen vermochte. Die Haie, die wir an Bord zogen, waren in der Regel zwei bis drei Meter lang. Es waren sowohl Blauhaie wie auch Braunhaie. Die letzteren hatten über den Muskelbündeln eine äußerst feste Haut. Selbst mit einem scharfen, spitzen Messer gelang es uns nur selten, sie zu durchbohren, und wenn wir noch so kräftig zustießen. Seine Bauchhaut war ebenso undurchdringlich wie die auf dem Rücken, der einzige verwundbare Punkt waren die fünf offenen Kiemenspalten seitlich des Schädels.

Fast jeder Hai, den wir herauszogen, hatte schwarze, glitschige Remorafische am Körper. Sie hielten sich mit Hilfe einer ovalen Saugschale auf dem flachen Kopf so fest, daß wir sie nicht losbekamen, auch wenn wir noch so sehr am Schwanz zogen. Sie selbst aber konnten sich jederzeit lösen, davonschnellen und sich im Laufe einer Sekunde an einer anderen Stelle festsaugen. Wenn es ihnen leid wurde, an ihrem alten Wirt klebenzubleiben, der keine Anstalten traf, ins nasse Element zurückzukehren, sprangen sie ab, verschwanden zwischen den Stämmen des Floßes und suchten sich einen anderen Hai. Fanden sie nicht gleich einen, hefteten sie sich vorläufig an eine anderen Fisch. Der Remorafisch wird zehn bis fünfunddreißig Zentimeter lang, und die Eingeborenen kennen einen alten Trick, den sie anwenden, wenn sie einen lebenden Remorafisch zu fassen bekommen. Sie binden ihm eine Schnur um den Schwanz und lassen ihn davonschwimmen; er heftet sich dann an den ersten Fisch, der ihm begegnet, und hält so fest, daß ein geschickter Fischer beide am Schwanz des Remorafisches hereinziehen kann. Wir versuchten das selbst, hatten aber kein Glück damit. Jeder Remorafisch, den wir mit einer Schnur um den Schwanz über Bord warfen, saugte sich sofort an einem der Stämme unseres Floßes fest. Er glaubte dann wohl, einen extragroßen Riesenhai gefunden zu haben. Und dort hing er dann, mochten wir auch noch so sehr an unserer Schnur ziehen. Nach und nach legten wir uns eine ganze Zahl solcher kleinen Remorafische zu. Sie baumelten eigensinnig zwischen den Muscheln unter dem Floß und reisten mit uns über den ganzen Stillen Ozean.

Doch der Remorafisch war dumm und häßlich und wurde deshalb kein so nettes Haustier wie seine spaßigen Reisegenossen, die Lotsenfische. Der Lotsenfisch ist klein, zigarrenförmig, gestreift wie ein Zebra und treibt sich in hellen Scharen dicht vor der Haischnauze herum. Er verdankt seinen Namen dem Umstand, daß man lange glaubte, er lotse seinen halbblinden Freund, den Hai, durch das Meer.

In Wirklichkeit schwimmen sie nur in Gesellschaft des Hais, und preschen sie einmal davon, dann nur, weil sie Futter für sich selbst erspäht haben. Auf jeden Fall aber begleiten sie ihren Herrn und Meister bis zum letzten Augenblick. Da sie sich jedoch nicht wie die Remorafische an die Haut des Riesen anklammern können, waren sie stets völlig verwirrt, wenn ihr Gebieter plötzlich in die Luft hinauf entschwand und nicht mehr zurückkehrte. Verstört schossen sie durcheinander und suchten, kamen immer wieder zurück zum Heck und schwänzelten dort umher, wo der Hai seine Himmelfahrt angetreten hatte. Doch wenn die Zeit verging und der Hai nicht wieder erschien, mußten sie sich nach einem neuen Herrn umsehen. Und was lag da näher als die »Kon-Tiki« selbst?

Wenn wir uns über die Floßkante hinunterließen und den Kopf tief in das leuchtend klare Wasser tauchten, kam auch uns das Floß vor wie der Bauch eines Seeungeheuers. Das Steuerruder glich dem Schwanz, und die Schwerter ähnelten dicken Flossen. Und dazwischen schwammen all die adoptierten Lotsenfische getreulich Seite an Seite und ließen sich durch das blubbernde Menschengesicht nicht mehr irritieren, als daß vielleicht ein paar von ihnen einen kurzen Abstecher unternahmen, uns förmlich in die Nase hineinschnüffelten und dann beruhigt zurückglitten und ihren Platz in dem eifrig schwimmenden Geleit wieder einnahmen.

Unsere Lotsenfische patrouillierten in zwei Abteilungen. Die größere Gruppe marschierte zwischen den Senkkielen, die kleinere in eleganter Fächerformation vor unserem Bug. Ab und an kreuzten sie vom Floß weg, um einen eßbaren Happen zu erwischen, an dem wir vorbeisegelten. Und wenn wir nach den Mahlzeiten das Geschirr neben uns im Wasser abspülten, war es, als hätten wir eine ganze Zigarrenkiste voller gestreifter Lotsenfische mit den Speiseresten ausgeleert. Kein Krümel war zu klein, als daß sie ihn nicht beschnuppert hätten, und soweit es nicht vegetabilische Nahrung war, verspeisten sie ihn. Mit so kindlichem Vertrauen drängten sich die schnurrigen kleinen Fische unter unsere schützenden Fittiche, daß wir wie der Hai geradezu väterliche Gefühle für sie hegten. Sie wurden »Kon-Tikis« maritime Haustiere. Es war tabu an Bord, Hand an einen Lotsenfisch zu legen.

Manche von ihnen haben sicherlich ihre Kinderschuhe in unserem Gefolge ausgetreten, denn sie maßen kaum einen Zoll, während die meisten etwa einen halben Fuß lang waren. Als der Walhai, Eriks Harpune im Schädel, mit der Geschwindigkeit eines Blitzes davonjagte, schloß sich ein Teil seiner Lotsenfische dem Sieger an. Diese Exemplare waren fast alle etwa zwei Fuß lang. Nach immer neuen Siegen hatte »Kon-Tiki« bald ein Gefolge von vierzig bis fünfzig Lotsenfischen. Viele davon schätzten unsere langsame Fahrt und den täglichen Abfall so sehr, daß sie über Tausende von Kilometern bei uns blieben.

Doch es kam auch vor, daß uns welche untreu wurden. Eines Tages, als ich am Steuerruder stand, sah ich, daß die See südlich von uns aufwallte. Und schon schoß ein riesiger Schwarm von Goldmakrelen über die Wellen heran – wie Silbertorpedos –, sie kamen nicht gemächlich auf der Seite platschend wie üblich, sondern in wahnwitziger Fahrt dahinjagend, mehr durch die Luft als durch das Wasser. Die blauen Wogen verwandelten sich in ein einziges, weißschäumendes Chaos von springenden Flüchtlingen, und dahinter, im Zickzack, fegte wie ein Rennboot ein schwarzer Rücken über das Wasser. Die verzweifelten Goldmakrelen kamen unter und über dem Wasser direkt auf das Floß zu und tauchten darunter hinweg, während etwa hundert sich zu einem dichten Schwarm zusammenschlossen und nach Osten schwenkten, so daß die ganze See achteraus in allen Farben blinkte. Der glänzende schwarze Rükken hob sich halb aus dem Wasser, tauchte dann in eleganter Kurve unter das Floß, schoß wie ein Torpedo hinter uns wieder hervor und folgte dem Schwarm. Es war ein teuflischer Kerl von einem Blauhai, sechs bis sieben Meter lang. Und da waren auf einmal viele von unseren Lotsenfischen verschwunden. Sie hatten sich einem spannenderen Seehelden angeschlossen, als wir es waren.

Das Seetier aber, vor dem die Fachleute uns am meisten gewarnt hatten, war der Riesenkrake, denn er konnte auf das Floß klettern. Die Geographische Gesellschaft in Washington hatte uns Berichte und Blitzlichtaufnahmen von dramatischen Szenen in einem bestimmten Gebiet des Humboldt-Stroms vorgelegt. Dort haben die schrecklichen Riesentintenfische, die des Nachts an die Oberfläche kommen, ihren Lieblingsplatz. Sie sind so raublustig, daß, wenn einer sich an einem Fleischstück festgesaugt hat und so an den Haken geraten ist, oft ein anderer hinzukommt und seinen gefangenen Vetter aufzufressen beginnt. Sie haben Fangarme, die einem Riesenhai ein Ende machen und einem großen Wal einen Denkzettel geben können, und dazu einen teuflischen Raubschnabel wie ein Adler, der zwischen den Tentakeln versteckt ist. Man brachte uns in Erinnerung, daß sie mit phosphorleuchtenden Augen in der Dunkelheit der Nacht dahintrieben, daß ihre Arme lang genug wären, um auch den kleinsten Winkel auf dem Floß abzutasten – falls sie es nicht für richtig hielten, selbst an Bord zu kommen. Wir hatten durchaus keine Lust, einen kalten Arm um den Hals zu spüren, der uns in der Nacht aus dem Schlafsack holte, und versahen uns jeder mit einem Machetemesser für den Fall, daß wir, von tastenden Tintenfischarmen umschlungen, erwachen sollten. Von allem, was uns bevorstand, schien uns dies zu Anfang am unbehaglichsten, denn auch die Experten in Peru hatten in dasselbe Horn geblasen und uns auf der Karte gezeigt, wo die schlimmste Gegend sei – eine Stelle genau im Humboldt-Strom.

Lange Zeit entdeckten wir keine Spur von einem Tintenfisch, weder an Bord noch im Wasser. Doch eines Morgens schließlich fanden wir das erste Anzeichen dafür, daß wir dieses Gebiet erreicht haben mußten. Als die Sonne aufging, lag ein Nachkomme eines Riesentintenfisches an Bord, ein Tintenfischbaby, so groß wie eine Katze. Es war in der Nacht aus eigener Kraft an Deck gekommen und lag nun tot da, die Fangarme um den Bambus vor der Türöffnung gekrampft. Schwarze, dickflüssige Tinte war rundum auf dem Deck verschmiert. Nachdem wir einige Seiten im Logbuch mit Tintenfischtinte geschrieben hatten – die sich wie eine Art Tusche ausnahm –, warfen wir das Baby über Bord. Zur Freude der Goldmakrelen.

Wir sahen in diesem bescheidenen Ereignis den Vorboten größerer Nachtgäste. Konnte das Baby an Bord krabbeln, so konnten es seine hungrigen Urheber sicherlich auch. Unsere Vorfahren haben wohl ein ganz ähnliches Gefühl gehabt, wenn sie in ihren Wikingerschiffen übers Meer fuhren und an Drachen dachten. Das nächste Ereignis aber versetzte uns in höchste Ratlosigkeit: Wir fanden ein noch kleineres Tintenfischjunges auf dem First des Palmenblätterdaches. Das bereitete uns viel Kopfzerbrechen, denn es konnte nicht hinaufgeklettert sein, da sich die Tintenspuren auf einen kleinen Kreis mitten auf dem Dach beschränkten. Und hätte ein Seevogel es fallen gelassen, wäre es nicht so völlig heil und ohne Schnabelspuren gewesen. Wir kamen zu dem Schluß, daß eine Welle es aufs Dach geschleudert haben mußte, aber keiner der Nachtposten konnte sich an eine solche Sturzsee erinnern. Im Laufe der nächsten Tage fanden wir morgens immer mehr Tintenfischjunge an Bord, die kleinsten nicht länger als ein Mittelfinger.

Es gehörte bald zum Alltag, daß ein oder zwei kleine Tintenfische zwischen den fliegenden Fischen an Deck lagen, auch dann, wenn die See ganz ruhig gewesen war. Und es waren Junge der richtigen, schrecklichen Art, mit acht langen Armen voller Saugnäpfe und zwei noch längeren, die dornartige Haken an den Enden hatten. Aber große Tintenfische machten nie Anstalten, an Bord zu kommen. Wir sahen öfter ihre leuchtenden Augen, wenn sie in schwarzen Nächten an der Oberfläche trieben, aber nur ein einziges Mal erlebten wir bei Tageslicht, daß die Meeresfläche kochte und brodelte und etwas einem großen Rad Ähnliches aus der Tiefe auftauchte und in der Luft rotierte und einige Goldmakrelen sich mit einem verzweifelten Satz durch die Luft in Sicherheit zu bringen suchten. Warum die Großen nie an Bord kamen, während die Kleinen unsere ständigen Gäste waren, blieb uns ein Rätsel, dessen Lösung wir erst nach zwei erfahrungsreichen Monaten fanden. Wir hatten die berüchtigte Krakengegend längst hinter uns gelassen, doch junge Tintenfische kamen auch weiterhin an Bord. Und eines Morgens sahen wir dann alle einen im Sonnenschein blinkenden Schwarm von irgend etwas Unbestimmbarem, das aus dem Wasser heraufschoß und wie große Regentropfen durch die Luft sauste, während die See von jagenden Goldmakrelen aufgewühlt wurde. Wir nahmen zuerst an, es sei ein Schwarm fliegender Fische, von denen sich bereits drei verschiedene Arten an Bord eingefunden hatten. Die »Regentropfen« kamen näher, und als einige in anderthalb Meter Höhe über das Floß segelten, stieß einer Bengt vor die Brust und fiel klatschend aufs Deck: Es war ein junger Tintenfisch. Unsere Überraschung war groß. Als wir ihn in einen Segeltuchbottich mit Seewasser setzten, nahm er immer wieder Anlauf und schoß herauf zur Oberfläche. Doch in dem kleinen Bottich bekam er nicht genügend Geschwindigkeit, um mehr als den halben Körper aus dem Wasser herauszuheben. Es ist seit langem bekannt, daß der Tintenfisch nach dem Raketenprinzip schwimmt. Er pumpt Seewasser mit ziemlicher Kraft durch eine Röhre seitlich des Körpers und kann dadurch ruckweise mit sausender Fahrt rückwärts schießen, und wenn er alle Fangarme zu einem dichten Bündel über dem Schädel aneinanderlegt, wird er stromlinienförmig wie ein Fisch. An den Seiten hat er zwei runde, fleischige Hautfalten, die er gewöhnlich zur Steuerung und zum langsamen Schwimmen im Wasser benutzt. Nun aber zeigte sich, daß die noch wehrlosen jungen Tintenfische – eine Lieblingsbeute vieler großer Fische – sich wie fliegende Fische in die Luft erheben und so ihren Verfolgern entkommen können; sie hatten das Prinzip des Raketenfluges verwirklicht, lange bevor das menschliche Genie überhaupt auf diese Idee kam. Sie pumpen Wasser durch sich hindurch, bis sie in rasender

Fahrt sind, dann steuern sie schräg aufwärts zur Oberfläche und breiten die Hautfalten als Schwingen aus. Und wie die fliegenden Fische segeln sie dann im Gleitflug über die Wogen, so weit sie ihr Schwung trägt. Nachdem wir auf diese Tatsache aufmerksam geworden waren, sahen wir sie oft vierzig bis fünfzig Meter weit dahinsegeln, einzeln und auch zwei oder drei nebeneinander. Daß der Tintenfisch gleitfliegen kann, war eine Neuheit für alle Zoologen, mit denen wir darüber sprachen.

Bei den Eingeborenen im Stillen Ozean habe ich oft Tintenfisch gegessen. Er schmeckt wie eine Mischung von Hummer und Radiergummi. An Bord der »Kon-Tiki« stand der Tintenfisch jedoch zuunterst auf der Speisekarte. Bekamen wir ihn auf Deck präsentiert, tauschten wir ihn gegen etwas anderes ein. Dieser Tausch ging so vor sich, daß wir die Angel mit einem Tintenfisch am Haken auswarfen und mit einem zappelnden Großfisch daran einholten. Selbst der Thunfisch und der Bonito lieben junge Tintenfische. Und diese beiden liefern ein Gericht, das an der Spitze des Menüs rangierte.

Wir stießen nicht nur auf Bekannte, als wir so gemächlich über das Meer trieben. Im Tagebuch finden sich viele Notizen der folgenden Art:

»11. 5. Heute kam ein gewaltiges Seetier zweimal neben uns an die Oberfläche, als wir beim Abendessen auf der Floßkante saßen. Es platschte schrecklich und verschwand wieder. Wir haben keine Ahnung, was es gewesen sein könnte.

6. 6. Hermann sah einen dunklen, dicken Fisch mit einem breiten weißen Rumpf, dünnen Schwanz und Stacheln, der viele Male an der Steuerbordseite aus dem Wasser sprang.

16. 6. Ein bemerkenswerter Fisch backbord vom Bug aufgetaucht. Zwei Meter lang, einen Fuß breit an der stärksten Stelle, eine braune, lange, dünne Schnauze, eine große Rückenflosse hinter dem Schädel, eine kleinere in der Mitte des Rückens und eine schwere, sichelförmige Schwanzflosse; hielt sich an der Oberfläche und schwamm zum Teil durch Schlängeln des Körpers wie ein Aal. Er tauchte, als Hermann und ich im Gummiboot mit der Handharpune loszogen, kam später noch einmal herauf, tauchte aber gleich wieder und verschwand.

Tags darauf: Erik saß zwölf Uhr mittags im Mastkorb, als er dreißig bis vierzig lange, dünne, braune Fische derselben Art wie gestern entdeckte. Diesmal jagten sie mit gewaltiger Fahrt von Backbord heran und verschwanden achteraus wie ein großer, brauner Schatten in der See.

18. 6. Knut beobachtete ein schlangenartiges Tier, zwei bis drei Fuß lang und sehr dünn, das dicht unter der Oberfläche senkrecht im Wasser stand und das tauchte, indem es sich wie eine Schlange hinunterwand. Einige Male glitten wir an einer großen, dunklen Masse vorbei, die reglos wie ein Unterwasserriff unter der Oberfläche lag, groß wie ein Zimmerfußboden. Vermutlich war es der berüchtigte Riesenrochen. Er bewegte sich jedoch nie, und wir kamen nie nahe genug heran, um die Konturen deutlich ausmachen zu können.«

Bei solcher Gesellschaft im Wasser wurde uns die Zeit niemals lang. Weniger schön allerdings war es, wenn wir selbst hinab in die See tauchen mußten, um das Tauwerk an der Unterseite zu inspizieren. Eines Tages löste sich einer von unseren Senkkielen und verfing sich so im Tauwerk unter dem Floß, daß wir ihn nicht wieder hochbekamen. Hermann und Knut waren die besten Taucher. Hermann schwamm zweimal unter das Floß und zog und zerrte zwischen Goldmakrelen und Lotsenfischen vergebens an dem Brett. Er war gerade wieder herausgeklettert und saß auf der Kante, um zu verschnaufen, als wir einen acht Fuß langen Hai nicht weiter als drei Meter vor seinen Füßen bemerkten, der genau auf Eriks Zehenspitzen zuhielt. Vielleicht taten wir dem Hai unrecht, doch wir hatten ihn im Verdacht, schlechte Absichten zu hegen, und rannten ihm eine Harpune in den Schädel. Der Hai fühlte sich verkannt, und es gab ein erbittertes Tauziehen, mit dem Erfolg, daß der Hai verschwand, eine Ölschicht auf dem Wasser hinterlassend, und der Senkkiel ungeborgen unter dem Floß verklemmt blieb.

Da kam Erik auf die Idee, einen Taucherkorb herzustellen. Wir verfügten zwar kaum über Rohmaterial, aber wir hatten Bambus und Tauwerk und einen alten Spankorb, in dem Kokosnüsse gewesen waren. Wir verlängerten den Korb nach oben mit Bambus und einem Geflecht von Tauen und ließen uns von nun an in diesem Korb an der Seite des Floßes hinab. Unsere verlockenden Beine waren im Korb verborgen, und selbst wenn das Flechtwerk nur eine moralische Wirkung hatte – sowohl auf uns als auch auf die Fische –, man konnte sich jedenfalls blitzschnell in den Korb hineinhocken, wenn etwas feindlich Gesinntes heranjagte, und die anderen an Deck konnten einen rasch aus dem Wasser ziehen.

Der Taucherkorb erwies sich im Laufe der Zeit nicht nur als nützlich, er wurde auch das reinste Vergnügungsetablissement für alle an Bord: Er bot uns eine erstklassige Möglichkeit, das schwimmende Aquarium zu studieren, das wir unter unserem Fußboden hatten.

Wenn sich das Meer begnügte, in ruhigen Wogen dahinzuziehen, krochen wir der Reihe nach in den Korb und ließen uns in das Wasser hinab, solange uns der Atem reichte. Es war ein seltsam verklärter und schattenloser Lichtstrom dort im Meer. Sobald man die Augen unter Wasser hatte, war es, als käme das Licht nicht mehr aus einer bestimmten Richtung wie in unserer oberseeischen Welt. Der Lichtschein kam im Wasser genauso von unten wie von oben, die Sonne schien nicht mehr, sie war allerorten anwesend. Schaute man hinauf zum Boden des Floßes, sah man ihn in seiner ganzen Ausdehnung strahlend beleuchtet; die neun großen Stämme und das ganze Netzwerk von Tauen waren in ein zauberhaftes Licht getaucht. Und ein flatternder Kranz von frühlingsgrünem Seegras umgab alle Seiten des Floßes und säumte das ganze Steuerruder. Die Lotsenfische schwammen ruhig ihr Geleit wie Zebras in Fischhaut, große Goldmakrelen umkreisten uns raublustig und ratlos, immer wieder wachsam davonschießend. Ab und zu schien das saftige rote Holz eines Senkkiels aufzuleuchten, der in einer der Spalten stak, und auf dem Holz saßen friedliche Kolonien weißer Entenmuscheln und wedelten rhythmisch mit ihren gefransten gelben Kiemenbüscheln nach Sauerstoff und Nahrung. Wenn ihnen jemand zu nahe kam, klappten sie eilends die rot und gelb geränderten Schalen zusammen und hielten die Türen geschlossen, bis sie spürten, daß die Gefahr vorüber war. Das Licht dort unten war wunderbar klar und wirkte beruhigend auf uns, die wir an die Tropensonne an Deck gewöhnt waren, und wenn wir in die bodenlose Tiefe schauten, hinab in die ewig schwarze Nacht, ließen die reflektierten Sonnenstrahlen uns das Dunkel als wunderschönes Hellblau erscheinen. Und zu unserer Verwunderung sahen wir auch ganz tief unten in dem klaren, reinen Blau Fische, wenn wir nur selbst den Kopf ins Wasser getaucht hatten. Es konnten Bonitos sein und auch andere Arten, doch sie schwammen so tief, daß wir sie nicht zu erkennen vermochten. Manchmal kamen sie in riesigen Schwärmen, und wir fragten uns oft, ob die ganze Meeresströmung voll von Fischen war oder ob sich auch dort in der Tiefe ein Gefolge »Kon-Tikis« versammelt hatte.

Besonders beliebt war es, einen Ausflug ins Wasser zu machen, wenn die großen, goldflossigen Thunfische zu Besuch waren. Manchmal umringten sie das Floß in ganzen Schwärmen, meistens aber kamen sie nur zu zweit oder dritt und schwammen dann viele Tage lang in ruhigen Kreisen um das Floß herum, soweit es uns nicht glückte, sie an die Angel zu bekommen. Vom Floß aus gesehen, wirkten sie recht und schlecht wie große braune Fische ohne besondere Eleganz. Krochen wir jedoch hinunter in ihr eigenes Element, so änderten sie unvermittelt sowohl Farbe wie auch Form. Die Veränderung war so verwirrend, daß wir häufig noch einmal auftauchten, um uns zu vergewissern, ob es dieselben Fische waren, die wir vom Floß aus gesehen hatten. Die respektablen Burschen setzten unbeirrt ihre majestätischen Manöver fort, wiesen nun aber eine so bewunderungswürdige Eleganz in der Form auf, wie wir sie nie bei einem anderen Fisch beobachtet hatten, und ihre braune Farbe war einem metallisch schimmernden, schwachen Violett gewichen. Sie glichen einem Torpedo aus glänzendem Silber und Stahl, hatten vollkommene Proportionen und Stromlinienform, und schon die geringste Bewegung ihrer Flossen ließ die siebzig bis achtzig Kilogramm mit vollkommenster Beherrschung durchs Wasser gleiten.

Je enger wir Kontakt mit dem Meer bekamen und mit all den Geschöpfen, die in ihm zu Hause waren, desto weniger fremd wurde es uns und desto mehr fühlten wir uns selbst zu Hause. Und wir lernten die alten Naturvölker respektieren, die Hand in Hand mit dem Stillen Ozean lebten und ihn deshalb aus einem ganz anderen Blickwinkel sahen als wir. Uns ist es gelungen, seinen Salzgehalt zu errechnen und lateinische Bezeichnungen für Thunfisch und Goldmakrele auszudenken, das hatten sie natürlich nicht. Doch ich fürchte, das Bild, das die Naturmenschen vom Meer haben, ist trotzdem viel richtiger als unseres.

Wir hatten nicht viele feste Punkte, auf denen unser Auge dort draußen ruhen konnte. Wogen und Fische kamen und gingen genau wie Sonne und Sterne. Nach allem, was uns bekannt war, gab es keinerlei Land in dieser Einöde von achttausend Kilometern offener See, die Peru und die Südseeinseln trennt. Deshalb waren wir höchst überrascht, als wir uns 100 Grad West näherten und feststellten, daß genau in Richtung unserer Drift auf der Karte ein Riff eingetragen war. Es war als kleiner Kreis hingetüpfelt, und da die Karte im gleichen Jahr herausgegeben war, schlugen wir in den »Sailing Directions for South America« nach und lasen:

»Zum erstenmal wurde im Jahre 1906 und dann auch 1926 berichtet, daß etwa 600 Meilen südwestlich der Galápagos auf 6 Grad 42 Minuten südlicher Breite und 99 Grad 43 Minuten westlicher Länge Brandungswellen beobachtet wurden. 1927 passierte ein Schiff eine Seemeile westlich dieser Position, ohne solche Brandung zu sehen, und 1934 kam ein anderes Schiff eine Seemeile südlich daran vorbei, gleichfalls ohne etwas zu bemerken. Das Motorschiff ›Cowrie‹ fand 1935 in 160 Faden Tiefe keinen Grund an dieser Stelle.«

Der Karte zufolge wurde diese Position offensichtlich weiterhin als ein Gefahrengebiet für Seefahrzeuge angesehen. Da ein tiefgehendes Schiff ein weit größeres Risiko läuft, wenn es sich einer Untiefe nähert, als wir auf unserem Floß, beschlossen wir, den auf der Karte markierten Punkt anzusteuern und nachzuschauen, was es dort zu finden gab. Das Riff war ein wenig nördlich von unserer voraussichtlichen Drift eingezeichnet, und so legten wir das Ruder nach Steuerbord und drehten das Rahsegel, so daß der Bug nach Norden zeigte und wir See und Wind von Steuerbord hereinbekamen. Nun schäumte allerdings etwas mehr vom Stillen Ozean in unsere Schlafsäcke, als wir es gewohnt waren, vor allem als der Wind wenig später beträchtlich auffrischte. Doch wir sahen zu unserer Genugtuung, daß die »Kon-Tiki« genau und sicher in einem verblüffend großen Winkel zur Windrichtung steuerbar war, solange der Wind schräg von achtern kam. Andernfalls würde das Segel herumschlagen, und wir hätten den alten wahnsinnigen Zirkus, um das Floß wieder unter Kontrolle zu bringen. Zwei Tage lang zwangen wir das Floß nach Nordnordwest. Sturzseen wühlten sich auf und wurden unberechenbar, als der Passat anfing, zwischen Südost und Ost zu pendeln – doch was immer auch gegen uns anbrauste, wir schaukelten darüber hinweg. Ständig saß ein Posten in der Mastspitze, und wenn wir über eine Welle ritten, weitete sich der Horizont noch zusätzlich. Die Kämme der Wogen, die neben uns liefen, waren zwei Meter höher, als es das Hüttendach war, und wenn zwei starke Seen zusammenwuchsen, türmten sie sich im Zweikampf noch weiter hinauf und hoben eine gischtende Kammwelle in die Luft, die sich in ungeahnter Richtung herabwälzen konnte.

Als die Nacht kam, verbarrikadierten wir den Hütteneingang mit Proviantkisten, und trotzdem wurde es ein nasses Lager. Wir waren kaum eingeschlafen, da brach es das erstemal durch die Bambuswand herein wie durch ein Sieb, und während sich tausend Fontänen auf uns ergossen, brauste ein schäumender Wasserfall über die Proviantkisten und über uns selbst hinweg.

»Den Installateur anrufen», sagte jemand mit verschlafener Stimme, als wir zusammenkrochen, damit die See wenigstens durch den Fußboden ablaufen konnte. Der Installateur blieb jedoch aus, und wir bekamen im Laufe der Nacht noch viel Badewasser ins Bett. Sogar eine große Goldmakrele landete während Hermanns Wache unverschuldet an Bord.

Am Tag darauf waren die Seen weniger verworren, nachdem der Passat beschlossen hatte, eine Zeitlang genau aus östlicher Richtung zu blasen. Wir lösten einander in der Mastspitze ab, denn wir konnten damit rechnen, den verhexten Punkt am späten Vormittag zu Gesicht zu bekommen. An diesem Tag beobachteten wir mehr Leben als sonst in der See, vielleicht aber schien es uns nur so, weil wir sorgfältiger Ausguck hielten. Vormittags sahen wir einen großen Schwertfisch sich dicht unter der Oberfläche dem Floß nähern. Zwischen den zwei spitzen Flossen, die aus dem Wasser ragten, waren zwei Meter Raum, und das Schwert war fast ebensolang wie der Körper. Der Schwertfisch rauschte im Bogen dicht an unserem Steuermann vorbei und verschwand hinter den Wellenkämmen. Als wir das etwas salztropfende Mittagsmahl einnahmen, hob eine kegelförmige Woge vor unserer Nase eine große Meerschildkröte in die Luft; diese Woge überließ ihren Platz zwei anderen, und da war die Schildkröte ebenso plötzlich verschwunden, wie sie aufgetaucht war. Auch diesmal sahen wir weißgrün blinkende Bäuche von Goldmakrelen, die sich im Wasser unter dem gepanzerten Reptil tummelten. Das ganze Gebiet war ungewöhnlich reich an winzigen fliegenden Fischen, nur einen Zoll lang, die in großen Schwärmen dahinsegelten und von denen viele an Deck landeten. Wir beobachteten auch einzelne Raubmöwen und bekamen immer wieder Besuch von Fregattvögeln, die über dem Floß kreisten und wie Riesenschwalben den Schwanz spreizten. Fregattvögel werden gewöhnlich als Zeichen dafür betrachtet, daß Land in der Nähe ist, und der Optimismus an Bord hob sich noch.

Vielleicht ist es doch eine Schäre oder eine Sandbank, dachte mancher, und der größte Optimist sagte: »Stellt euch vor, wir finden einen kleinen grünen Fleck. Man kann nie wissen. Es sind doch nur wenige vor uns hier gewesen. Dann haben wir Neuland entdeckt, die Kon-Tiki-Insel.«

Von Mittag an kletterte Erik immer häufiger auf die Küchenkiste und hantierte mit dem Sextanten. Um 18 Uhr 20 meldete er 6 Grad 42 Minuten südliche Breite und 99 Grad 42 Minuten westliche Länge als Position. Wir befanden uns eine Seemeile östlich von dem Riff auf unserer Karte. Die Bambusrahe wurde gefiert und das Segel an Deck gerollt. Der Wind kam genau von Osten und würde uns langsam über die angegebene Stelle treiben. Als die Sonne rasch im Meer verschwand, ging der Vollmond mit all seinem Glanz auf und erhellte das Meer, das in Schwarz und Silber von Horizont zu Horizont wogte. Die Sicht von der Mastspitze aus war gut. Brechende Seen sahen wir rundum in langen Reihen, aber keine stehende Brandung, die von einem Riff oder einer Untiefe herrühren konnte. Keiner wollte in die Koje kriechen, alle spähten gespannt hinaus, und zwei oder drei Mann hingen immer zugleich im Mast. Und während wir über das Zentrum des in der Karte eingezeichneten Gebiets trieben, loteten wir nach Grund. Alles, was an Senkblei an Bord war, befestigten wir am Ende von achthundert Metern vierundfünfzigfädiger Seidenschnur, und selbst wenn dieses Lot durch die Abdrift ziemlich schräg hinabhing, reichte es doch auf jeden Fall bis in eine Tiefe von sechshundert Metern. Und wir fanden keinen Grund, weder östlich der Stelle noch im Zentrum, noch westlich davon. Wir warfen einen letzten Blick über die Meeresfläche, und nachdem wir uns vergewissert hatten, daß wir mit Sicherheit dieses Gebiet als erforscht bezeichnen konnten und es frei von Untiefen wußten, hißten wir das Segel, brachten das Ruder in seine alte Stellung – so daß wir Wind und Wellen wieder von Backbord achtern nahmen –, und dann ging es weiter auf dem natürlichen, freien Kurs des Floßes. Wie zuvor kamen die Wellen und verschwanden zwischen den Stämmen am Achterdeck.

Wir konnten wieder trocken schlafen und essen, obwohl die Sturzseen rundum abermals Ernst machten und um uns tobten, solange der Passat zwischen Ost und Südost pendelte – und das waren noch mehrere Tage.

Bei dem kleinen Abstecher in das Gebiet des angeblichen Riffs hatten wir eine ganze Menge über die Wirkung der Senkbretter als Kiele gelernt, und als Hermann und Knut später gemeinsam unter das Floß tauchten und jenes fünfte Senkbrett bargen, erfuhren wir noch mehr über diese nützlichen Bretter. Dinge, auf die sich kein Mensch mehr verstand, seit die Indianer diesen vergessenen Sport aufgegeben hatten. Daß die Senkbretter als Kiel wirkten und dem Floß gestatteten, in einem bestimmten Winkel zum Winde zu treiben, war völlig klar. Doch die Behauptung der alten Spanier, die Indianer hätten in erheblichem Maß ihre Balsaflöße auf dem Meer mit Hilfe »gewisser Bretter gesteuert, die sie in die Spalte zwischen den Stämmen steckten«, schien uns und allen anderen, die sich jemals mit diesem Problem beschäftigt hatten, völlig rätselhaft. Da diese Bretter in einem schmalen Spalt festgeklemmt waren, konnten sie ja nicht gedreht werden und daher auch nicht als Ruder wirken.

Die Lösung dieses Rätsels fanden wir auf folgende Art: Der Wind war stetig und die See wieder ruhig geworden, und die »Kon-Tiki« hielt seit Tagen genau ihren Kurs, ohne daß wir das festgebundene Steuerruder auch nur berührten. Doch als wir den geborgenen Senkkiel in einen Spalt im Achterdeck schoben, fiel die »Kon-Tiki« um mehrere Grad nach Nordwesten ab und hielt dann sicher und ruhig den neuen Kurs. Zogen wir dieses Brett wieder heraus, schwenkte das Floß in den alten Kurs ein; ließen wir es auf halber Höhe stehen, lief auch das Floß nur zur Hälfte den alten Kurs. Durch einfaches Heben und Senken dieser Schwerter ließ sich also der Kurs ändern – ohne jeden Handgriff am Steuerruder! Das war das geniale Geheimnis der Inkas. Sie arbeiteten nach einem einfachen Gleichgewichtssystem, bei dem der Druck des Windes auf das Segel den Mast zum festen Punkt machte. Die zwei Hebelarme waren das Floß vor beziehungsweise hinter dem Mast. War die Gesamtfläche der Senkkiele achtern größer, schwang der Bug mit dem Wind herüber, und war diese Fläche vorn größer, drehte das Achterende mit dem Winde. Die Senkkiele, die dem Mast am nächsten standen, waren auf Grund des Verhältnisses zwischen Gewichtsarm und Kraft am wenigsten wirksam. Kam der Wind genau von achtern, verloren die Bretter ihre Wirkung, und dann war es nicht möglich, das Floß auf Kurs zu halten, ohne ständig mit dem Steuerruder zu arbeiten – und dann war das Floß auch ein wenig zu lang, um frei über die Wogen zu gleiten. Da nun der Hütteneingang und der Speiseplatz auf der Steuerbordseite waren, nahmen wir die Wellen immer schräg von Backbord achtern. Wir hätten nun leicht unseren Weg über das Meer fortsetzen können, indem der Steuermann die Bretter hob oder senkte, anstatt das Steuerruder seitlich zu bewegen, doch wir hatten uns so an das Steuerruder gewöhnt, daß wir nur den groben Kurs mit den Senkkielen setzten und es vorzogen, mit dem Ruder auszugleichen.

Der nächste Markstein der Reise war für das Auge genausowenig sichtbar wie jene Untiefe, die nur auf der Karte existierte. Es war unser fünfundvierzigster Tag auf See, wir hatten den einhundertachten Längengrad erreicht und damit den halben Weg bis zu den ersten Inseln hinter uns gebracht. Wir waren viertausend Kilometer entfernt von Südamerika im Osten und gleich weit von Polynesien im Westen. Die nächsten festen Punkte in irgendeiner Himmelsrichtung waren die Galápagos-Inseln ostnordöstlich von uns und die Oster-Insel genau im Süden, beide über tausend Kilometer entfernt im endlosen Weltmeer. Wir hatten auf der ganzen Fahrt nicht ein Schiff gesehen, und wir bekamen auch keins mehr zu Gesicht, denn wir trieben fern jeder Route des normalen Schiffsverkehrs. Dennoch bekamen wir nie ein richtiges Gefühl für diese enormen Weiten, denn der Horizont glitt unmerklich mit uns, und unsere treibende Welt blieb immer die gleiche. Das Floß war das Zentrum, über das sich der Bogen des Himmels wölbte, und dieselben Sterne drehten sich über uns Nacht für Nacht.

6

Polynesien kommt näher

Ein lächerliches Fahrzeug. Ausflug im Gummiboot. Gnadenlose Drift hinaus ins Unendliche. In einer Bambushütte mitten auf dem Ozean. Auf dem Längengrad der Oster-Insel. Das Geheimnis der Insel. Riesengötter und Steinkolosse. Perücken aus rotem Fels. Die Technik der »Langohren«. Tiki schlägt die Brücke. Sprechende Ortsnamen. Tauziehen mit Haifischen. Haifang mit der Faust. Der Papagei. L 12 B ruft. Der Sternenkompaß. Drei rätselhafte Wogen. Sturm. Blutbad in der See. Blutbad an Deck. Mann über Bord. Noch ein Sturm. »Kon-Tiki« wird schlotterig. Erste Botschaft aus Polynesien.

Wenn die See nicht allzu wild war, paddelten wir oft mit dem winzigen Gummifloß hinaus und fotografierten. Den ersten dieser Ausflüge werde ich nie vergessen! Das Meer war so ruhig, daß zwei von uns Lust bekamen, das ballonartige kleine Ding aufs Wasser zu setzen und damit ein Stück hinaus auf die Wellen zu rudern. Sie hatten kaum vom Floß abgelegt, als sie die kleinen Ruder losließen und schallend zu lachen anfingen. Und als die Wellen sie davontrugen und sie, auf und nieder schaukelnd, immer wieder hinter den Kämmen verschwammen, lachten sie, sobald sie einen Blick auf uns werfen konnten, so laut, daß es weit über den einsamen Pazifik schallte. Wir auf dem Floß blickten mit gemischten Gefühlen um uns, konnten aber – bis auf unsere eigenen struppigen und bärtigen Gesichter – nichts Komisches entdecken. Diesen Anblick jedoch mußten die beiden längst gewohnt sein, und so stieg allmählich der Verdacht in uns auf, sie hätten plötzlich den Verstand verloren. Vielleicht ein Sonnenstich? Vor Lachen hatten die beiden einige Mühe, zurück zur »Kon-Tiki« zu rudern. Sie blieben uns jede Erklärung schuldig. Sich schier verschluckend und mit Tränen in den Augen forderten sie uns kurzerhand auf, selbst hinauszufahren und nachzusehen.

Ich sprang mit noch einem in das tanzende Schlauchboot. Eine Woge trug uns davon, und schon setzten auch wir uns hin und lachten schallend. Nach einer Weile ruderten wir so rasch wie möglich zum Floß zurück; wir mußten die beiden beruhigen, die noch nicht draußen gewesen waren, bevor sie allen Ernstes glaubten, wir alle miteinander wären völlig übergeschnappt.

Wir selbst waren es und unser eigenes stolzes Fahrzeug, die einen so absolut hoffnungslosen und wahnwitzigen

Anblick boten, als wir das Ganze zum erstenmal aus größerem Abstand sahen.

Wir hatten uns auf offener See noch nie von »außerhalb« betrachtet. Die Stämme verschwanden bereits hinter den kleinsten Wellen, und wenn man überhaupt etwas sah, dann nur die niedrige Hütte mit der breiten Türöffnung und dem zerzausten Blätterdach, die immer wieder aus den Wogen auftauchte. Es sah aus, als triebe eine alte norwegische Scheune hilflos und verloren auf dem offenen Meer herum, eine windschiefe Heuhütte voller sonnengebräunter, bärtiger Landstreicher. Wäre jemand in einer Badewanne angepaddelt gekommen, vielleicht hätte uns das so spontan zum Lachen gereizt. Schon ganz gewöhnliche Wellen stiegen bis zur halben Höhe der Hüttenwand empor, und jedesmal sah es aus, als müßten sie ungehindert in das weit offene Scheunentor hineinrollen, wo die bärtigen Kerle lagen und glotzten. Doch dann schwamm der gebrechliche Bau bereits wieder auf dem Kamm einer Woge, und die vier Landstreicher lagen noch immer so trocken, struppig und unbeteiligt da wie zuvor. Rauschte eine größere Welle vorbei, kam es vor, daß Hütte, Segel und der ganze Mast hinter dem Wasserberg verschwanden. Doch mit unbeirrbarer Sicherheit war die Hütte mit den Landstreichern im nächsten Augenblick wieder obenauf.

Das Ganze sah schlimm aus, und wir konnten es kaum fassen, daß es uns an Bord dieses Fahrzeugs bisher so gut ergangen war.

Ein paar Tage später ruderten wir wieder hinaus, um zu einem gesunden Lachen über uns selbst zu kommen, doch da gab es beinahe ein Unglück. Wind und Wellen waren stärker, und die »Kon-Tiki« glitt weit rascher über die Wogen, als wir angenommen hatten. Wir mußten auf dem offenen Meer ums Leben rudern, um das unhandliche Floß zu erreichen, das nicht halten und warten konnte und schon gar nicht wenden und zurückkommen. Die Jungens auf der »Kon-Tiki« holten zwar das Segel in aller Eile ein, doch der Wind drückte gegen die Bambushütte und trieb das Balsafloß genauso schnell nach Westen davon, wie wir in dem tanzenden kleinen Schlauchboot mit den winzigen Spielzeugrudern bei aller Mühe vorwärts kamen. Nur ein Gedanke beherrschte uns alle: So durfte sich unsere Mannschaft nicht auflösen! Es waren schreckliche Minuten draußen auf dem Meer, bis wir das entlaufene Floß einholten und zu den anderen an Bord krochen, hinauf auf die Balsastämme, die unsere Heimstatt waren.

Von diesem Tag an war es streng verboten, mit dem Gummiboot hinauszufahren, ohne eine lange Leine am Bug befestigt zu haben, so daß die an Bord Gebliebenen das Boot notfalls heranziehen konnten. Wir kamen nun nur noch dann weit vom Floß weg, wenn Flaute herrschte und der Stille Ozean sich in einer leichten Dünung hob und senkte. Solche stillen Tage aber hatten wir häufig, als die »Kon-Tiki« auf halbem Weg nach Polynesien war und das Meer sich nach allen Seiten einförmig um die Erdkugel wölbte. Dann konnten wir unbesorgt unsere Heimstatt verlassen und davonrudern, hinein in den blauen Raum zwischen Himmel und Meer. Und wenn dann die Silhouette unseres Fahrzeugs immer kleiner und kleiner wurde und das Rahsegel schließlich zu einem unbestimmbaren Viereck am Horizont zusammengeschrumpft war, beschlich uns manchmal ein Gefühl tiefer Verlassenheit. Das Meer wölbte sich unter uns, blau in blau wie der Himmel darüber, und in der Ferne, wo beide zusammentrafen, floß das Blau des Himmels mit dem des Wassers zusammen. Manchmal war uns, als flögen wir im leeren Raum. Die ganze Welt rundum leer und blau, kein einziger fester Punkt in ihr, bis auf die Tropensonne, die uns golden und warm ins Genick schien. Fern am Horizont stand das Segel des einsamen Floßes und zog uns an wie ein magnetischer Punkt. Wir ruderten zurück und krochen an Bord. Dort fühlten wir uns daheim, in unserer eigenen Welt, geborgen, auf sicherem, festem Boden. In der Hütte fanden wir Schatten, den Geruch von Bambus und welken Palmenblättern. Die sonnenerfüllte, blaue Reinheit draußen wurde durch die offene Hüttenwand begrenzt. So waren wir es gewohnt, so war es gut. Wenigstens eine Zeitlang, bis die blaue Ferne uns wiederum lockte.

Es war höchst eigentümlich, welche psychologische Wirkung die wacklige kleine Bambushütte auf unser Gemüt hatte. Sie maß nicht mehr als acht mal vierzehn Fuß und war, um den Winddruck niedrig zu halten, so flach gebaut, daß wir uns selbst unter dem First nicht aufrichten konnten. Wände und Dach bestanden aus einem zusammengeknüpften, kräftigen Bambusgestell, das mit zähem Flechtwerk aus gespaltenem Bambus verschalt war. Die grünen und gelben Sprossen und die Blattansätze, die vom Dachrand herabhingen, boten dem Auge einen ganz anderen Ruhepunkt als eine weißgestrichene Fläche. Obwohl die Steuerbordlängswand zu einem Drittel offen war und auch Dach und Wände Sonne und Mond hereinließen, gab uns diese primitive Höhle ein weit größeres Sicherheitsgefühl, als weißgestrichene Schotten und verglaste Bullaugen es unter denselben Bedingungen vermocht hätten. Wir versuchten, eine Erklärung für diese sonderbare Tatsache zu finden, und kamen zu folgendem Ergebnis: Unser Verstand war es schlechterdings nicht gewohnt, ein palmengedecktes Bambushaus mit einer Seereise in Verbindung zu bringen. Es bestand keine natürliche Harmonie zwischen dem großen, wogenden Meer und der zugigen Palmenhütte, die inmitten der Wellen dahinschwamm. Deshalb mußte entweder die Hütte im Meer fehl am Platze erscheinen, oder die Wogen rund um die Hüttenwände mußten deplaciert wirken. Das zweite war denn auch der Fall, solange wir uns an Bord aufhielten, doch vom Gummiboot aus gesehen, tauschten Wellen und Hütte die Rollen. Die Tatsache, daß die Balsastämme immer wie eine Möwe auf den Seen schaukelten und das Wasser am Heck durchließen, gab uns ein unerschütterliches Zutrauen zu dem trocken gelegenen Teil in der Mitte des Floßes, wo die Hütte stand. Je länger die Reise dauerte, desto sicherer fühlten wir uns in unserer gemütlichen Höhle, und wir betrachteten die an der Türöffnung vorbeitanzenden, sich aufbäumenden Wogen wie ein imponierendes Stück im Kino, das uns selbst nicht im geringsten bedrohte. Obwohl der offene Teil der Wand nur fünf Fuß vom ungeschützten Floßrand entfernt war und nicht höher als eineinhalb Fuß über der Wasserlinie lag – sobald wir in die Hütte gekrochen waren, hatten wir das Gefühl, meilenweit vom Meer fortgereist zu sein und in einer Dschungelhütte zu hausen, geborgen vor den Gefahren des Ozeans. Dort konnten wir uns auf den Rücken legen, es uns bequem machen und hinaufschauen in das merkwürdige Dachgeflecht, das sich wie Astwerk im Winde wiegte, während uns der Duft von rohem Holz, Bambus und welken Palmenblättern umschmeichelte.

Manchmal ruderten wir mit dem Gummiboot in die Dunkelheit hinaus, um unsere Heimstatt auch einmal des Nachts von draußen zu sehen. Kohlschwarze Wogen türmten sich rundum auf, und eine blinkende Myriade von Sternen lockte ein schwaches Widerblinken des Planktons aus der See. Die Welt war einfach, Sterne im Dunkel. Ob wir 1947 vor oder nach der Zeitrechnung schrieben, hatte plötzlich seine Bedeutung verloren. Wir lebten, das fühlten wir bemerkenswert tief und stark, und uns wurde bewußt, daß die Menschen auch schon vor dem Zeitalter der Technik das gleiche empfunden hatten – wohl noch intensiver als wir. Die Zeit hört gleichsam auf zu existieren. Alles Wirkliche war, wie es immer gewesen und immer sein würde. Wir waren eingetaucht in den ewigen Gleichlauf des Geschehens, und außer uns gab es nichts als das endlose, unberührte Dunkel rundum und die flimmernde Sternenwelt darüber. Vor uns in der Nacht hob sich die »Kon-Tiki« aus den Wogen und versank wieder, sobald schwarze Massen herantrieben. Im Mondlicht umgab eine seltsame Stimmung das Floß. Schwere, blanke Stämme, mit Büscheln von Seegras bewachsen, das nachtschwarze Viereck des Wikingersegels, eine zerzauste Bambushütte, vom gelben Licht einer Paraffinlampe am Heck bestrahlt: Das Ganze glich einem Bild aus einem Abenteuerbuch – und nicht der nüchternen Wirklichkeit. Ab und zu verschwand das Floß völlig hinter den dunklen Wogen, dann wieder hob es sich als scharfe Silhouette vom Sternenhimmel ab, während blinkendes Wasser von den Stämmen rann.

Wenn wir so dasaßen und die zeitlose Stimmung verspürten, die das einsame Floß umgab, hatten wir manchmal ganze Flottillen solcher Fahrzeuge vor Augen, fächerförmig bis über den Horizont hinaus verteilt, um die Möglichkeit zu vergrößern, Land zu finden. So waren die ersten Menschen von Peru aus über das Meer gezogen. Dann hatten Gerüchte von Inseln draußen im Stillen Ozean erzählt, und daraufhin segelte der Inka Tupac Yupanqui, der sich ganz Peru und Ekuador unterworfen hatte, noch kurz vor der Ankunft der Spanier mit einer Armada von Balsaflößen und vielen tausend Mann hinaus aufs Meer, um nach den Inseln zu suchen. Er fand zwei Eilande, von denen manche meinen, es seien die Galápagos-Inseln gewesen. Nach acht Monaten Abwesenheit glückte es ihm, sich mit seinen zahlreichen Ruderern zurück nach Ekuador zu kämpfen. Viele Jahrhunderte früher waren Kon-Tiki und sein Gefolge sicherlich in ähnlicher Formation übers Meer gezogen. Sie aber hatten nach der Entdeckung Polynesiens keinen Grund, den Rückweg gegen Wind und Wogen zu erzwingen.

Wenn wir nach einem solchen Ausflug wieder zum Floß zurückkehrten, setzten wir uns oft im Kreis um das Paraffinlicht auf dem Bambusdeck und sprachen über jene alten peruanischen Seefahrer, die all unsere Erlebnisse schon fünfzehn Jahrhunderte vor uns gehabt hatten. Das Licht warf Riesenschatten bärtiger Männer auf das Segel, und wir dachten an unsere Vorgänger, die weißen, bärtigen Männer aus Peru. Wir hatten sie in der Mythologie und Architektur den ganzen Weg entlang von Mexiko über Mittelamerika bis hinein in die Nordwestgebiete Südamerikas und nach Peru verfolgen können. Ihre Bauwerke waren geblieben und eine Fülle von Legenden, ihre geheimnisvolle Kultur aber verschwand wie mit einem Zauberschlag beim Kommen der Inkas und kam ebenso plötzlich zum Vorschein auf den einsamen Inseln im Stillen Ozean, denen wir uns näherten. Waren diese wandernden Lehrmeister Angehörige eines frühen Kulturvolks von jenseits des Atlantiks, die sich in grauer Vorzeit auf dieselbe einfache Weise mit dem Passatwind und einer nach Westen ziehenden Strömung von den Kanarischen Inseln bis zum Golf von Mexiko durchgeschlagen hatten? Diese Strecke war ja weit kürzer als unsere Route, und wir glaubten nicht mehr an die Rolle des Meeres als vollkommener Isolator. Viele Forscher haben behauptet und mit gewichtigen Fakten ihre Theorie gestützt, daß die großen Indianerkulturen – von den Azteken in Mexiko bis zu den Inkas in Peru – auf Grund von Impulsen aus dem Osten, über das Meer her, entstanden seien, während die Masse der amerikanischen Indianerstämme von asiatischen Jäger- und Fischervölkern abstammt, die im Laufe von zwanzigtausend oder mehr Jahren von Sibirien nach Amerika einsickerten. Es ist ja auch wirklich bemerkenswert, daß nirgends ein Anhalt für eine allmähliche Entwicklung der Hochkulturen zu finden ist, die sich einst von Mexiko bis nach Peru erstreckten. Je tiefer die Archäologen hinuntergraben, desto höher wird das Kulturniveau, das sie vorfinden, bis sie schließlich einen bestimmten Punkt erreichen, an dem die alten Kulturen ganz offenkundig entstanden sind – ohne jede Voraussetzung, inmitten primitiver Stämme.

Und diese Kulturen sind gerade dort zuerst aufgetreten, wo die Strömung vom Atlantik auf die Küste trifft, mitten in den Wüsten- und Dschungelgebieten Mittel- und Südamerikas und nicht in den gemäßigten Zonen, wo Kulturen – damals wie heute – leichtere Entwicklungsbedingungen haben.

Das gleiche wiederholte sich auf den Südseeinseln. Es ist das Peru am nächsten gelegene Eiland, die Oster-Insel, das die tiefsten Spuren dieser Kultur trägt, obwohl diese unbedeutende kleine Insel wasserarm und nur wenig fruchtbar ist und von allen Inseln im Stillen Ozean am weitesten von Asien entfernt liegt.

Als wir die halbe Reise hinter uns hatten, waren wir so lange gesegelt, wie man von Peru zur Oster-Insel braucht, und das sagenumsponnene Eiland lag genau südwärts von uns. Wir waren von einer ganz zufällig gewählten Stelle der Küste Perus in See gestochen, da wir den Weg eines Durchschnittsfloßes nehmen wollten, das von Land trieb. Hätten wir das Festland weiter südlich verlassen, näher der Ruinenstadt Kon-Tikis, Tiahuanaco, dann hätte uns zwar derselbe Wind ergriffen, aber eine schwächere Strömung, und unter diesen Bedingungen wäre unser Floß in Richtung der Oster-Insel getrieben.

Als wir den 110. Grad westlicher Länge passierten, waren wir in polynesischem Gewässer; denn die Oster-Insel lag nun näher an Peru als wir, und wir befanden uns auf gleicher Höhe mit diesem ersten Vorposten der Südseeinseln, dem Zentrum der ältesten polynesischen Kultur. Wenn unser glühender Wegweiser, die Sonne, vom Himmel herabstieg und mit der ganzen Farbenpracht des Regenbogens hinter dem Meer im Westen verschwand, blies der milde Passat Leben in unsere Gespräche über das seltsame Geheimnis der Oster-Insel. Der Nachthimmel löschte jeden Zeitbegriff aus, und abermals geisterten die Riesenschatten unserer bärtigen Köpfe über das Segel.

Doch weit im Süden auf der Oster-Insel standen noch größere Riesenköpfe – in Stein gemeißelt, mit spitzbärtigem Kinn und den Zügen des weißen Mannes – und sannen über das Geheimnis der Jahrhunderte. Sie standen bereits so da, als die ersten Europäer im Jahre 1722 die Insel betraten. Und schon damals hatten sie zweiundzwanzig polynesische Generationen hindurch dort gestanden, gerechnet von dem Zeitpunkt, da die jetzige Bevölkerung mit ihren Kriegskanus auf der Oster-Insel landete und alle erwachsenen Männer dieses dort ansässigen, rätselhaften Kulturvolks ausrotteten. Und seit damals gehören die gigantischen steinernen Statuen auf der Oster-Insel zu den vorrangigen Beispielen unlösbarer Rätsel der Vorzeit. Überall an den Abhängen der baumlosen Insel ragen sie zum Himmel, Steinkolosse, aus einem einzigen Block prachtvoll herausgehauene menschliche Gestalten, hoch wie ein drei- bis vierstöckiges Haus. Wie hatten diese Menschen der Vorzeit so gigantische Steinbilder schaffen, transportieren und aufrichten können? Und nicht das allein. Wie hatten sie es vermocht, zwölf Meter über dem Boden noch einen besonderen riesigen Block aus rotem Stein als kolossale Perücke auf viele der Köpfe zu setzen? Was war der Sinn? Und über welche technischen Möglichkeiten verfügten die verschwundenen Bildhauer? Sie meisterten Probleme, die den besten Ingenieuren der Gegenwart zu schaffen machen.

Wenn man zusammenträgt, was das alte Kulturvolk an Spuren und Beweisstücken hinterlassen hat, all das, was die Zeit nicht völlig zu zerstören vermochte, dann ist das Geheimnis der Oster-Insel vielleicht doch nicht unlösbar, sobald man die Möglichkeit einer Verbindung mit Peru durch Flöße in Betracht zieht.

Die Oster-Insel ist der Gipfel eines uralten, längst erkalteten Vulkans. Gepflasterte Straßen, angelegt von diesem alten Kulturvolk, führen noch heute zu den guterhaltenen Landungsplätzen an der Küste und beweisen somit, daß der Wasserstand an der Küste der Insel damals genauso war wie heute. Sie ist kein Rest eines versunkenen Kontinents, sondern eine kleine, öde Insel, die, als sie das Kulturzentrum des Stillen Ozeans beherbergte, ebenso öde und einsam war, wie sie es heute noch ist.

In der Mitte der kegelförmigen Insel liegt der erloschene Krater, und am Grunde dieses Kraters befinden sich die erstaunlichen Steinbrüche und Werkstätten der Bildhauer. Alles dort ist noch genau so, wie es die Steinmetze und Architekten vor vielen hundert Jahren verließen, als sie Hals über Kopf an die Ostspitze der Insel flohen, wo, wie die Sage berichtet, die Neuankömmlinge sie stellten und alle erwachsenen Männer niedermachten. Der plötzliche Abbruch der Tätigkeit dieser Künstler ermöglicht einen deutlichen Einblick in den Verlauf eines normalen Arbeitstages im Krater der Oster-Insel. Die flintharten Steinäxte der Bildhauer liegen am Arbeitsplatz verstreut und zeigen, daß dieses Kulturvolk genausowenig vom Eisen wußte wie die Bildhauer Kon-Tikis, als diese aus Peru vertrieben wurden und ebensolche riesigen Steinstatuen auf dem Andenplateau hinterließen. Auf der Oster-Insel und in den Anden hat man die Steinbrüche gefunden, in denen die weißen, bärtigen Menschen der Legende zwölf Meter lange Steinblöcke aus dem massiven Fels herausgeschlagen haben mit nichts anderem als Beilen aus noch härterem Stein. Und an beiden Stellen wurden die Riesenblöcke, die viele Tonnen wiegen, kilometerweit durch schwieriges Terrain transportiert, bevor sie als gewaltige Menschenfiguren aufgerichtet oder zum Bau von gigantischen, geheimnisumwobenen Terrassen und Mauern aufeinandergetürmt wurden.

Viele halbfertige Riesenstatuen liegen noch heute in den Höhlungen in der Kraterwand der Oster-Insel und zeigen, wie die Arbeit in den verschiedenen Stadien vor sich ging. Die größte Figur, die nahezu fertig war, als die Künstler flüchten mußten, hat eine Länge von zweiundzwanzig Metern, und wäre sie vollendet und aufgestellt worden, hätte dieser Koloß die Höhe eines achtstöckigen Hauses erreicht. Jede Figur wurde aus einem einzigen Block gehauen, und die Arbeitsplätze rund um die liegende Figur lassen erkennen, daß nur wenige Bildhauer gleichzeitig daran arbeiteten. Die Oster-Insel-Figuren wurden – auf dem Rücken liegend, die Arme gebeugt und die Hände unterhalb der Brust gefaltet – genau wie die Steinkolosse in Peru bis ins kleinste Detail fertiggestellt, bevor sie aus der Werkstatt geholt und an ihren Bestimmungsort irgendwo auf der Insel transportiert wurden. Im letzten Stadium war der Riese nur mehr wie durch einen schmalen Kiel unter dem Rücken mit dem Fels verbunden, und wenn man diesen schließlich wegschlug, wurde der Riese mit Felsblökken abgestützt.

Viele dieser Figuren wurden nur hinaus in den Krater geschafft und dort am Abhang aufgestellt, eine Anzahl der größten jedoch wurde über die Wände hinaufgezogen und viele Kilometer weit durch schwieriges Gelände transportiert, bevor man sie auf einer steinernen Plattform auf die Füße stellte und ihnen einen besonderen Block aus roter Lava auf den Scheitel setzte. Allein der Transport kann als blankes Rätsel gelten, doch wir können nicht leugnen, daß er geschah, und noch weniger, daß die Architekten, die aus Peru verschwanden, ebenbürtige Steinkolosse in den Anden hinterlassen haben, die verraten, daß sie genausogut Fachleute auf diesem Gebiet waren. Auch wenn die größten und meisten dieser Figuren auf der Oster-Insel vorhanden sind und die Bildhauer dort sich einen besonderen Stil erarbeitet haben, so hat dasselbe verschwundene Kulturvolk ähnliche Riesenstatuen in Menschengestalt noch auf vielen anderen am Ostrand Polynesiens liegenden Inseln errichtet, und überall wurden die Statuen von abgelegenen Steinbrüchen zum Tempelplatz gebracht. Auf den Marquesas berichten Legenden davon, wie man einst diese Riesensteine bewegt hat, und diese Legenden entsprechen genau den Erzählungen der Eingeborenen von dem Transport der Steinsäulen zum Riesentor auf Tongatabu; folglich kann man annehmen, daß dasselbe Volk dieselbe Methode bei den Statuen auf der Oster-Insel angewendet hat.

Die Skulpturarbeit im Steinbruch dauerte sehr lange, konnte aber von wenigen Fachleuten bewältigt werden. Die Transportarbeit war rascher getan, erforderte aber eine Vielzahl von Menschen. Die kleine Oster-Insel wurde damals sorgfältig bewirtschaftet, vor allem gab es große Plantagen mit peruanischen Süßkartoffeln, das Meer rundum war fischreich, und Experten meinen, daß die Insel zur Zeit ihrer kulturellen Blüte leicht eine Bevölkerung von sieben- bis achttausend Menschen ernähren konnte. Etwa tausend Menschen dürften ausgereicht haben, um die Riesenstatuen über die steile Kraterwand hinaufzuziehen, und fünfhundert Mann genügten wohl, um sie weiter über die Insel zu schleppen.

Aus Bast und anderen Pflanzenfasern wurden unzerreißbare Seile geflochten und die Figur auf einen festgefügten Holzrahmen gelegt. Dann zog die Menschenmenge den Steinkoloß über Stämme und kleine Rollsteine, die mit Tarowurzeln geschmiert wurden. Daß dieses alte Kulturvolk es meisterhaft verstand, Tauwerk zu flechten und Seile zu drehen, ist von den Südseeinseln und vielleicht noch mehr von Peru her bekannt, wo die ersten Europäer hundert Meter lange Hängebrücken vorfanden, die über Wasserfälle und Schluchten gespannt waren und aus geflochtenem Tauwerk bestanden, aus Tauen, die stark waren wie der Leib eines Mannes.

Hatte man die Steinkolosse zu der ausgewählten Stelle gebracht und wollte sie aufrichten, ergab sich das nächste Problem. Aus Steinen und Sand baute die Menge eine Hilfsrampe und zog den Riesen – die Füße voran – die sanfte Seite hinauf, ließ ihn über die scharfe Kante kippen und hinuntergleiten, so daß das Fußende in einer vorbereiteten Grube landete. Über die Rampe, die nun zum Kopf des Riesen führte, wurde ein besonderer Steinzylinder nach oben gerollt und auf dem Scheitel der Figur angebracht. Dann erst wurde der Hilfsbau abgetragen. Solche fertigen Rampen befinden sich an mehreren Stellen der Oster-Insel und warten auf Riesenfiguren, die nie mehr kamen. Die Technik ist bewunderungswürdig, aber keineswegs mysteriös, wenn wir nur aufhören, die Intelligenz der vorzeitlichen Baumeister und ihren Vorrat an Zeit und Menschenmaterial zu unterschätzen.

Warum aber errichteten sie diese Steinbilder? Und warum war es notwendig, aus einem anderen Steinbruch, der sieben Kilometer von der Kraterwerkstatt entfernt ist, einen Block einer besonderen roten Felsart herbeizuschaffen und ihn der Statue aufs Haupt zu setzen? Sowohl in Südamerika wie auf den Marquesas besteht oft die ganze Statue aus solchem roten Stein, der meistens über weite Strecken herbeigeschafft werden mußte. Und – roter Kopfschmuck für hochstehende Personen war wichtig, sowohl in Polynesien wie auch in Peru.

Betrachten wir zunächst, wen die Statuen eigentlich darstellen. Als die ersten Europäer die Insel betraten, sahen sie dort seltsame »weiße Männer« mit langem, rotem Bart, etwas ganz Ungewöhnliches im Bereich dieser Volksstämme. Diese Männer waren Nachkommen von Frauen und Kindern, die das Gemetzel unter der ersten Bevölkerung der Insel überlebt hatten. Die Eingeborenen berichteten, daß ein Teil ihrer Vorfahren weiß und der andere Teil braunhäutig gewesen sei. Ihre sorgfältige und genaue Überlieferung besagt: Die Braunen sind zweiunddreißig Generationen vor der »Entdeckung« von den anderen polynesischen Inseln her eingedrungen, während die Weißen bereits siebenundfünfzig Generationen zuvor, also etwa um 400 bis 500, mit großen Fahrzeugen von Osten her übers Meer gekommen waren. Die Leute aus dem Osten wurden »Langohren« genannt, weil sie sich Gewichte in die Ohrläppchen hängten und diese dehnten, so daß sie ihnen bis auf die Schultern reichten. Es waren die geheimnisumwitterten »Langohren«, die erschlagen wurden, als die »Kurzohren« die Insel in Besitz nahmen. So haben denn auch alle Steinfiguren auf der Oster-Insel bis auf die Schultern herabreichende Ohren, genau wie die Bildhauer selbst sie hatten.

Nun erzählen die Inkalegenden in Peru, daß der Sonnenkönig Kon-Tiki über ein Volk von weißen, bärtigen Männern geherrscht habe, die von den Inkas »Großohren« genannt wurden, weil sie ihre Ohren künstlich verlängerten, so daß sie die Schultern berührten. Diese Legenden betonen ausdrücklich, daß es Kon-Tikis »Großohren« waren, die jene verlassenen Riesenstatuen in den Anden aufgerichtet haben, bevor sie von den Inkas in einer Schlacht auf einer Insel des Titicacasees getötet oder danach vertrieben wurden.

Also: Kon-Tikis weiße »Großohren« verschwanden mit ihren Kenntnissen und ihrer reichen Erfahrung in der Arbeit mit so riesigen Steinfiguren von Peru nach Westen; Tikis weiße »Langohren« kamen aus dem Osten auf der Oster-Insel an, wohlbewandert in ebendieser Kunst, und machten sich mit vollendetem Können sofort wieder an die Arbeit. Und schließlich: Auf der nun wirklich nicht großen Oster-Insel läßt sich nicht die geringste Spur einer Entwicklung feststellen, die zu den Meisterwerken der Bildhauerkunst emporführt.

Oft sind sich die großen Statuen in Peru und die auf einzelnen Südseeinseln ähnlicher, als es die riesigen Figuren auf den verschiedenen Südseeinseln untereinander sind. Auf den Marquesas und auf Tahiti führen diese Skulpturen den Sammelnamen Tiki. Sie stellen verehrte Ahnen aus der Inselgeschichte dar, die nach ihrem Tod den Rang von Göttern erhielten. Und darin liegt zweifellos die Erklärung für die eigentümlichen roten Kalotten auf den Köpfen der Oster-Insel-Figuren. Wie schon gesagt, lebten auf allen Inseln Polynesiens einzelne Menschen und auch ganze Familien mit rötlichem Haar und heller Haut. Die Eingeborenen behaupteten, daß ebendiese Menschen von dem ersten weißen Volk auf den Inseln abstammen. Auf einigen Eilanden färbten die Teilnehmer an bestimmten religiösen Festen sich die Haut weiß und das Haar rot, um ihren ältesten Ahnen zu gleichen. Bei den jährlichen Zeremonien auf der Oster-Insel wurde der Hauptperson des Festes das Kopfhaar geschoren, damit der Schädel rot bemalt werden konnte. Und die riesigen roten Steinkalotten der Götterbilder hat man sorgfältig so zugehauen, daß ihre Form der lokalen Männerfrisur entsprach. Sie haben einen runden Knoten über dem Scheitel, genau wie die Männer das Haar zu einem kleinen, traditionellen Knoten auf dem Kopf zusammenbanden.

Die Statuen auf der Oster-Insel haben lange Ohren, weil die Bildhauer sich selbst die Ohren verlängerten. Sie erhielten einen besonderen roten Kopfschmuck, weil auch ihre Schöpfer rötliches Haar hatten. Ihr Kinn wurde zu einer spitzen und hervorstehenden Kante zugehauen, weil ihre lebenden Vorbilder Bärte trugen. Sie zeigen die typische Physiognomie der weißen Rasse mit schmalem, hervorstehendem Nasenrücken und dünnen, scharfen Lippen, weil die Bildhauer selbst nicht der malaiischen Rasse angehörten. Und wenn die Statuen gewaltige Köpfe und winzige Beine haben und die Hände über dem Leib gefaltet halten, so entsprach das eben der aus Peru überkommenen Art, Götterbilder zu schaffen. Der einzige Schmuck der Oster-Insel-Figuren ist ein Gürtel, der rund um den Leib aus dem Stein herausgemeißelt wurde. Den gleichen symbolischen Gürtel trägt jede einzelne Statue in Kon-Tikis alten Ruinen am Titicacasee. Es ist der Regenbogengürtel, das mystische Emblem des Sonnengottes. Auf der Mangareva-Insel gibt es eine

Sage, die erzählt, der Sonnengott habe den Regenbogen, seinen magischen Gürtel, von sich gestreckt und sei auf ihm vom Himmel herabgestiegen nach Mangareva, um die Insel mit seinen weißhäutigen Kindern zu bevölkern. Genau wie in Peru wurde auch auf allen diesen Inseln die Sonne als ältester Stammvater betrachtet.

Wir saßen an Deck unter dem Sternenhimmel und durchlebten die eigenartige Geschichte der Oster-Insel. Unser Floß freilich trug uns geradenwegs in das Herz Polynesiens, so daß wir von diesem verlorenen Eiland nicht mehr zu sehen bekamen als den Namen auf der Karte. Doch diese Insel ist so voll von Spuren aus dem Osten, daß selbst ihr Name als Hinweis dienen könnte.

Auf der Karte steht »Oster-Insel«, weil irgendein Holländer die Insel an einem Ostertag »entdeckt« hat. Und darüber ist in Vergessenheit geraten, daß die Eingeborenen, die damals schon lange die Insel bewohnten, ihrer Heimat weit inhaltsreichere und bedeutungsvollere Bezeichnungen gegeben hatten. Diese Insel führt in der polynesischen Sprache nicht weniger als drei Namen.

Der erste: »Te-Pito-te-Henua« bedeutet »Nabel der Inseln«. Diese poetische Bezeichnung beweist deutlich genug die Sonderstellung der Oster-Insel gegenüber den anderen Eilanden weiter im Westen. Nach Angaben der Polynesier ist es der älteste Name des Eilandes. An der Ostseite der Insel, nahe der Stelle, wo der Überlieferung zufolge die ersten »Langohren« landeten, liegt ein besonders sorgfältig behauener runder Stein, der »Goldener Nabel« heißt und als Nabel der Oster-Insel betrachtet wird. Daß die polynesischen Ahnen in ihrer dichterischen Mentalität den »Nabel« der Insel an die Ostküste verlegten und andererseits die ganze, Peru am nächsten gelegene Insel den »Nabel« der Myriaden von Inseln im Westen nannten, hat symbolische Bedeutung; denn die polynesische Tradition faßt die Entdeckung der Insel als deren »Geburt« auf, und der Nabel, die Geburtsmarke, kennzeichnet die Umstände der Entdeckung; jene Namen symbolisieren die Tatsache, daß die Entdecker der anderen polynesischen Inseln nun die Oster-Insel als den Ausgangspunkt der Entdeckungen betrachteten und als Bindeglied zum ursprünglichen Mutterland.

Der zweite Name der Insel ist »Rapa-nui« und bedeutet »Großes Rapa«, während »Rapa-iti« oder »Kleines Rapa« eine andere Insel derselben Größe ist, die weit westlich der Oster-Insel liegt. Nun ist es bei allen Völkern ein alter Brauch, ihre erste Heimstätte die »Große« zu nennen, zum Beispiel »Große Rapa«, während die nächste »Neu-« oder »Kleine Rapa« genannt wird, selbst dann, wenn die Plätze gleich groß sind. Bei den Eingeborenen auf »Klein-Rapa« berichtet nun auch die Überlieferung, die erste Besiedlung der Insel sei von »Groß-Rapa« aus erfolgt, der Oster-Insel im Osten, die Amerika am nächsten liegt. Auch das deutet unmittelbar auf eine ursprüngliche Einwanderung von Osten her.

Der dritte Name dieser Schlüsselinsel, »Mata-Kite-Rani«, bedeutet »Das

Auge (das) sieht (gegen) Himmel«. Im ersten Augenblick mag man stutzen, denn die verhältnismäßig flache Oster-Insel »sieht« nun wirklich nicht so sehr »gegen den Himmel« wie die anderen, hochaufragenden Felseneilande wie Tahiti, die Marquesas oder Hawaii. Aber Rani oder Himmel hat für die Polynesier eine doppelte Bedeutung. So nennen sie auch die ursprüngliche Heimat ihrer Vorfahren, das heilige Land des Sonnengottes, Tikis verlassenes Gebirgsreich. Von all den Tausenden von Inseln im Meer ausgerechnet die einsame Oster-Insel »das Auge« zu nennen, »das gegen das Heimatland sieht«, bedeutet natürlich sehr viel, noch überzeugender ist aber wohl der Umstand, daß »Mata-Rani« – polynesisch »Himmelsauge« – auch ein alter peruanischer Ortsname ist. So heißt ein Flekken in Peru, der an der Küste des Stillen Ozeans am Fuße der Anden liegt, der Oster-Insel genau gegenüber und genau unterhalb Kon-Tikis uralter Ruinenstadt im Gebirge.

Wenn wir so unter dem Sternenhimmel an Deck saßen, bot uns die Oster-Insel allein Gesprächsstoff genug, und wir fühlten uns so recht als Mitspieler und Fahrtgenossen uralter Abenteuer. Wir empfanden das so stark, als hätten wir seit Tikis fernen Tagen nichts anderes getan, als unter Sonne und Sternen auf dem Meer umherzusegeln und neues Land zu suchen.

Vor Wogen und Meer hatten wir nicht mehr den Respekt wie zu Anfang der Fahrt. Wir kannten beide und ihr Verhältnis zu uns auf dem Floß. Selbst der Hai war ein Teil des Alltags geworden, wir waren auch mit ihm gut bekannt und wußten um sein gewöhnliches Verhalten. An die Handharpune dachten wir schon lange nicht mehr, und wir verließen nicht einmal den Floßrand, wenn ein Hai neben uns an die Oberfläche kam. Ganz im Gegenteil, manchmal verfielen wir sogar darauf, ihn an der Rückenflosse festzuhalten, doch er glitt völlig unberührt längs der Stämme weiter. Das entwickelte sich schließlich zu einer ganz neuen Sportart. Zu einem Tauziehen zwischen dem Hai und uns, aber einem Tauziehen ohne Angelleine.

Das Ganze fing sehr bescheiden an. Oft angelten wir ungewollt mehr Goldmakrelen, als wir verzehren konnten. Um eine populäre Unterhaltung nicht aufgeben zu müssen und um keine Nahrung zu vergeuden, verfielen wir darauf, ein regelrechtes Narrenfischen ohne Angelhaken zu veranstalten – zu unserer eigenen Freude und der der Goldmakrelen. Wir banden übriggebliebene fliegende Fische an eine Schnur und zogen sie über das Wasser. Die Goldmakrelen schossen heran und schluckten den Happen, dann zerrte jeder in entgegengesetzter Richtung, und wir hatten einen prächtigen Zirkus dabei. Denn mußte endlich eine erboste Goldmakrele den verhexten Bissen wieder auslassen, schnappte sofort die nächste danach. Wir hatten unser Vergnügen daran und die Goldmakrelen schließlich doch den Fisch.

Dann begann dasselbe Spiel mit den Haien. Wir banden einen Fischbrocken an die Leine, oft auch einen Stoffbeutel mit Resten unseres Mittagessens, und warfen den Köder dann aus. Statt sich auf den Rücken zu wälzen, hob der Hai nur den Kopf aus dem Wasser und schwamm mit weit geöffnetem Maul heran, um den Kosthappen zu verschlingen. Wir konnten es uns natürlich nicht verkneifen, in dem Augenblick an der Leine zu ziehen, wo der Hai im Begriff war, das Maul wieder zu schließen. Mit einem unsäglich blöden und geduldigen Ausdruck schwamm er dann hinterdrein und sperrte den Rachen abermals nach dem Köder auf, der ihm stets davonhüpfte, sobald er ihn verschlukken wollte. Meistens schob sich der Hai schließlich an den Stämmen herauf und schnellte empor wie ein bettelnder Hund, der nach dem Wurstzipfel springt. Genauso nämlich hielten wir ihm den Köder hin, er baumelte über seiner Nase. Es war wie bei der Fütterung eines das Maul aufsperrenden Flußpferdes im Zoo.

An einem der letzten Julitage – nach drei Monaten Floßfahrt – schrieb ich in unser Tagebuch: »Mit dem Hai, der uns heute folgte, hielten wir uns durchaus auf freundschaftlichem Fuß. Beim Mittagessen fütterten wir ihn mit Speiseresten, die wir ihm direkt ins offene Maul schütteten. Er wirkt wie ein halb zutraulicher, halb täppischer und im Grunde harmloser Hund, wenn er neben uns herschwimmt. Es läßt sich nicht leugnen, daß auch ein Hai ganz sympathisch sein kann – solange man sich selbst nicht von ihm anknabbern läßt. Zumindest finden wir es ganz unterhaltsam, ihn um uns zu haben – falls wir nicht gerade baden wollen.«

Eines Tages hatten wir eine Bambusstange mit Schnur und Futterbeutel daran am Floßrand bereitgelegt, doch eine Welle schwemmte das Ganze über Bord. Bald trieb die Bambusstange ein paar hundert Meter hinter dem Floß, doch dann stellte sie sich plötzlich im Wasser auf und kam selbständig hinter dem Floß her, als habe sie die freundliche Absicht, wieder ihren alten Platz einzunehmen. Als sie nahe genug heran war, sahen wir einen zehn Fuß langen Hai, der unter der Stange schwamm, die wie ein Periskop aus dem Wasser ragte. Der Hai hatte den Beutel verschluckt, ohne die Schnur durchzubeißen. Die Bambusstange holte uns bald ein, zog ruhig vorbei und verschwand schließlich vor uns in den Wellen.

Wenn wir nach alldem auch den Hai mit anderen Augen betrachteten, den Respekt vor den fünf, sechs Reihen von Rasierklingenzähnen, die in dem mächtigen Maul auf der Lauer lagen, verloren wir nie. Knut lieferte eines Tages einem Hai ein unfreiwilliges Wettschwimmen, obwohl es wegen der raschen Drift des Floßes und auch wegen der Haigefahr nicht erlaubt war, sich von der »Kon-Tiki« zu entfernen. Das geschah so: Eines Tages – es war besonders ruhig, und wir hatten unser Haigefolge eben an Bord gezogen – gestatteten wir uns ein kurzes Tauchbad in der See. Knut sprang ins Wasser und glitt ein gutes Stück dahin, bevor er an die Oberfläche kam, um zurückzuschwimmen. Im gleichen Augenblick sahen wir vom Mast aus einen Schatten, größer als Knut, hinter ihm aus der Tiefe kommen. Wir riefen Knut Warnungen zu, aber nicht zu laut, um eine Panik zu vermeiden. Knut kraulte schnellstens zum Floß zurück, doch der Schatten, der von unten auf ihn zuhielt, gehörte einem noch besseren Schwimmer. Beide erreichten gleichzeitig das Floß, und als Knut sich an Bord warf, schoß ein Hai, sechs Fuß lang, dicht unter ihm herauf und glitt dann am Floßrand entlang. Wir warfen ihm einen leckeren Goldmakrelenkopf zu als Dank dafür, daß er nicht zugeschnappt hatte.

Normalerweise ist es mehr der Geruchs- als der Gesichtssinn, der im Hai die Raublust weckt. Manchmal setzten wir uns auf den Floßrand und ließen die Beine ins Wasser hängen, um die Haie in Versuchung zu führen. Oft kamen sie dann bis auf zwei, drei Fuß Abstand heran, kehrten uns nach einer Weile aber ruhig wieder den Schwanz zu. Geriet aber der kleinste Blutstropfen ins Wasser, zum Beispiel wenn wir einen Fisch putzten, kam Leben in die Haiflossen, und oft tauchten sie dann wie Schmeißfliegen von weit her in Mengen bei uns auf. Warfen wir Haieingeweide über Bord, wurden sie völlig verrückt und jagten in blinder Raserei umher. In wilder Gier verschlangen sie die Leber ihrer eigenen Verwandten, und steckten wir dann einen Fuß in die See, schossen sie wie Raketen heran und schlugen ihre Zahnreihen dort in den Stamm, wo wir den Fuß ins Wasser gehalten hatten. Hai und Hai können sehr verschieden sein, denn dieser Raubfisch ist völlig ein Opfer der eigenen Sinne.

Wir wurden im Laufe der Zeit so vertraut mit den Haien, daß wir anfingen, sie am Schwanz zu ziehen. Viele werden einwenden, es sei ein primitiver Sport, Tiere am Schwanz zu ziehen, doch sie haben es eben noch nie bei einem Hai versucht! Es ist eine wahrhaft spannende Angelegenheit.

Um den Schwanz greifen zu können, mußten wir den Hai erst einmal mit einem Leckerbissen ködern. Für einen solchen ist er gern bereit, den Schädel hoch aus dem Wasser zu heben. Meistens bekam er den Happen an einer Schnur pendelnd serviert, denn wer einen Hai einmal aus der Hand gefüttert hat, findet das dann nicht mehr sehr unterhaltsam. Wenn man Hunde oder zahme Bären aus der Hand füttert, verbeißen sie sich in das Stück Fleisch und zerren und ziehen, bis sie etwas losgerissen oder das ganze Stück weggezogen haben. Wenn man jedoch einem Hai eine große Goldmakrele in entsprechendem Abstand hinhält, so kommt er hoch und klappt das Maul auf – und ohne die geringste Erschütterung ist die halbe Goldmakrele auf einmal weg, und man sitzt da mit dem Schwanz in der Hand. Für uns war es eine arge Plackerei, eine Goldmakrele mit dem Messer zu teilen, der Hai aber schneidet im Bruchteil einer Sekunde das Rückgrat und alles andere glatt und lautlos durch wie eine Wurstmaschine, er bewegt nur seine dreikantigen Sägeblattzähne ein wenig. Wenn der Hai dann abdrehte, tauchte sein Schwanz aus dem Wasser auf, so daß er leicht zu packen war. Haihaut greift sich an wie Sandpapier, und unmittelbar am Schwanzansatz ist eine Vertiefung, wie geschaffen für einen guten Handgriff. Hatte man dort erst einmal richtig zugepackt, glitt die Hand nicht mehr ab.

Dann aber mußte man, bevor der Hai sich besann, tüchtig zerren, um so viel wie möglich vom Schwanz über die Floßkante zu ziehen. Ein oder zwei Sekunden lang reagierte der Hai überhaupt nicht, dann fing er an, den Vorderkörper zu winden und sich zu sträuben, allerdings ziemlich lustlos, denn ohne Hilfe des Schwanzes kann ein Hai nicht in Fahrt kommen, alle anderen Flossen sind nur das Gleichgewichts- und Steuerungssystem. Eine Weile zerrte der Hai verzweifelt, wobei es galt, den Schwanz fest im Griff zu halten, dann aber wurde der Überrumpelte völlig mutlos und apathisch. Und da der lose Magensack ihm gegen den Schädel zu drücken begann, blieb er schließlich wie gelähmt hängen. Sobald der Hai nun wie erstarrt und abwartend dahing, war es an der Zeit, ihn mit aller Kraft einzuholen. Selten gelang es uns, mehr als die Hälfte des schweren Fisches aus dem Wasser zu ziehen. Dann aber wurde der Hai wieder wach und vollbrachte den Rest meistens selbst: Mit einem gewaltigen Ruck warf er den Schädel herum und schleuderte sich herauf auf die Stämme. Nun galt es noch, aus Leibeskräften nachzuhelfen und dann mit einem Satz weit weg zu springen. Eile war geboten, wollte man seine Beine retten, denn nun wurde der Hai absolut ungnädig. Mit gewaltigem Schwung hieb er um sich, und sein Schwanz schlug wie ein Schmiedehammer gegen die Bambuswand. Nun sparte er nicht mehr mit seinen Riesenkräften. Das schwere Maul fuhr an der Wand hinauf, und die Zahnreihen bissen und schnappten in der Luft nach allem und jedem. Manchmal endete der wilde Kriegstanz damit, daß der Hai mehr oder minder unabsichtlich über Bord purzelte und nach solch schändlicher Demütigung auf Nimmerwiedersehen verschwand. Meistens aber warf er sich an der gleichen Stelle am Heck so lange planlos umher, bis wir ihm eine Fangschlinge um die Schwanzwurzel legen konnten oder er von selbst aufhörte, die teuflischen Zähne zu fletschen.

Der Papagei war stets überwältigt, wenn wir einen Hai an Deck zogen. Er kam aus der Bambushütte herausgelaufen, kletterte blitzschnell die Hüttenwand hinauf und suchte sich auf dem Palmblätterdach einen guten und sicheren Ausguckposten. Dort saß er dann, schüttelte aufgeregt den Kopf, hüpfte auf dem First hin und her und schrie vor Begeisterung. Er war rasch ein hervorragender Seemann geworden und sprühte vor Humor, Gelächter und guter Laune. Wir rechneten uns sieben an Bord, sechs Mann und ein grüner Papagei. Die Krabbe Johannes dagegen mußte sich damit begnügen, als kaltblütiger Außenseiter betrachtet zu werden. In der Nacht kroch der Papagei in seinen Käfig, der dicht unterm Dach der Bambushütte stand. Tagsüber jedoch spazierte er an Deck umher, oder er hing zwischen Pardunen und Stagen und führte uns die berückendsten akrobatischen Übungen vor. Zu Beginn der Fahrt hatten wir Spannwirbel in den Maststagen, doch sie rieben am Tauwerk, und wir gingen zu gewöhnlichen Schlingen über. Wenn die Taue sich gedehnt hatten und schlaff geworden waren von Sonne und Wind, mußten alle Mann anpacken und den Mast wieder festzurren, damit das Eisenholz nicht im lockeren Tauwerk herumschlug und schließlich niederbrach. Während wir dann mit aller Kraft zogen und spannten, rief der Papagei im kritischsten Augenblick mit seiner Clownstimme: »Hol ein! Hol ein! Ho-ho-ho-ho, ha-ha-ha-ha!« Hatte er uns glücklich zum Lachen gebracht, lachte er selbst über seine eigene Ergötzlichkeit, so daß es ihn schüttelte, und schwirrte unentwegt in den Stagen herum.

Anfangs war der Papagei voller Bosheit gegen die Funker. Sie konnten mit ihren Kopfhörern glücklich vertieft in der Funkecke sitzen und vielleicht gerade Verbindung haben mit irgendeinem Funkamateur in Oklahoma, da wurde es plötzlich totenstill in den Hörern, und sie bekamen keinerlei Laut mehr heraus, soviel sie auch den Drähten abzuschwatzen suchten und an den Knöpfen drehten. Der Papagei war wieder einmal auf dem Kriegspfad gewesen und hatte ihnen den Antennendraht durchgebissen. Das war vor allem in der ersten Zeit populär, als die Antenne an einem Ballon befestigt war. Eines Tages aber wurde der Papagei ernstlich krank. Niedergeschlagen hockte er in seinem Bauer, ließ den Kopf hängen und rührte zwei Tage lang kein Futter an, während sein Kot von goldschimmernden Drahtstückchen glänzte. Da bereuten die Funker ihr wütendes Geschimpfe und der Papagei seine Missetaten. Ja, von da an wurden Torstein und Knut seine auserwählten Freunde, und er wollte nur mehr in der Funkecke schlafen. Als unser grüner Freund an Bord kam, war seine Muttersprache spanisch. Lange bevor er Torsteins original-norwegische Lieblingsflüche nachsprechen konnte, behauptete Bengt, daß er anfinge, sein Spanisch mit norwegischem Akzent zu reden.

Sechzig Tage lang freuten wir uns am Humor und an der Farbenpracht des Papageis. Einmal aber fegte eine große Woge von achtern her übers Deck, während er, von der Mastspitze kommend, an den Wanten herunterkletterte. Als wir entdeckten, daß es ihn über Bord gespült hatte, war es bereits zu spät. Wir sahen ihn nicht mehr, und die »Kon-Tiki« ließ sich weder anhalten noch wenden. Was einmal über Bord ging, hatte keine Chance zurückzukommen. Das hatten zahlreiche Beispiele uns gelehrt.

Am ersten Abend wirkte sich der Verlust des Papageis sehr drückend auf unsere Stimmung aus. Wir alle wußten, daß jedem von uns genau dasselbe bevorstand, wenn er auf einsamer Nachtwache über Bord gehen sollte.

So schärften wir uns erneut alle Sicherheitsregeln ein, tauschten das Rettungstau für die Nachtwache gegen ein neues aus und sagten einander immer wieder, daß wir uns auf keinen Fall in Sicherheit wiegen dürften, weil es zwei Monate lang gut gegangen sei.

Auch am hellen Tag konnte ein unvorsichtiger Schritt, eine gedankenlose Bewegung uns dorthin bringen, wohin der grüne Papagei gegangen war.

Wir hatten ein paarmal große weiße Eier von Tintenfischen bemerkt, die wie Straußeneier oder weiße Totenschädel in der blauen Dünung trieben. Nur ein einziges Mal jedoch sahen wir auch den Tintenfisch sich darunter winden. Wir sichteten die schneeweißen Kugeln meistens, wenn sie mit uns auf gleicher Höhe schwammen. Anfangs glaubten wir, es sei eine leichte Sache, im Schlauchboot hinauszurudern und sie zu holen. Dasselbe glaubten wir auch, als einmal der Strick zum Planktonnetz riß. Wir sicherten das Gummiboot mit einem Tau und versuchten zurückzurudern. Zu unserer Überraschung aber merkten wir, daß Wind und Wellen so sehr gegen das Boot drückten und das Tau von der »Kon-Tiki« im Wasser so kräftig bremste, daß es uns nie glückte, zu einem Punkt zurückzurudern, den unser Floß bereits passiert hatte. Es gelang uns zwar, dem, was wir einsammeln wollten, auf ein paar Meter nahe zu kommen. Dann aber war auch die ganze Leine draußen, und die »Kon-Tiki« zog uns mit nach Westen. Einmal über Bord – ewig über Bord! Das war eine Erfahrung, die sich nach kurzer Zeit unauslöschlich in unser Bewußtsein eingeprägt hatte. Mitgegangen – mitgehangen, hieß es für uns, bis die »Kon-Tiki« auf der anderen Seite des Meeres ihren Bug an Land schieben würde.

Ohne den Papagei war die Funkecke leer und verwaist. Doch die Tropensonne strahlte am nächsten Tag unverändert hell über dem Stillen Ozean, und so währte auch unsere Trauer nicht lange. Im Laufe der folgenden Tage zogen wir viele Haie an Bord. Immer wieder fanden wir zwischen den Thunfischköpfen und anderen schwer verdaulichen Dingen dunkle, krumme Papageienschnäbel im Haimagen. Bei näherer Betrachtung zeigte sich jedoch stets, daß diese schwarzen Schnäbel verdauten Tintenfischen gehörten.

Die beiden Funker hatten es nicht leicht in ihrem Winkel. Schon an den ersten Tagen im Humboldt-Strom tropfte Seewasser von den Batteriekisten, so daß sie das empfindliche Funkgerät mit Segeltuch abdecken mußten, um zu retten, was bei dem hohen Seegang zu retten war. Dann rauften sie mit dem Problem, auf dem kleinen Floß eine genügend lange Antenne aufzubauen. Sie versuchten, den Draht von einem Drachen in die Luft ziehen zu lassen, der aber trudelte herunter und verschwand im Wogengischt. Nun probierten sie, die Antenne an einem Ballon aufzulassen, doch die Tropensonne brannte ihm Löcher in die Haut, so daß er bald ausgeatmet hatte und im Meer versank. Damals hatten sie ja noch ihren Kummer mit dem Papagei, und obendrein dauerte es vierzehn Tage, bevor wir mit dem Humboldt-Strom aus einer toten Zone vor den Anden herausgetrieben waren, in der es auf dem Kurzwellenbereich stumm und leblos war wie in einer leeren, verschlossenen Konservenbüchse.

Doch eines Nachts endlich war etwas zu hören. Torsteins Ruf wurde zufällig von einem Radioamateur in Los Angeles aufgefangen, der an seinem Sender hantierte, um Verbindung mit einem Amateur in Schweden zu bekommen. Den Mann interessierte vor allem, was für ein Gerät wir hätten. Als das zufriedenstellend beantwortet war, fragte er, wer Torstein sei und wo er wohne. Als er dann hörte, daß Torstein in einer Bambushütte auf einem Floß mitten im Stillen Ozean hause, kamen einige sonderbare Tastzeichen zurück, bis ihm Torstein einige Details servierte.

Nachdem der Mann hinter den Ätherwellen sich erholt hatte, teilte er mit, er heiße Hal und habe eine Frau namens Anna, die eine geborene Schwedin sei und unsere Familie verständigen würde, daß wir am Leben seien und es uns gut gehe.

Es war ein merkwürdiger Gedanke an diesem Abend, daß ein völlig fremder Mann, der sich Hal nannte und als Filmvorführer droben im Menschengewimmel von Los Angeles lebte, der einzige Mensch auf der weiten Welt war, der – von uns abgesehen – genau wußte, wo wir uns befanden und daß wir wohlauf waren. Von nun an lauschten Hal, alias Harold Kempel, und sein Freund Frank Ceuvas abwechselnd Nacht für Nacht auf die Signale von unserem Floß. Hermann empfing dann auch bald anerkennende Telegramme vom Chef des amerikanischen Wetterdienstes für seine täglichen Codemeldungen aus einem statistisch völlig unerfaßten Gebiet. Später bekamen Knut und Torstein fast jede Nacht auch Verbindung mit anderen Funkamateuren. Diese vermittelten über den Amateur Egil Berg in Notodden Grüße nach Norwegen.

Nur für ein paar Tage mitten im Ozean, nahm unsere Funkecke doch etwas zuviel Salzwasser über, und die Station versagte völlig. Die Funker standen Tag und Nacht beinahe kopf und hantierten wie besessen mit Schraubenziehern und Lötkolben. Die Amateure in der Ferne glaubten schon, die Tage unseres Floßes seien gezählt. Doch eines Nachts gingen die Signale L 12 B wieder hinaus in den Äther, und in der Funkecke summte es bald wie in einem Wespennest, da viele hundert amerikanische Amateure sich auf die Tasten warfen und gleichzeitig antworteten.

Auch wir selbst waren nicht gegen das Gefühl gefeit, uns in ein Wespennest zu setzen, sobald einer von uns sich in das Allerheiligste der Funker verirrte. Alles war feucht vom Seewasser, das überall im Holzwerk nach oben drang. Obwohl in der Funkecke ein Rohgummiteppich über den Balsastämmen lag, bekam man einen elektrischen Schlag, und es kribbelte in den Fingerspitzen, sobald man eine Morsetaste nur anrührte. Wollte einer von uns Uneingeweihten einen Bleistift aus der wohlausgerüsteten Funkecke stibitzen, standen ihm bestimmt die Haare zu Berge, oder er zog lange Funken aus seinem Beutestück. Nur Torstein, Knut und der Papagei bewegten sich ungefährdet in der verhexten Ecke, und wir stellten eine Papptafel auf, um die Gefahrenzone für uns andere zu markieren.

Eines Nachts bastelte Knut beim Lampenschein an seinem Gerät herum, doch dann zwickte er mich plötzlich ins Bein und berichtete, daß er sich mit einem Mann unterhalte, der dicht bei Oslo wohne und Christian Amundsen heiße. Das war tatsächlich so etwas wie ein Amateurrekord, denn der winzige Kurzwellensender auf dem Floß mit seinen 13 990 Kc./Sek. strahlte nicht mehr als sechs Watt aus, was ungefähr der Leistung einer Taschenlampenbatterie gleichkommt. Es war am 2. August, und wir hatten über sechzig Grad segelnd hinter uns gebracht, so daß Oslo gerade am für uns entgegengesetzten Ende der Welt lag. König Haakon wurde am Tag darauf fünfundsiebzig Jahre alt, und so sandten wir ihm einen Glückwunsch vom Floß aus direkt nach Norwegen. In der folgenden Nacht war Christian abermals hörbar, er übermittelte uns ein Antworttelegramm des Königs mit den besten Wünschen für unsere weitere Fahrt.

Noch eine andere Episode brachte uns so richtig den Gegensatz zwischen urtümlichem Flößerleben und moderner Technik zu Bewußtsein. Wir führten an Bord zwei Fotoapparate mit, und Erik hatte für ein Paket Chemikalien gesorgt, um die Filme unterwegs entwickeln zu können, so daß wir neue Aufnahmen machen konnten, falls diese oder jene nicht gelungen war. Nach dem Besuch des Walhaies wollte er nicht länger damit warten.

Eines Abends mischte er Pulver und Wasser genau nach Vorschrift und entwickelte zwei Filme. Die Negative sahen aus wie Bildfunkfotos, sie bestanden nur aus Flecken und unklaren Runzeln. Die Filme waren ruiniert. Wir baten über Funk um Rat. Unser Spruch wurde von einem Amateur in Hollywood aufgefangen, der sofort das nächste Laboratorium anrief.

Wenig später rief er zurück und berichtete, daß unsere Entwicklerflüssigkeit zu warm sei. Die Temperatur dürfe nicht mehr als sechzehn Grad betragen, sonst könnten die Negative schrumpfen.

Wir dankten für den guten Rat und stellten fest, daß die absolut niedrigste Temperatur in unserer Umgebung die des Meerwassers war, und die betrug siebenundzwanzig Grad. Nun, Hermann war Ingenieur für Kältetechnik, und ich gab ihm im Spaß den Auftrag, uns Wasser von sechzehn Grad zu beschaffen. Er bat, über die kleine Kohlensäureflasche des bereits aufgeblasenen Gummiboots verfügen zu dürfen, und bedeckte dann eine Schüssel mit einer Unterjacke und einem Schlafsack. Nach einem zünftigen Hokuspokus überzogen sich Hermanns Bartstoppeln plötzlich mit Rauhreif, und dann brachte er einen großen Klumpen weißes Eis zum Vorschein.

Erik entwickelte abermals, nun mit glänzendem Resultat.

Das Wellenreich im Äther, das uns von Torstein und Knut verdolmetscht wurde, war natürlich in Kon-Tikis fernen Tagen ein noch unbekannter Luxus gewesen, doch das Wellenreich unter uns war dasselbe, damals wie heute, und unser Balsafloß zog unbeirrt nach Westen, nicht anders, als es seine Vorgänger eintausendfünfhundert Jahre zuvor getan hatten.

Das Wetter wurde veränderlich, und da wir uns allmählich den Südseeinseln näherten, gab es vereinzelt Regenschauer. Auch der Passatwind änderte seine Richtung. Er hatte stetig und zuverlässig von Südost geblasen, bis wir ein gutes Stück draußen im Äquatorstrom waren. Dort hatte er dann mehr und mehr auf genau östliche Richtung gedreht. Am 10. Juni erreichten wir mit 6 Grad 19 Minuten südlicher Breite unsere nördlichste Position. Wir waren so dicht am Äquator, daß es schien, als würden wir sogar an den nördlichsten Inseln der Marquesas-Gruppe vorbeisegeln und im offenen Meer weitertreiben, ohne je Land zu sichten. Dann aber schwenkte der Passat von Ost nach Nordost und schob uns in weitem Bogen hinunter in die Breitengrade der Inselwelt.

Auf dem Meer kam es oft vor, daß Wind und Strömung tagelang völlig konstant blieben. Abgesehen von den Nächten, in denen die Ruderwache sich allein an Deck aufhielt, vergaßen wir dann häufig, wer eigentlich Wache hatte. Denn wenn das Wetter so beständig war, banden wir das Steuerruder fest, und das Segel der »Kon-Tiki« blieb im steten Wind straff, ohne unsere Aufmerksamkeit zu fordern. An solchen Tagen konnte auch die Nachtwache in aller Ruhe vor der Hüttenöffnung sitzen und nach den Sternen schauen. Veränderten die Sternbilder ihren Platz am Himmel, war es Zeit, aufzustehen und nachzusehen, ob sich der Wind gedreht oder das Steuerruder sich verschoben hatte. Es war unglaublich leicht, den Kurs nach den Sternen zu halten, nachdem wir sie erst einmal einige Wochen hindurch hatten über das Himmelsgewölbe wandern sehen. Es gab ja überhaupt kaum anderes, was wir in der Nacht betrachten konnten. Bald wußten wir, wo wir die einzelnen Sternbilder Nacht für Nacht zu erwarten hatten, und als es uns immer mehr zum Äquator hinauftrieb, stieg der Große Bär so hoch über den nördlichen Horizont, daß wir schon fürchteten, einen Blick auf den Polarstern werfen zu können. Der taucht nämlich auf, wenn man, von Süden kommend, den Äquator kreuzt. Doch der Große Bär versank wieder, als der Nordostpassat einsetzte.

Die alten Polynesier waren große Navigatoren. Sie steuerten am Tag nach der Sonne und des Nachts nach den Sternen. Ihre astronomischen Kenntnisse waren verblüffend. Sie wußten, daß die Erde rund ist, und hatten Namen für so komplizierte Begriffe wie Äquator, Ekliptik und nördlichen und südlichen Wendekreis. Auf Hawaii schnitten sie Seekarten ihrer Meeresumgebung in die Schalen runder Flaschenkürbisse, und auf einzelnen anderen Inseln fertigten sie Detailkarten aus Flechtwerk an, wobei Perlmuttschalen die Inseln darstellten und Zweige bestimmte Strömungsrichtungen markierten. Die Polynesier kannten fünf Planeten, die sie wandernde Sterne nannten, und unterschieden sie von den Fixsternen, für die sie fast dreihundert Namen geprägt hatten. Ein guter Steuermann im alten Polynesien wußte ganz genau, wo die einzelnen Sterne am Himmel heraufkommen und wo sie im Laufe der Nacht und im Laufe des Jahres stehen würden. Er wußte auch, welche Sternbilder über den einzelnen Inseln kulminierten, und es kam vor, daß eine Insel denselben Namen hatte wie der Stern, der Nacht für Nacht und Jahr für Jahr über ihr stand.

Weil der Sternenhimmel sich wie ein funkelnder Riesenkompaß über ihnen von Osten nach Westen drehte, erkannten sie bald, daß die Sterne senkrecht über ihnen stets verrieten, wie weit nördlich oder südlich sie sich befanden. Als die Polynesier das ganze dem amerikanischen Kontinent zunächst gelegene Meer erforscht und unterworfen hatten, hielten sie viele Generationen hindurch den Verkehr zwischen den einzelnen Inseln aufrecht. Geschichtliche Überlieferungen berichten, daß die Häuptlinge von Tahiti das über zweitausend Seemeilen nördlich und einige Grade westlich liegende Hawaii besuchten.

Da steuerte dann der Mann am Ruder nach der Sonne und nach den Sternen zuerst genau nach Norden, bis die Sterne über seinem Kopf ihm sagten, daß er den Breitengrad Hawaiis erreicht hatte. Dann schwenkte er im rechten Winkel und nahm Kurs genau nach Westen, bis er dem Ziel so nahe war, daß Vögel und Wolken ihm verrieten, wo die Inselgruppe lag.

Woher hatten die Polynesier ihr großartiges astronomisches Wissen und ihren Kalender, der so verblüffend genau errechnet war? Sicherlich nicht von den melanesischen und malaiischen Völkern im Westen. Doch das verschwundene alte Kulturvolk, das Volk der »weißen, bärtigen Männer«, das den Azteken, Inkas und Mayas eine überraschend hohe Kultur gebracht hatte, besaß ebenfalls einen bemerkenswert ähnlichen Kalender und das gleiche astronomische Wissen, mit dem Europa in der entsprechenden Zeit nicht konkurrieren konnte.

In Polynesien war, wie in Peru, der Kalender so aufgebaut, daß das Jahr an dem Tag begann, an dem die Sterngruppe der Plejaden erstmals über dem Horizont erschien, und in beiden Gebieten galt diese Sterngruppe als der Schutzgott des Ackerbaus. Wo in Peru das Festland zum Stillen Ozean hin abfällt, steht noch heute ein uraltes Observatorium im Wüstensand, eine Erinnerung an das rätselhafte Kulturvolk, das Steinkolosse meißelte, Pyramiden errichtete, Süßkartoffeln und Flaschenkürbisse anbaute und sein Jahr mit dem Tag des Aufgangs der Plejaden begann. Kon-Tiki kannte sich aus mit den Sternen, als er auf den Ozean hinaussegelte.

Am 2. Juli konnte die Nachtwache nicht in Ruhe den Sternenhimmel studieren. Nach vielen Tagen mit flauer Nordostbrise kam kräftiger Wind auf und schwere See. Spät in der Nacht machten wir bei strahlendem Mondschein eine wirklich erfrischende Fahrt. Wir maßen an Bord die Geschwindigkeit, indem wir vorn am Seitenbalken einen Span ins Wasser warfen und dann die Sekunden zählten, bis wir ihn mit dem Heck passierten. In dieser Nacht stellten wir fest, daß wir unseren privaten Fahrtrekord erreicht hatten. Für eine Strecke von der Länge des Seitenbalkens brauchten wir im Durchschnitt zwölf bis achtzehn Sekunden oder, in unserem Jargon, zwölf bis achtzehn »Späne«. Nun aber hielten wir eine Zeitlang eine Geschwindigkeit von sechs Spänen, und das Meeresleuchten wirbelte in einem ordentlichen Kielwasser hinter dem Floß.

Vier Mann lagen in der Bambushütte und schnarchten. Torstein klapperte mit der Morsetaste, ich hatte Ruderwache. Kurz vor Mitternacht bemerkte ich eine ungewöhnlich große Woge, die sich überschlug, quer über das ganze unruhige Blickfeld reichte und hinter uns herjagte. Ab und zu konnte ich hinter ihr die brausenden Kämme von ein paar anderen, ähnlichen Riesenwogen sehen, die der ersten auf den Fersen folgten. Hätten wir nicht die Stelle vor kurzem gekreuzt, ich wäre überzeugt gewesen, es seien hohe Brandungswellen, die sich über einer gefährlichen Untiefe türmten. Schon kam die erste See wie eine Mauer hinter uns im Mondlicht dahergefegt. Ich rief eine Warnung und drehte das Floß in die rechte Stellung, um zu nehmen, was da kam.

Als die See uns erreichte, warf das Floß das Heck seitlich in die Höhe und schwang sich auf den Wogenrücken, der sich im selben Augenblick tosend brach, so daß es über den ganzen Kamm hin zischte und sprühte. Wir ritten durch tanzende, schäumende Wirbel, die brodelnd zu beiden Seiten des Floßes hereinquollen, während die schwere See sich unter uns hinwegwälzte. Der Bug schwang sich zuletzt empor, und wir glitten rücklings hinunter in ein breites Wellental. Doch da jagte schon die nächste Wasserwand heran und türmte sich hinter uns auf. Wiederum wurden wir elegant in die Luft gehoben, brechend schlugen die klaren Wassermassen auf unser Heck, als wir über den Kamm schossen. Doch die Woge hatte uns quer gestellt, und es war unmöglich, das Floß rasch genug wieder zu drehen. Die nächste See brauste daher und hob sich wie eine blinkende Wand aus dem Schaumstreifen. Und in dem Augenblick, da sie uns erreichte, überschlug sie sich in einem gewaltigen Brecher. Tosend stürzte er auf uns nieder. Ich wußte mir keinen Ausweg und hängte mich mit aller Kraft an einen Bambuspfosten, der aus dem Hüttendach herausstand. Ich klammerte mich fest und hielt den Atem an, bis ich spürte, daß wir in die Höhe geschleudert wurden und alles umher in brausenden Schaumwirbeln verschwand. Dann war unsere »Kon-Tiki« plötzlich wieder über dem Wasser und glitt langsam einen sanften Wogenrükken hinab. Die Wellen waren wieder wie gewöhnlich. Vor uns jagten die drei schweren Wogenwände weiter übers Meer, und hinter uns tanzte im Mondschein eine lange Reihe von Kokosnüssen.

Die letzte Woge hatte der Hütte einen kräftigen Stoß gegeben, so daß Torstein in seiner Funkecke umhergeschleudert wurde. Erschreckt von dem Krachen, fuhren die anderen aus dem Schlaf, während Wasser zwischen den Stämmen heraufspritzte und durch die Wände hereinrann. An der Backbordseite des Vorderdecks war das Bambusflechtwerk aufgerissen wie ein kleines Kraterloch, und der Taucherkorb am Bug war flach geschlagen. Sonst aber war alles wie zuvor.

Wir bekamen nie eine sichere Erklärung, woher diese drei großen Wogen gekommen waren. Vermutlich wurden sie durch Veränderungen am Meeresboden hervorgerufen, die in diesen Breiten nicht selten sind.

Zwei Tage später bekamen wir unseren ersten wirklichen Sturm. Es fing damit an, daß der Passat vollständig erstarb. Auch die federleichten weißen Passatwolken verschwanden, die über uns im höchsten Blau geschwommen waren. Sie wurden rasch von einer dikken schwarzen Wolkenbank verdrängt, die über den südlichen Horizont heraufrollte. Schon fegten auch, meist aus ganz unerwarteter Richtung, die ersten Böen heran. Die Ruderwache konnte nicht länger Ordnung halten. Kaum war das Achterende gegen den neuen Wind gedreht, so daß unser Segel wieder steif und sicher stand, warfen sich die Windstöße schon wieder aus einer anderen Richtung auf uns und drückten die stolze Wölbung aus dem Segel, das sich knatternd wand und schlug und eine Gefahr für Ladung und Leute wurde. Und dann fuhr der Wind direkt aus der Richtung des Unwetters auf uns los. Schwarze Wolkenkulissen schoben sich drohend über den ganzen Himmel, die steife Brise wurde immer stärker und wuchs sich aus zu einem veritablen Sturm.

In unglaublich kurzer Zeit wurde die See rundum zu bis fünf Meter hohen Wellen aufgewühlt. Einzelne Kämme schäumten sechs bis sieben Meter über den Wellentälern. Waren wir unten im Tal, reichten sie bis zur Mastspitze. Da hieß es: »Alle Mann an Deck!« Gebückt schoben sie sich aus der Hütte, während der Sturm die Bambuswand knirschen ließ und in den Stagen pfiff und heulte.

Um die Funkstation zu schützen, spannten wir Segeltuch über die Hinterwand und die Backbordseite der Hütte. Alles Lockere wurde sicher vertäut. Wir holten das Segel ein und banden es an die Bambusrahe. Mit dem wolkenbedeckten Himmel wurde auch die See dunkel und drohend. So weit das Blickfeld reichte, war das Meer aufgewühlt und von weißschäumenden Brechern gekrönt. Lange Streifen toten Schaums lagen in der Windrichtung hinter dem Rücken der Wellen. Überall, wo sich die Wogen überschlagen hatten, bildeten sich grüne Flecken, die wie Wunden aussahen und in der blauschwarzen See schäumten. Der Gischt der Kämme wurde vom Sturm fortgeblasen, und ein salziger Sprühregen hing über dem Meer. Ein richtiger Tropenregen kam hinzu. Von heftigen Windstößen begleitet, prasselte Schauer um Schauer hernieder und peitschte die wogende Meeresfläche. Was uns aber an Haar und Bart herunterlief, schmeckte nach Brackwasser, so sehr vermischten sich Regen und sprühende See. Nackt und frierend tasteten wir uns gebückt auf dem Deck umher und machten alles klar, um den Sturm abreiten zu können. Es war ein wenig gespannte Erwartung und auch Besorgnis in unseren Blicken, als das Unwetter sich über den Horizont heraufwälzte und uns einfing. Es war ja unser erster Sturm. Doch als er dann mit voller Wucht hereinbrach und die »Kon-Tiki« sich über alles, was daherkam, spielend leicht und elegant hinwegschwang, wurde der Kampf mit dem Unwetter für uns zu einem spannenden Sport. Wir alle freuten uns über die Wildheit ringsum, die von dem Balsafloß so sicher beherrscht wurde. Immer wieder tanzte es wie ein Kork zuoberst auf den Spitzen, und die drohenden Wellenberge glitten unter uns hinweg. Die See hat bei solchem Wetter viel mit dem Gebirge gemeinsam. Es ist wie auf einer Hochebene im Sturm, hoch droben in den nackten grauen Bergen. Mochten wir auch mitten im Herzen der Tropen sein, wenn das Floß über die wogende Meeresweite auf und nieder glitt, mußten wir an rasende Abfahrten vorbei an Schneewehen und kleinen Abhängen denken.

Die Ruderwache freilich mußte bei solchem Wetter höllisch aufpassen. Wenn eine steile See die vordere Hälfte des Floßes passierte, hoben sich die Stämme am Heck weit aus dem Wasser. Doch in der nächsten Sekunde kippten sie nach unten und kletterten einen neuen Wogenkamm hinauf. Folgten die Seen so dicht aufeinander, daß uns die hintere erreichte, solange die vordere noch unseren Bug in die Luft drückte, dann brachen mit schreckenerregendem Brausen gewaltige Wassermassen über die Ruderwache herein. Im nächsten Augenblick jedoch wippte das Heck wieder in der Luft, und die Wasserflut verschwand zwischen den Stämmen wie durch die Zinken einer Gabel.

Wir hatten berechnet, daß wir bei ruhiger See – wo die Wogenkämme durchschnittlich mit einem Abstand von sieben Sekunden aufeinander folgten – an einem Tag rund zweihundert Tonnen Wasser übers Heck hereinbekamen. Diese Wassermengen merkten wir kaum, weil sie ruhig um die bloßen Beine der Steuerwache hereinströmten und ebenso ruhig zwischen den Stämmen wieder verschwanden. Bei schwerem Unwetter jedoch wälzten sich im Laufe eines Tages mehr als zweitausend Tonnen Wasser über unser Heck. Oft waren es nur ein paar Liter, oft aber auch zwei bis drei Kubikmeter und hin und wieder sogar noch erheblich mehr, was sich da alle fünf Sekunden auf das Floß ergoß. Manchmal brachen die Wogen mit ohrenbetäubendem Donner über das Heck herein, und der Mann am Ruder stand bis zum Bauch im Wasser und hatte das Gefühl, sich gegen einen reißenden Gebirgsbach zu stemmen. Einen Augenblick lang verharrte das Floß gleichsam zögernd, doch dann strömte die schwer auf das Heck drückende Last in großen Kaskaden wieder von Bord. Hermann hatte stets den Windmesser bereit und maß die Spitzenböen, die einen Tag lang anhielten. Dann flaute der Sturm zu einer steifen Brise ab, die aber auch weiterhin die See um uns kochen ließ, während einzelne Regenböen herabpeitschten und wir mit guter Fahrt nach Westen weiterrollten. Um inmitten der turmhohen Seen eine genaue Windmessung durchführen zu können, mußte Hermann, soweit das möglich war, in die schwankende Mastspitze klettern. Dort aber hatte er allein mit dem Festhalten mehr als genug zu tun.

Als der Sturm abflaute, schienen die Großfische verrückt geworden zu sein. Das Wasser rundum war voll von Haien, Thunfischen, Goldmakrelen und einzelnen verstörten Bonitos, die sich alle unter den Stämmen oder dicht neben dem Floß herumtrieben. Es war ein ständiger Kampf ums Leben. Große Fischrücken tauchten aus den Wogen auf und schossen wie Raketen hintereinander her, und das Wasser färbte sich mehr und mehr von dickem Blut. Es waren vor allem Thunfische und Goldmakrelen, die aneinandergerieten. Die Goldmakrelen kamen in großen Schwärmen, die sich weit rascher und wacher bewegten als üblich. Der Thunfisch aber war der Angreifer. Mit seinen siebzig bis achtzig Kilogramm fuhr er oft hoch in die Luft, einen blutigen Goldmakrelenkopf im Maul. Sausten auch einzelne Goldmakrelen davon, verfolgende Thunfische dicht auf den Fersen, so blieb der Schwarm doch eng beisammen an seinem Platz. Aber immer mehr von ihnen zogen mit großen, klaffenden Wunden im Nackenkamm dahin. Ab und zu wurden auch die Haie blind vor Raserei. Wir sahen sie mit großen Thunfischen kämpfen, die dabei auf einen überlegenen Gegner trafen.

Nicht ein einziger friedlicher Lotsenfisch war zu sehen. Entweder hatten die rasenden Thunfische sie gefressen, oder sie hatten sich in den Spalten unter dem Floß versteckt. Vielleicht auch waren sie geflohen, weit weg von der Walstatt. Wir wagten es nicht, den Kopf ins Wasser zu stecken, um nachzusehen.

Wenn ich auch später über meine eigene Verstörtheit lachte, mir schlug das Herz doch bis zum Hals, als ich – dem Drang der Natur folgend – nach achtern mußte. Daß es Wellen im Wasserklosett gab, waren wir ja gewohnt. Doch als ich so am Floßrand hockte und völlig unerwartet einen gewaltigen Stoß von hinten bekam, etwas Großes, Kaltes, Glitschiges mit ungeheurer Wucht wie der Schädel eines Hais auf mich losfuhr, schien ich keiner vernünftigen Reaktion mehr fähig. Mit dem Gefühl, einen Hai hintendran zu haben, war ich schon halb die Wanten hinauf, ehe ich mich besann. Hermann, der, sich vor Lachen krümmend, über dem Steuerruder hing, erzählte dann, daß ein großer Thunfisch seine siebzig Kilo kaltes Fischfleisch von der Seite gegen mein nacktes Ich geklatscht hatte. Derselbe Fisch versuchte später noch zweimal – zuerst als Hermann und dann als Torstein Ruderwache hatte –, sich mit den Wogen auf das Heck zu wälzen. Beidemal lag der fette Brocken in voller Größe auf den Stämmen. Jedesmal aber warf er sich selbst wieder über Bord, bevor wir den glatten Körper festhalten konnten.

Ein verstörter, dicker Bonito kam wenig später in hohem Bogen an Bord gesaust. Wir beschlossen, ihn und einen Thunfisch, den wir schon am Tag zuvor gefangen hatten, als Angelköder zu verwenden, um dem blutigen Chaos rundum ein Ende zu bereiten.

Das Tagebuch berichtet:

»Ein Hai, sechs Fuß lang, ging zuerst an den Haken und wurde an Bord gezogen. Sobald der Haken wieder draußen war, schluckte ihn ein acht Fuß langer Hai. Wir zogen ihn an Bord. Wir warfen den Haken wieder aus und zogen noch einen sechs Fuß langen Hai über den Rand des Floßes. Doch er riß sich los und tauchte. Rasch ging der Haken wieder hinaus. Ein acht Fuß langer Hai biß an und lieferte uns ein kräftiges Tauziehen. Wir hatten seinen Schädel glücklich auf den Stämmen, da biß uns der Bursche alle vier Stahlseile durch und verschwand in der Tiefe. Neue Haken hinaus, und ein Siebenfußhai kam an Bord. Es war nun gefährlich geworden, auf den glatten Stämmen am Heck zu stehen und zu fischen, denn die drei Haie warfen ständig den Kopf in die Luft und schnappten, obwohl sie eigentlich längst tot sein mußten. Wir zerrten sie an den Schwänzen aufs Vorderdeck und ließen sie dort nebeneinander liegen.

Kurz darauf ging uns ein dicker Thunfisch an die Angel und lieferte uns mehr Kampf als irgendein Hai zuvor, ehe wir ihn an Bord bekamen. Er war so fett und schwer, daß es keiner von uns schaffte, ihn am Schwanz hochzuheben.

Die See wimmelte noch immer von verzweifelt durcheinanderschießenden Fischrücken. Wieder schluckte ein Hai den Köder, riß sich aber los, als er an Bord sollte. Doch dann bekamen wir einen Sechsfußhai gut auf die Stämme, gleich nach ihm einen fünf Fuß langen Burschen. Als nächsten fingen wir einen Sechsfußhai und zogen auch ihn in die Höhe. Noch einmal warfen wir die Angel aus und zogen einen sieben Fuß langen Kerl an Bord.«

Wo wir auch an Deck herumstiegen, lagen große Haie im Weg und schlugen den Schwanz mit aller Kraft auf die Stämme, trommelten gegen die Bambushütte und schnappten um sich. Müde und ausgepumpt von den Unwetternächten zuvor, kamen wir allmählich nicht mehr klar, welche Haie tot waren, welche noch krampfhaft schnappten, sobald man ihnen nahe kam, und welche noch springlebendig waren und uns mit ihren grünen Katzenaugen belauerten. Als wir neun große Haie kreuz und quer an Bord liegen hatten, waren wir es müde, an schweren Leinen zu ziehen und mit widerspenstigen Haien zu kämpfen, und gaben nach fünf Stunden verbissener Rauferei auf.

Am nächsten Tag hielten sich weniger Thunfische und Goldmakrelen beim Floß auf, aber ebenso viele Haie wie zuvor. Wiederum fingen wir an, sie aus dem Wasser zu ziehen, hörten aber bald damit auf, da das frische Haiblut, das vom Floß rann, nur noch mehr Haie herbeilockte. Wir warfen alle Kadaver über Bord und wuschen und spülten das Blut gründlich ab. Die scharfen Zähne und die rauhe Haut der Haie hatten die Bambusmatten arg zerfetzt. Was besonders blutig und zerrissen war, warfen wir ins Meer und legten dafür neue goldgelbe Bambusmatten aus, von denen ein ordentlicher Stapel auf dem Vorderdeck festgezurrt war.

Als wir uns an diesem und an den folgenden Abenden niederlegten, hatten wir noch immer das böse, gierige Haimaul und all das Blut vor Augen, und der Geruch des Haifleisches hing uns in der Nase. Es war genießbar. Wenn man es in große Stücke schnitt, diese einen Tag in Meerwasser legte und so das Ammoniak auslaugte, schmeckte es wie Schellfisch. Bonito und Thunfisch jedoch waren unvergleichlich besser.

An diesem Abend hörte ich zum erstenmal, daß einer der Jungens sagte, es würde guttun, sich nun bald einmal auf einer Palmeninsel ordentlich im Gras recken zu können. Und er würde sich freuen, einmal etwas anderes zu sehen als kalten Fisch und Seegang.

Der Sturm legte sich völlig, doch das Wetter wurde nie mehr so beständig und zuverlässig wie früher. Unberechenbare, heftige Böen führten ab und zu kräftige Regenschauer mit sich. Wir sahen das mit Freuden, denn unser Wasservorrat war zum großen Teil faulig geworden und glich übelriechendem Sumpfwasser. Wenn der Regen am stärksten niederprasselte, fingen wir das Wasser auf, das vom Hüttendach rann, und stellten uns selbst nackt an Deck und genossen so richtig den Luxus, all das Salz mit Frischwasser abzuspülen.

Nun tummelten sich auch die Lotsenfische wieder an ihrem gewohnten Platz, doch ob die alten nach dem Blutbad zu uns zurückgefunden hatten oder ob in der Hitze des Kampfes neue Gefolgsleute zu uns übergegangen waren, das ließ sich nicht sagen.

Am 21. Juli setzte abermals völlige Flaute ein. Es war drückend schwül und absolut windstill. Wir wußten vom vorigen Mal, was das zu bedeuten hatte. Und richtig, nach ein paar heftigen Windstößen aus Ost, West und Süd frischte der Wind auf zu einer steifen Brise. Dräuende schwarze Wolken wälzten sich im Süden über den Saum des Meeres empor. Hermann war ständig mit dem Windmesser draußen und maß schon vierzehn bis sechzehn Meter pro Sekunde, als plötzlich Torsteins Schlafsack über Bord gefahren kam.

Was sich nun abspielte, geschah in wenigen Sekunden, weit rascher, als es sich erzählen läßt.

Hermann, der den Sack zu fassen suchte, machte einen unüberlegten Schritt und ging über Bord. Wir hörten im Brausen der Wogen einen schwachen Hilferuf, sahen Hermanns Kopf und einen winkenden Arm und etwas Grünes, Unbestimmbares, das in seiner Nähe herumwirbelte. Es ging ums Leben. Mit aller Kraft versuchte er, gegen die hohen Wellen, die ihn schon von der Backbordseite weggetragen hatten, zurück zum Floß zu kommen. Torstein, der am Steuerruder stand, und ich selbst vorn am Bug sahen ihn als erste, und kalter Schrecken ergriff uns. Wir brüllten aus vollem Hals: »Mann über Bord!« und liefen zum nächsten Rettungsgerät. Im Brausen des Meeres hatten die anderen Hermanns Ruf überhaupt nicht gehört, doch nun kam Bewegung in die Mannschaft. Hermann war ein glänzender Schwimmer, und obwohl uns sofort klar war, daß sein Leben auf dem Spiel stand, hatten wir doch berechtigte Hoffnung, daß er den Floßrand erreichen würde, ehe es zu spät war.

Torstein stürzte zu der Bambustrommel mit der Leine, die wir fürs Gummiboot benutzten – er hatte sie in Reichweite –, doch gerade jetzt, das einzige Mal auf der ganzen Reise, verklemmte sie sich. All das geschah im Laufe weniger Sekunden. Hermann war inzwischen fast auf gleicher Höhe mit dem Heck, und seine letzte Chance war, das Blatt des Steuerruders zu erreichen und sich dort festzuklammern. Doch das gelang ihm nicht. Er reckte sich nach dem Ruderblatt, aber immer wieder glitt es ihm davon. Nun war er hinter dem Floß und genau dort, wo wir schon soviel anderes gesehen hatten, das wir nie mehr wiederbekamen. Während Bengt und ich das Schlauchboot zu Wasser brachten, warfen Knut und Erik die Rettungsweste aus, die an einer langen Leine unter dem Hüttendach bereithing. Doch an diesem Tag blies der Wind so stark, daß er auch beim kräftigsten Wurf die Weste zurück aufs Deck trieb. Nach ein paar vergeblichen Versuchen lag Hermann bereits weit hinter dem Steuerruder und kraulte ums Leben, um dem Floß nachzukommen. Doch jeder Windstoß vergrößerte den Abstand zwischen ihm und uns. Er begriff, daß der Zwischenraum immer größer werden würde, doch hoffte er schwach auf das Gummiboot, mit dem wir vom Floß abgestoßen waren. Ohne die bremsende Leine war es vielleicht möglich, den schwimmenden Mann zu erreichen. Ob jedoch das Gummiboot die »Kon-Tiki« jemals wieder einholen würde, war eine andere Frage. Immerhin, drei Mann im Schlauchboot hatten eine Chance. Ein Mann im Meer hatte keine.

Plötzlich sahen wir Knut einen Anlauf nehmen und sich mit einem Satz kopfüber in die Wogen stürzen. In einer Hand hielt er die Schwimmweste und kämpfte sich so durch das Auf und Ab der See. Jedesmal wenn Hermanns Kopf auf einer Welle in Sicht kam, war Knut verschwunden, und wenn Knut in die Höhe kam, war Hermann weg. Dann aber sahen wir beide Köpfe zugleich. Sie waren einander entgegengeschwommen, klammerten sich nun beide an die Rettungsweste, und Knut winkte mit dem Arm. Da wir in der Zwischenzeit das Gummiboot wieder hochgezogen hatten, packten wir alle vier die Leine und zogen aus Leibeskräften, denn hinter den beiden bewegte sich etwas Großes, Dunkles in den Wellen. In wilder Hast holten wir die Leine ein und starrten wie gebannt auf die geheimnisvolle Bestie, die ein großes, grünschwarzes Dreieck über den Wogen sehen ließ. Diese dreieckige Rückenflosse hatte auch Knut einen Schock versetzt, als er Hermann entgegenschwamm. Nur Hermann allein wußte, daß dieses Dreieck weder einem Hai noch zu einem anderen Ungeheuer gehörte. Es war die luftgefüllte Ecke von Torsteins wasserdichtem Schlafsack. Doch der Schlafsack schwamm nicht lange. Als wir die beiden wohlbehalten an Bord zogen, war er verschwunden.

Nun, wer auch immer den Schlafsack in die Tiefe gezogen haben mochte, er hatte auf jeden Fall eine bessere Beute versäumt.

»Bin ich froh, daß ich nicht drinstecke«, sagte Torstein und griff wieder nach dem Steuerruder.

Sonst aber waren wir sehr sparsam mit Witzeleien an diesem Abend. Uns allen ging es noch lange eiskalt durch Mark und Bein, sobald wir daran dachten. Doch in das kalte Gruseln mischte sich warme Dankbarkeit: Wir waren auch weiterhin sechs Mann an Bord. Wir hatten Knut viel Nettes zu sagen an diesem Tag, Hermann und auch wir anderen.

Vorläufig aber blieb uns nicht viel Zeit, an das zu denken, was geschehen war. Rundum wurde es schwarz, und die Böen nahmen ständig an Stärke zu. Noch ehe die Nacht anbrach, ritten wir in einen neuen Sturm hinein. Und nun kamen wir auch endlich auf den Gedanken, die Rettungsweste an einer langen Leine ins Wasser zu werfen. So hing sie weit hinter dem Steuerruder, und wir konnten darauf zuschwimmen, falls noch einmal einer von uns über Bord gehen sollte. Die Nacht sank herab, im tobenden Unwetter wurde es völlig finster. Nach wie vor aber hörten und fühlten wir den Sturm. Er heulte in den Masten und Pardunen und warf sich gegen die ächzende Hütte, so daß wir schon glaubten, sie würde über Bord fliegen, obwohl wir Segeltuch darüber gedeckt und es gut verankert hatten. Wir spürten, daß die »Kon-Tiki« sich über die schäumenden Wogen warf, während die Stämme sich wie Klaviertasten im Wellengang auf und ab bewegten. Wir waren immer wieder erstaunt, daß keine Wasserkaskaden zwischen den Stämmen heraufspritzten, doch die Zwischenräume wirkten wie ein Blasebalg, durch den rauhe Luft auf und nieder pfiff.

Fünf volle Tage tobte die See. Sturm wechselte mit steifem Wind. Tief aufgewühlt wogte das Meer. Die weiten Wellentäler waren erfüllt vom Gischt zerstäubender, graublauer Seen. Heulende Böen peitschten die Wogenrücken, die unter dem Druck des Sturms lang und flachgepreßt dahinjagten. Dann, am fünften Tag, riß die unheildrohende schwarze Wolkendecke, und ein Stückchen Blau schaute hindurch. Allmählich verzog sich das Unwetter, und bald strahlte der ewig siegende blaue Himmel wieder im Sonnenglast. Wir hatten den Sturm überstanden. Das Steuerruder war geknickt, das Segel zerfetzt, und die Senkkiele schlugen lose hin und her. Alle Taue waren abgeglitten, die sie unter Wasser festgehalten hatten, und nun wirkten die Bretter wie Brecheisen zwischen den Stämmen. Wir selbst und die Ladung jedoch waren unbeschädigt.

Nach diesen zwei Stürmen war die »Kon-Tiki« recht schlottrig geworden. Das ganze Gefüge hatte sich gelockert. Infolge der Belastung bei der Fahrt über steile Wogenrücken hatten sich alle Taue gedehnt; die Stämme bewegten sich ständig, und so hatten sich die Seile tief in das weiche Balsaholz hineingefressen. Wir dankten dem Schicksal, daß wir dem Vorbild der Inkas gefolgt waren und keine Drahtseile verwendet hatten. Die hätten uns im Sturm das Floß ganz einfach zu Kleinholz zersägt. Und hätten wir knochentrockenes, hochaufschwimmendes Balsaholz zum Floßbau genommen, hätte sich das Floß längst mit Seewasser vollgesogen und wäre unter uns im Meer versunken. In den frischen Stämmen jedoch wirkte der Saft als Imprägnierung und verhinderte, daß Wasser in das poröse Balsaholz eindrang. Das Tauwerk ließ nun so viel Spielraum, daß man leicht mit dem Fuß zwischen die Stämme rutschen konnte. Das war gefährlich, denn falls die Stämme in solch einem Augenblick zusammengedrückt wurden, quetschten sie einem das Bein ab. Vorn und achtern, wo kein Bambus lag, mußten wir daher aufpassen, wenn wir mit je einem Bein auf einem schwankenden Stamm standen, und versuchen, das Auf und Ab mit den Knien auszugleichen. Das Holz war glatt wie Bananenblätter und von glitschigen Wasserpflanzen überzogen. Wir säuberten unseren Weg zum Ruder von allem lästigen Grünzeug und befestigten dort ein Brett, damit die Ruderwache darauf stehen konnte. Trotzdem war es nicht einfach, bei hohem Seegang festen Fuß zu fassen. An Backbord war einer der neun Riesen besonders ungebärdig. Er stieß und stampfte Tag und Nacht mit dumpfem, klatschendem Schlag gegen die Querbalken. Auch das Tauwerk, das die beiden schrägen Masten an der Spitze zusammenhielt, gellte und schrie ganz fürchterlich; sie waren auf zwei weit auseinanderliegenden Stämmen aufgesetzt und bewegten sich dauernd gegeneinander.

Wir reparierten das Steuerruder, indem wir zwei lange Bretter aus eisenhartem Mangrovenholz als »Schienen« anlegten und alles fest zusammenbanden. Erik und Bengt als Segelmacher nahmen sich der zerrissenen Leinwand an, und bald stand der Kon-Tiki-Kopf wieder vor unserem Mast und spannte die Brust straffgewölbt gen Polynesien. Das Steuerruder tanzte hinter uns in den Wogen, die bei dem guten Wetter sanft und weich unter uns dahinglitten. Nur die Senkkiele wurden nie mehr ganz die alten. Sie nahmen den Wasserdruck nicht mit voller Kraft, sondern gaben nach, und da die Pardunen unter dem Floß sie nicht mehr festhielten, pendelten sie dauernd hin und her. Doch es war sinnlos, das Tauwerk an der Unterseite zu kontrollieren, da es völlig mit Tang überwachsen war. Wir trugen das Bambusdeck ab, fanden aber nur drei der Haupttaue gerissen vor. Sie hatten schlecht gelegen, und die Last, die auf sie drückte, hatte sie zerrieben. Die Stämme hatten offensichtlich sehr viel Wasser aufgesaugt, dafür aber war die Ladung weniger geworden. Es kam so ziemlich auf eins heraus. Das meiste an Proviant und Trinkwasser war ja bereits verbraucht, ebenso die Trockenbatterien für den Sender. Die Stämme würden schon noch eine Weile beieinanderbleiben und uns zu den Inseln hinübertragen. Nach dem letzten Sturm waren wir überzeugt, daß unser Floß durchhielt.

Ein anderes Problem trat in den Vordergrund: Wo mochte die Reise enden?

Die »Kon-Tiki« würde unerbittlich weiter nach Westen schaukeln, bis sie mit dem Bug gegen eine solide Klippe oder auf anderen festen Grund stieß, der die Drift blockierte. Die Reise war nicht zu Ende, bevor wir nicht alle sechs wohlbehalten eine der zahlreichen Südseeinseln betreten hatten.

Nach diesem letzten Sturm war es völlig ungewiß, wohin das Floß mit uns treiben würde. Wir waren gleich weit entfernt von den Marquesas und den Tuamotu-Inseln. Bei unserer Position konnte es uns passieren, daß wir zwischen beiden Inselgruppen hindurchsegelten, ohne einen Schimmer von Land zu erblicken. Die nächste Insel der Marquesas-Gruppe lag dreihundert Seemeilen nordwestlich von uns, und die nächste Insel der Tuamotu-Gruppe lag im Südwesten, ebenfalls dreihundert Seemeilen entfernt. Wind und Strömung schwankten, trieben uns aber im großen und ganzen nach Westen, genau auf die breite Lücke zu, die zwischen den beiden Inselgruppen klaffte.

Das Eiland, das uns im Nordwesten am nächsten lag, war kein anderes als Fatu Hiva, jene kleine dschungelbedeckte Berginsel, auf der ich in einer Pfahlhütte am Strand gewohnt und den lebendigen Erzählungen des alten Eingeborenen vom Stammgott Tiki gelauscht hatte. Falls unsere »Kon-Tiki« denselben Strand anlief, würde ich bestimmt viele Bekannte treffen, doch kaum den Alten selbst. Der hatte sicherlich längst – in der heimlichen Hoffnung, dem wirklichen Tiki zu begegnen – die »lange Reise« angetreten. Trieb es uns auf die Felseneilande der Marquesas-Gruppe zu, so lagen die wenigen Inseln dort zum ersten weit auseinander, und zum zweiten donnerte das Meer dort gegen steile Felsenwände, die nur selten von Talmündungen durchbrochen waren. Vor diesen lag zwar immer ein schmaler Strand, der eine Landungsmöglichkeit bot, aber so einen Zugang mußte man finden.

Trug es uns jedoch auf die Korallenriffe der Tuamotu-Gruppe zu, so fanden wir dort zwar zahlreiche Inseln, die ein erhebliches Gebiet bedeckten, dicht beieinander, aber diese Eilande waren bekannt als die »niedrigen« oder »gefährlichen« Inseln. Die ganze Gruppe ist einzig und allein aus Korallen aufgebaut. Sie besteht aus heimtückischen Unterwasserklippen und palmenbestandenen Atollen, die sich nur zwei bis drei Meter über die Meeresfläche erheben. Gefährliche Ringriffe umgeben schützend jedes Atoll und bedrohen den Schiffsverkehr. So verschieden die Eilande auch sind – tote Vulkane die Marquesas, flache Korallenbänke die Tuamotu-Inseln –, sie werden von derselben polynesischen Rasse bewohnt, und auf beiden Gruppen betrachten die Häuptlinge Tiki als ihren Stammvater.

Schon am 3. Juli – wir waren etwa tausend Seemeilen von Polynesien entfernt – verriet uns die Natur selbst, daß es irgendwo weit vor uns im Meer Land geben mußte. Das hatte sie vor vielen Jahrhunderten auch den Naturmenschen aus Peru verraten. Noch tausend Seemeilen vor der peruanischen Küste sichteten wir kleine Schwärme von Fregattvögeln. Als wir etwa 100 Grad West erreicht hatten, tauchten sie nicht mehr auf, und wir bekamen nur mehr kleine, seebewohnende Sturmvögel zu Gesicht.

Doch am 3. Juli – wir lagen ungefähr 125 Grad West – waren die Fregattvögel wieder da. Von nun an beobachteten wir fast jeden Tag kleine Schwärme, die hoch am Himmel dahinzogen oder in raschem Schwung sich herunterstürzten und dicht über den Wogenkämmen dahinstrichen. Sie schnappten fliegende Fische, die in die Luft sprangen, um den Goldmakrelen zu entgehen. Da die Vögel uns nicht von Amerika her gefolgt waren, mußten sie auf irgendeinem Land westlich von uns zu Hause sein.

Am 16. Juli verriet die Natur sich noch deutlicher: Wir zogen einen neun Fuß langen Hai an Bord, der einen großen, unverdauten Seestern herauswürgte. Er mußte ihn von der einen oder anderen Küste draußen im Weltmeer geholt haben.

Und schon am Tag darauf bekamen wir den ersten, sicheren Besuch von den polynesischen Inseln.

Es war ein großer Augenblick an Bord, als wir über dem Horizont im Westen zwei große Tölpel entdeckten, die wenig später dicht über unseren Mast hinwegsegelten. Mit ausgebreiteten Flügeln – ihre Spannweite beträgt anderthalb Meter – umkreisten sie uns ein paarmal, dann falteten sie die Schwingen zusammen und ließen sich auf den Wellen neben uns nieder. Die Goldmakrelen stürzten sofort heran und schwänzelten neugierig um die großen, schwimmenden Vögel herum, aber keiner rührte den anderen an. Die Tölpel waren die ersten lebenden Boten, die von den Inseln kamen und uns in Polynesien willkommen hießen. Sie flogen am Abend nicht zurück, sondern ruhten auf der See. Nach Mitternacht hörten wir sie heiser schreiend den Mast umkreisen.

Die fliegenden Fische, die nun an Bord sprangen, waren von einer anderen, weit größeren Art. Für mich waren es alte Bekannte aus der Zeit meiner Fischzüge mit den Eingeborenen längs der Küste von Fatu Hiva.

Drei Tage lang trieben wir genau auf Fatu Hiva zu. Dann aber kam ein kräftiger Nordost auf und drängte uns in Richtung auf die Tuamotu-Inseln. Er blies uns aus dem Südäquatorstrom heraus, und von nun an gab es überhaupt keine verläßliche Strömung mehr. Einen Tag war sie da, am nächsten war sie weg. Sie hatte sich in viele Äste gespalten, die sich wie unsichtbare Bäche im Meer verzweigten. War die Strömung reißend, lief oft eine starke Dünung, und die Wassertemperatur sank häufig um einen ganzen Grad. Aus der Abweichung zwischen der von Erik täglich gemessenen und der berechneten Position konnten wir Stärke und Richtung der Strömung bestimmen.

Nun, an der Türschwelle Polynesiens, ließ uns plötzlich der Wind im Stich; obendrein lagen wir in einem Strömungsast, der zu unserem Schrekken Kurs in Richtung Antarktis hatte. Völlig windstill für längere Zeit wurde es allerdings nicht. Das hatten wir während der ganzen Reise nicht erlebt. War die Brise flau, hißten wir alle Lappen, die wir an Bord hatten, um auch den kleinsten Lufthauch auszunutzen.

An keinem einzigen Tag trieben wir zurück. Der geringste Tagesabschnitt betrug neun Seemeilen oder armselige siebzehn Kilometer, die durchschnittlich zurückgelegte Strecke immerhin zweiundvierzigeinhalb Seemeilen oder achtundsiebzigeinhalb Kilometer.

Doch der Passat hatte nicht das Herz, uns kurz vor der Endstation zu verlassen. Er meldete sich wieder zum Dienst und schob und stieß die wackelige »Kon-Tiki« vor sich her, die sich auf ihren Einzug in die neue Welt vorbereitete.

Täglich tauchten größere Schwärme von Seevögeln auf, die planlos über uns kreisten und dann in allen Richtungen davonflogen. Eines Abends aber, als die Sonne eben ins Meer tauchen wollte, war nicht zu übersehen, daß irgend etwas in die Vögel gefahren war. Ohne sich um uns oder um die fliegenden Fische zu kümmern, zogen sie rauschend nach Westen. Von der Mastspitze aus konnten wir beobachten, daß alle, woher auch immer sie kamen, ein und denselben Punkt ansteuerten. Vielleicht sahen sie etwas von oben, was für uns unsichtbar blieb. Vielleicht flogen sie auch nur nach ihrem Instinkt. Auf jeden Fall aber hatten sie einen ganz bestimmten Kurs. Sie flogen nach Hause zu der nächsten Insel, auf der sie ihre Nistplätze hatten.

Wir drehten das Steuerruder herum und nahmen denselben Kurs wie die Vögel. Spät in der Nacht noch hörten wir die Schreie einzelner Nachzügler, die am Sternenhimmel über uns dahinzogen – auf dem gleichen Kurs wie wir. Es war eine wunderbare und seltsame Nacht. Im Laufe unserer Reise auf der »Kon-Tiki« schien der Mond nun zum drittenmal fast als Vollmond.

Am Tag darauf waren noch mehr Vögel über uns. Doch wir brauchten nicht darauf zu warten, daß sie uns am Abend den Weg zeigten. Wir entdeckten eine eigenartige, stillstehende Wolke am Horizont. Alle anderen Wolken waren kleiner, glichen federleichtem Wollflaum. Sie tauchten im Süden auf, trieben mit dem Passat über die Himmelswölbung und verschwanden hinter dem Horizont im Westen. So hatte ich die Passatwolke auf Fatu Hiva kennengelernt, und genauso waren sie auch Tag und Nacht über die »Kon-Tiki« hinweggezogen. Doch die einzelne Wolke am Horizont im Südwesten bewegte sich nicht. Sie stand ruhig wie eine Säule aus Wasserdampf, und die Passatwolken trieben an ihr vorbei. Cumulunimbus ist der lateinische Name dieser Wolkenart. Das wußten zwar die Polynesier nicht, doch sie wußten, daß unter solchen Wolken Land liegt; denn wenn die Tropensonne auf den Sand brennt, steigt ein Strom warmer, feuchter Luft in die Höhe, der in den kälteren Schichten kondensiert.

Wir steuerten auf diese Wolke zu, bis sie nach Sonnenuntergang verschwand. Der Wind war stetig, und mit festgezurrtem Steuerruder hielt die »Kon-Tiki« ihren Kurs allein, wie schon so oft bei gutem Wetter. Die Ruderwache hatte den Auftrag, soviel wie möglich auf dem vom vielen Benutzen blank polierten Brett in der Mastspitze zu sitzen und nach allem Ausguck zu halten, was auf Land hindeutete.

Ohrenbetäubendes Vogelgeschrei gellte über uns die ganze Nacht hindurch, und es war fast Vollmond.

7

Zu den Südseeinseln

Land in Sicht. An Puka-Puka vorbei. Ein Festtag vor dem Angatau-Riff. An der Schwelle zum Himmelreich. Die ersten Eingeborenen. Neue Besatzung auf der »Kon-Tiki«. Knut auf Landurlaub. Gegen übermächtige Gewalten. Wieder auf See. In gefährlichem Fahrwasser. Von Takume nach Raroia. In den Hexenkessel! In der Gewalt der Brandung. Havarie. Als Schiffbrüchige auf einem Korallenriff.

In der Nacht zum 30. Juli herrschte eine neue, eigentümliche Atmosphäre um die »Kon-Tiki«. Vielleicht gab uns der ohrenbetäubende Spektakel der Seevögel die Gewißheit, daß etwas Neues bevorstand. Die vielstimmigen Vogelschreie muteten uns leidenschaftlich und erdgebunden an nach drei langen Monaten Brausen des Meeres und fühllosen Kreischens unbeseelter Taue. Auch der Mond kam uns besonders groß und rund vor, als er über die Wache in der Mastspitze hinwegschwamm. In unserer Einbildung reflektierte er Palmenkronen und warmblütige Romantik. Über den kalten Fischen draußen auf dem Meer hatte er nicht so leuchtend gelb geschienen.

Um sechs Uhr kam Bengt von der Mastspitze herab, weckte Hermann und kroch in die Koje. Als Hermann auf den knirschenden, schwankenden Mast kletterte, begann der Tag eben zu blauen. Zehn Minuten später stieg er wieder herunter und zog mich am Bein.

»Komm, schau dir deine Insel an!«

Er strahlte über das ganze Gesicht. Ich fuhr in die Höhe; Bengt, der noch nicht richtig eingeschlafen war, folgte uns. Dicht an dicht drängten wir uns ganz oben im Mastkreuz zusammen. Viele Vögel umkreisten das Floß, ein schwacher, blauvioletter Schleier am Himmel spiegelte sich im Wasser, eine letzte Erinnerung an die weichenden Schatten der Nacht. Über den Horizont im Osten breitete sich ein rötlicher Schein aus, wurde im Südosten blutrot, und von diesem Hintergrund hob sich ein schwacher Schatten ab – einem blauen Strich ähnlich, den man ein Stück über den Saum der See gezogen hatte.

Land! Eine Insel! Wir verzehrten sie gierig mit den Augen, stiegen rasch hinunter und rüttelten die anderen wach. Sie taumelten schläfrig an Deck und stierten in alle Richtungen, als erwarteten sie, der Bug würde jeden Augenblick auf Grund laufen. Schreiende Seevögel spannten eine Brücke über den Himmel auf die ferne Insel zu, die sich immer schärfer vor dem Horizont abhob. Der rote Hintergrund wuchs immer höher und überzog sich mit goldenem Licht. Die Sonne brachte das Tageslicht mit herauf.

Unser erster Gedanke war, daß die Insel nicht dort lag, wo sie liegen sollte. Da sich die Insel nicht bewegt haben konnte, so mußte wohl die Strömung das Floß im Laufe der Nacht nach Norden abgetrieben haben. Wir warfen einen Blick hinaus aufs Meer und sahen sofort am Kurs der Wellen, daß wir im Dunkeln alle Chancen verspielt hatten. Unsere Position war nun so, daß es der Wind nicht mehr zuließ, dem Floß einen Kurs zur Insel hin aufzuzwingen. Das Meer um den Tuamotu-Archipel ist reich an starken, lokalen Strömungen. Sie sind unberechenbar, wenn sie auf Land treffen, und viele davon wechseln ihre Richtung, sobald sie auf kräftige Gezeitenströme treffen, die über Riffe und Lagunen aus und ein fließen.

Wir legten das Ruder um, wußten jedoch recht gut, daß es nutzlos war. Um halb sieben Uhr ging die Sonne auf, sie stieg rasch in die Höhe, wie überall in den Tropen. Das Inselchen war nur wenige Seemeilen entfernt und zeigte sich als ganz flacher Waldstreifen, der am Horizont dahinkroch. Die Bäume drängten sich bis dicht an den schmalen, hellen Strand, der so niedrig lag, daß er immer wieder hinter den Wogen verschwand. Nach Eriks Position war diese Insel Puka-Puka, der erste Vorposten der Tuamotu-Gruppe. Die »Sailing Directions Pacific Islands 1940«, unsere zwei Seekarten und Eriks Messungen wiesen für diese Insel vier ganz verschiedene Positionen aus, aber da es keine andere in der ganzen Nachbarschaft gab, konnte es keinen Zweifel geben: Die Insel, die wir sahen, war Puka-Puka.

Es war kein überschwenglicher Ausbruch an Bord zu hören. Nachdem wir das Segel gedreht und das Ruder herumgelegt hatten, hingen die einen in der Mastspitze, und die anderen standen an Deck und starrten schweigend auf das Land, das mitten im unendlichen und alleinherrschenden Meer am Horizont aufgetaucht war. Endlich hatten wir den sichtbaren Beweis, daß wir uns in diesen Monaten vorwärts bewegt hatten und nicht nur im Zentrum desselben gleichbleibend runden Gesichtskreises umhergeschaukelt waren. Wir alle empfanden – trotz der leichten, momentanen Enttäuschung, uns hilflos damit abfinden zu müssen, die Insel vor uns zu sehen wie eine Fata Morgana und dennoch die ewige Drift übers Meer nach Westen fortzusetzen – eine warme, ruhige Zufriedenheit, Polynesien erreicht zu haben.

Gleich nach Sonnenaufgang stieg auf der linken Hälfte der Insel eine dicke, schwarze Rauchsäule über die Baumkronen empor. Wir folgten ihr mit den Augen und dachten: Jetzt stehen die Eingeborenen auf und kochen ihr Frühstück! Wir ahnten nicht, daß Ausguckposten uns gesehen hatten und nun Rauchsignale gaben, mit denen sie uns zur Landung einluden. Gegen sieben Uhr spürten wir schwach den Geruch von verbranntem Boraoholz, der uns allen die salzigen Nasenhöhlen kitzelte und in mir halbvergessene Erinnerungen an Feuer am Strand von Fatu Hiva wachrief. Eine halbe Stunde später roch es nach Wald und frisch geschlagenem Holz. Die Insel wurde allmählich wieder kleiner. Sie lag nun hinter uns, so daß der Wind nun von ihr zu uns herüberwehte. Fünfzehn Minuten lang hockten Hermann und ich in der Mastspitze und sogen den warmen Duft von Blättern und Grünem durch die Nasenlöcher ein. Das war Polynesien! Ein herrlicher, üppiger Geruch von trockenem Land nach dreiundneunzig salzigen Tagen inmitten der Wogen.

Bengt lag schon wieder schnarchend in seinem Schlafsack. Erik und Torstein hatten sich in der Hütte ausgestreckt und meditierten, Knut lief aus und ein, schnupperte den Blätterduft und machte Eintragungen in sein Tagebuch.

Gegen halb neun versank Puka-Puka wieder im Meer. Doch über zwei Stunden lang konnten wir von der Mastspitze aus noch einen schwachen blauen Streifen am östlichen Horizont erkennen. Dann verschwand auch der, und nur eine hohe Cumulunimbuswolke, die ruhig zum Himmel stieg, verriet, wo Puka-Puka lag. Auch die Vögel verschwanden. Sie hielten sich wohl lieber an der Windseite der Insel auf, wo sie den Wind mit sich hatten, wenn sie am Abend mit vollem Magen heimwärts flogen. Auch die Goldmakrelen waren auffallend weniger geworden, und selbst die Lotsenfische unter dem Floß waren nicht mehr so zahlreich.

In dieser Nacht sagte Bengt, er sehne sich nach Tisch und Stuhl, denn es sei ermüdend, sich beim Lesen immer vom Rücken auf den Bauch zu drehen. Ansonsten sei er zufrieden, daß wir das Land verpaßt hätten, er habe noch drei Bücher zu lesen. Torstein hatte plötzlich Appetit auf einen Apfel, und ich selbst wachte in der Nacht auf, weil ich deutlich den Duft eines prächtigen Beefsteaks mit Zwiebeln verspürte. Aber es war leider nur ein schöner Traum.

Schon am nächsten Vormittag entdeckten wir zwei neue Wolken, die hinter dem Horizont aufstiegen wie Dampf aus Lokomotiven. Der Karte nach mußten unter diesen Wolken die Koralleninseln Fangahina und Angatau liegen. Die Wolke über Angatau lag von der Windrichtung her günstiger, daher setzten wir Kurs auf sie, zurrten das Ruder fest und genossen noch einmal die wunderbare Ruhe und Weite des Stillen Ozeans. An einem schönen Tag war das Dasein auf dem Bambusdeck der »Kon-Tiki« herrlich. Wissend, daß die Reise nun bald zu Ende war – so oder so –, erlebten wir alles rundum bewußter und tiefer als sonst.

Drei Tage lang steuerten wir auf die Wolke über Angatau zu. Das Wetter war blendend, das Ruder hielt den Kurs auch ohne uns, und die Strömung spielte uns keine Possen. Als Hermann am vierten Morgen um sechs Uhr die Wache an Torstein übergab, sagte er, wahrscheinlich habe er im Mondschein die Konturen einer flachen Insel gesehen. Als wenig später die Sonne aufging, steckte Torstein den Kopf zur Hütte herein und schrie: »Land in Sicht!«

Wir stürzten an Deck, und was wir sahen, ließ uns alle Flaggen hissen. Zuerst die norwegische achtern, dann die französische im Topp, weil wir ja eine französische Kolonie ansteuerten. Bald wehte unsere ganze Flaggensammlung im frischen Passat, die amerikanische, peruanische, schwedische, britische Flagge, dazu die des »Explorers Club«, und keiner zweifelte an, daß die »Kon-Tiki« nun zum Fest geschmückt sei. Denn diesmal lag die Insel ideal für uns, genau auf unserem Kurs und kaum weiter entfernt als Puka-Puka vier Tage zuvor bei Sonnenaufgang. Als hinter uns die Sonne höher stieg, sahen wir deutlich einen kräftigen grünen Schimmer über der Insel am diesigen Himmel. Es war die Widerspiegelung der stillen grünen Lagune im Inneren des Riffs. Manche der niedrigen Atolle werfen solche Spiegelbilder in einer Höhe von mehreren tausend Metern, so daß sie schon Tage, bevor die Insel selbst am Horizont erscheint, den eingeborenen Seefahrern ihre Position verraten.

Gegen zehn Uhr bedienten wir das Steuerruder wieder selbst. Wir mußten entscheiden, welche Stelle der Insel wir ansteuern wollten. Wir vermochten bereits einzelne Baumkronen zu unterscheiden und sahen verschwommen eine Anzahl sonnenheller Baumstämme, die sich von dem dichten, schattigen Laubwerk des Hintergrundes abhoben.

Wir wußten, irgendwo zwischen uns und der Insel lauert ein lebensgefährliches Riff auf alles, was auf die unschuldsreine Insel zutrieb. Die riesigen Wassermassen, die mit der freien, tiefen Dünung aus dem Osten heranrollten, verloren über der Untiefe das Gleichgewicht, als hätte man ihnen ein Bein gestellt. Sie stiegen schwankend in die Höhe und stürzten sich dann donnernd und brausend auf die scharfen Korallenblöcke. Schon viele Schiffe sind in den furchtbaren Sog dieser Unterwasserriffe geraten und wurden vollständig zerschmettert.

Vom Meer aus sahen wir nichts von dieser tückischen Fallgrube. Wir trieben mit den Wellen und sahen nur Woge um Woge mit krummem, blankem Rücken auf die Insel zulaufen. Das Ringriff mit seinem schäumenden Hexentanz blieb hinter den breiten Wogenrücken verborgen. Doch im Norden und im Süden der Insel, dort, wo wir den Strand im Profil erkennen konnten, sahen wir, daß ein paar hundert Meter vor dem Strand das Meer weißschäumend kochte und Gischt hoch in die Luft sprühte.

Wir wählten einen Kurs, der die Außenseite des Hexenkessels an der Südspitze der Insel berührte, und hofften, wir könnten dann am Riff entlangsteuern, bis wir entweder auf die Leeseite der Insel kamen oder eine Stelle passierten, die so flach war, daß wir unsere Bewegungen mit einem improvisierten Anker stoppen und dann abwarten konnten, bis sich der Wind einmal drehte und wir von allein in Lee gerieten.

Um zwölf Uhr konnten wir mit dem Fernglas erkennen, daß dort vor allem junge, grüne Kokospalmen wuchsen. Ihre Kronen schlossen dicht über einer wogenden Hecke von üppigem, kleinem Buschwerk. Auf dem hellen Sandstrand lag eine Menge großer Korallenblöcke im hellen Sand. Weiße Vögel, die über die Palmengruppe segelten, waren die einzigen Lebewesen, die wir sahen.

Um zwei Uhr waren wir der Insel so nahe gekommen, daß wir nun an ihr entlangsegeln konnten, dicht vor dem lauernden Ringriff. Das Dröhnen der Brandung war im Laufe der Stunden immer lauter zu hören gewesen, anfangs wie ein Wasserfall, der auf das Riff vor uns schlug, und nun klang es, als jage wenige hundert Meter von Steuerbord entfernt ein endloser Expreßzug dahin. Manchmal sahen wir auch, daß dicht vor uns, wo der »Brandungsexpreß« vorbeisauste, sprühender Gischt hoch in die Luft geschleudert wurde.

Zwei Mann handhabten das Ruder. Sie standen hinter der Bambushütte und hatten so nicht den geringsten Ausblick nach vorn. Erik hatte die Navigation übernommen, die Küchenkiste war seine Kommandobrücke, von der aus er die zwei am Steuerruder dirigierte. Wir wollten uns so dicht an dem gefährlichen Riff halten, wie überhaupt zu verantworten war. In der Mastspitze saß ständig ein Ausguckposten. Wir hofften auf eine Öffnung oder gar Passage im Riff, durch die man das Floß hindurchschmuggeln konnte. Die Strömung trieb uns, ohne uns einen Streich zu spielen, das ganze Riff entlang. Auch der Wind blies in die gleiche Richtung. Die wackeligen Schwerter gestatteten uns so viel Bewegungsfreiheit, daß wir immerhin bis zu zwanzig Grad nach beiden Seiten abfallen konnten.

Während Erik im Zickzack so nahe am Riff entlangkreuzte, wie es angesichts des Sogs noch ratsam war, stiegen Hermann und ich in das Gummiboot und fuhren im Schlepptau hinterher. Wenn das Floß die innere Bahn nahm, schwangen wir am Tau nach und kamen dabei dem donnernden Riff so nahe, daß wir ganz deutlich die glasgrüne Wasserwand sahen, die sich von uns wegwälzte. Wenn die Seen zurückfluteten, entblößte sich das kahle Riff und glich dann einer wüsten Barrikade rostigen Eisenerzes. Soweit wir sehen konnten, gab es weder Öffnung noch Passage. Immer wieder warf Erik das Segel herum, die Ruderleute folgten ihm mit dem Steuer, und die »Kon-Tiki« wendete die Nase und schlingerte in letzter Sekunde aus der Gefahrenzone heraus.

Jedesmal wenn die »Kon-Tiki« hinausschwenkte, schlug uns beiden im Schlauchboot das Herz bis in den Hals, denn jedesmal kamen wir dem Riff so nahe, daß wir den höheren und hitzigeren Takt der See spürten. Jedesmal waren wir überzeugt, diesmal sei Erik zu weit gegangen und es sei keine Hoffnung mehr, die »Kon-Tiki« aus den Wogen, die sie auf das teuflische rote Riff ziehen wollten, freizubekommen. Doch immer wieder kam Erik mit einem eleganten Manöver klar, und die »Kon-Tiki« scherte wohlbehalten aus den Klauen des Sogs hinaus aufs freie Meer. Die ganze Zeit über glitten wir an der Insel entlang, so nahe, daß wir jedes Detail an Land sahen, und trotzdem war die paradiesische Schönheit dort drinnen für uns unzugänglich wegen des geifernden Grabens, der zwischen dem Floß und der Insel lag.

Gegen drei Uhr tat sich eine Schneise im Palmenwald auf, durch die hindurch wir auf eine blaue, spiegelblanke Lagune sahen. Doch wie zuvor war das Riff kompakt und fletschte drohend seine blutroten Zähne. Es gab keinen Durchlaß, und der Palmenwald schloß sich wieder, während wir, den Wind im Rücken, uns an der Insel entlangtreiben ließen. Später wurde der Palmenwald immer lichter und gab den Blick auf das Innere der Koralleninsel frei. Dort sahen wir die schönste, spiegelblanke Salzwasserlagune, einem großen, stillen Teich ähnlich, umkränzt von fächelnden Kokospalmen und einem hellen Badestrand. Die berükkende Palmeninsel selbst formte einen breiten weichen Sandring um die gastfreundliche Lagune. Davor aber lag das rostrote Schwert, das die Pforte zum Himmelreich beschützte.

Den ganzen Tag vor Angatau hatten wir die Herrlichkeit auf kürzeste Entfernung vor Augen. Die Sonne brütete über dem Palmenwald, und alles dort auf der Insel war Friede und Glück des Paradieses. Als allmählich Routine in unsere Manöver kam, zog Erik die Gitarre hervor und erschien mit einem gewaltigen peruanischen Sonnenhut an Deck. Dann sang und spielte er sentimentale Südseemelodien, während Bengt eine wohlschmeckende Mahlzeit an der Floßkante servierte. Wir öffneten eine alte Kokosnuß aus Peru und tranken den jungen, frischen zu, die nicht weit von uns an den Bäumen hingen. Die ganze Stimmung, die Ruhe über dem gewaltigen Palmenwald, der fest verwurzelt dastand und herüberleuchtete, die Ruhe, mit der die weißen Vögel über die Palmenkronen segelten, die Ruhe der sanften, blanken Lagune und der weiche Sandstrand – dagegen die Wildheit des roten Riffs mit Kanonade und Trommelwirbel in den Lüften, all das machte einen überwältigenden Eindruck auf uns sechs, die wir vom Meer dort draußen kamen, einen Eindruck, den wir nie mehr werden aus der Erinnerung wischen können. Es gab keinen Zweifel: Wir waren auf der anderen Seite. Niemals würden wir eine »echtere« Südseeinsel zu Gesicht bekommen. Landung oder nicht – wir waren auf jeden Fall in Polynesien, die offene See lag für immer hinter uns.

Der Zufall wollte, daß dieser Festtag vor Angatau der siebenundneunzigste Tag an Bord war. Und siebenundneunzig Tage hatten wir in New York als absolutes Minimum bei theoretisch idealen Bedingungen veranschlagt für die Fahrt zu den nächstgelegenen Inseln Polynesiens.

Um fünf Uhr passierten wir zwei palmengedeckte Hütten, die zwischen Bäumen standen, doch es war weder Rauch noch sonst ein Lebenszeichen zu sehen.

Um halb sechs steuerten wir von neuem auf das Riff zu. Wir näherten uns dem Westende der Insel und mußten uns einen letzten Überblick verschaffen. Vielleicht gab es doch eine Passage. Die Sonne stand schon so tief, daß sie uns blendete. Wo sich das Meer an dem Riff brach, einige hundert Meter außerhalb der letzten Landzunge der Insel, schwebte ein kleiner Regenbogen. Die Insel lag wie eine Silhouette vor uns, und am Strand bemerkten wir ein paar regungslose schwarze Punkte. Plötzlich bewegte sich der eine langsam hinab zum Wasser, während ein paar andere rasch zum Wald hinaufliefen. Menschen! Wir gingen so nahe ans Riff, wie wir es wagen konnten. Der Wind war flau geworden, und wir hatten den Eindruck, nun in den Windschutz der Insel zu gelangen. Am Strand wurde ein Kanu ins Wasser gehoben, zwei Gestalten sprangen hinein und paddelten hinter dem Riff entlang. Nach einer Weile wendeten sie die Nase der See zu, und wir sahen das Kanu hoch über Wellen und Gischt tanzen, als es durch die Passage des Riffs schoß, und dann hielt es genau auf uns zu.

Dort also war die Öffnung im Riff, dort war unsere einzige Hoffnung. Nun konnten wir auch das Dorf sehen, es lag auf einer Lichtung des Palmenwaldes. Die Schatten wurden schon allmählich lang.

Die zwei im Kanu winkten, wir winkten eifrig zurück, und sie beschleunigten ihre Fahrt. Es war ein polynesisches Auslegerkanu, und die beiden braunen Männer paddelten, das Gesicht uns zugekehrt. Nun wird es Schwierigkeiten geben, sagte ich mir. Ich war der einzige an Bord, der ein paar Worte Marquesanisch konnte, ich wußte sie noch von Fatu Hiva her, doch Polynesisch ist eine Sprache, mit der man in den nordischen Ländern kaum auf dem laufenden bleibt. Man hat zu selten Gelegenheit, sie zu sprechen.

Wenig später aber fühlten wir uns erleichtert; als das Kanu an der Seite des Floßes anlegte und die zwei an Bord sprangen, grinste der eine über das ganze Gesicht, streckte die braune Hand aus und rief auf englisch: »Good night!«

»Good night«, antwortete ich verblüfft. »Do you speak English?«

Der Mann grinste abermals und nickte.

»Good night«, sagte er. »Good night.«

Das war offensichtlich sein ganzer Wortschatz in fremden Sprachen. Allerdings überrundete er damit seinen bescheidenen Freund noch weit, der schweigend im Hintergrund stand und seinen gebildeten Kameraden bewundernd anstarrte.

»Angatau?« fragte ich und zeigte auf die Insel.

»H'angatau.« Der Mann nickte zustimmend.

Auch Erik nickte. Stolz. Er hatte recht gehabt, denn wir waren tatsächlich dort, wo ihm die Sonne gesagt hatte, daß wir sein müßten.

»Maimai hee juta«, versuchte ich mich. Nach meinen Kenntnissen mußte das etwa heißen: »Möchten gehen an Land.«

Da zeigten beide auf die unsichtbare Passage im Riff. Wir legten das Ruder über, um darauf zuzuhalten.

Im gleichen Augenblick kamen ein paar frische Windstöße von der Insel herüber. Über der Lagune lag eine kleine, regenschwere Wolke. Der Wind drohte uns vom Riff wegzuschieben, und wir merkten, daß die »Kon-Tiki« dem Steuerruder nicht mehr in dem Maße gehorchte, wie es notwendig gewesen wäre, um die Öffnung im Riff zu erreichen. Wir wollten Anker werfen, doch das Tau reichte nicht bis auf den Grund. Nun mußten wir zu den Paddeln greifen, und das rasch, bevor der

Wind uns zu fassen bekam. Wir ließen das Segel herunterrauschen, und jeder griff nach seinem großen Paddel. Ich wollte auch jedem der beiden Eingeborenen, die dastanden und genießerisch an den Zigaretten sogen, die sie von uns bekommen hatten, ein Paddel geben.

Die beiden schüttelten jedoch energisch den Kopf, zeigten noch einmal den Kurs und sahen uns verwundert an. Ich gab ihnen durch Zeichen zu verstehen, daß wir alle paddeln müßten, und wiederholte die Worte »möchten gehen an Land«. Da beugte der Aufgewecktere sich herunter, kurbelte mit der rechten Hand in der Luft herum und machte: »Brrrrr – – –!«

Es war sonnenklar, er wollte, daß wir den Motor in Gang setzten. Die beiden glaubten, sie stünden an Deck eines merkwürdigen, tief beladenen Bootes. Wir nahmen sie mit ans Heck und ließen sie unter die Stämme greifen. Sie sollten begreifen, daß wir weder eine Schraube noch überhaupt einen Schiffsrumpf hatten. Sie fielen aus allen Wolken, drückten aber sofort ihre Zigaretten aus und leisteten uns Gesellschaft. Nun saßen vier Mann auf jedem Seitenstamm und tauchten die Paddel ins Wasser.

Die Sonne versank hinter der Landzunge im Meer, und die Windstöße von der Insel her wurden frischer. Es schien, als kämen wir nicht vom Fleck. Die Eingeborenen sprangen ins Kanu und waren wenig später verschwunden. Es dämmerte, wir saßen allein und paddelten verzweifelt, um nicht wieder hinaus auf See zu treiben.

Als sich eben das Dunkel über die Insel legte, kamen vier Kanus hinter dem Riff hervorgetanzt, und bald wimmelte es von Polynesiern an Bord; alle wollten uns die Hand schütteln und Zigaretten haben. Mit diesen ortskundigen Burschen an Bord war keine Gefahr mehr, sie ließen uns bestimmt nicht wieder aufs Meer hinaus und aus den Augen. Noch an diesem Abend würden wir also an Land sein.

Rasch spannten wir Taue zwischen den Hecks der Kanus und dem Bug der »Kon-Tiki«, und die vier stattlichen Auslegerkanus hängten sich fächerförmig wie Zughunde vor das Floß. Knut sprang ins Schlauchboot und suchte sich als Leithund einen Platz inmitten der Kanus. Wir anderen nahmen die Paddel und knieten uns auf die Seitenstämme. Damit begann das Tauziehen gegen den Ostwind, den wir so lange im Rücken gehabt hatten.

Es war nun – bis der Mond aufging – stockdunkel, und es blies ein frischer Wind. Die Bevölkerung des Dorfes hatte am Strand allerhand Brennbares zusammengetragen und ein großes Feuer entzündet, um uns die Richtung zum Durchgang im Riff zu weisen. Das Donnergedröhn umgab uns im Dunkeln wie ein ewig tosender Wasserfall und wurde stärker und stärker.

Wir sahen die Mannschaft nicht, die in den Kanus saß und uns zog, doch wir hörten, daß die Männer aus vollem Halse aufmunternde polynesische Kriegslieder sangen. Knut sang auch. Sobald die Polynesier verstummten, hörten wir Knut laut norwegische Volkslieder singen, hübsch im Wechsel mit dem polynesischen Chor. Um das

Chaos komplett zu machen, sangen auch wir auf dem Floß, und zwar: »Tom Brown's Baby hat 'n Pickel auf der Nas'.« Mit Lachen und Gesang zogen Weiße und Braune die Paddel durch das Wasser.

Die Stimmung war auf dem Höhepunkt. Siebenundneunzig Tage. In Polynesien! Am Abend würde es im Dorf ein Fest geben. Die Eingeborenen jubelten, riefen und schrien. Angatau wurde nur einmal im Jahr von einem Schiff angelaufen: wenn der Kopraschoner von Tahiti kam, um Kokoskerne zu holen. Also würde es an diesem Abend hoch hergehen am Feuer dort auf dem Strand.

Aber der Wind blies eigensinnig. Wir schufteten, daß wir alle Knochen spürten, wir hielten die Stellung, aber das Feuer kam nicht näher, und der Donner vom Riff blieb nun in seiner Stärke gleich. Allmählich verstummte der Gesang. Es wurde still. Alle hatten mehr als genug vom Paddeln. Das Feuer tanzte nur auf und ab, je nachdem, wie wir über die Wellen glitten. So waren drei Stunden vergangen, es war inzwischen neun Uhr. Und nun fing es ganz allmählich an, rückwärts zu gehen. Wir waren fix und fertig.

Wir machten den Eingeborenen begreiflich, daß wir weitere Hilfe brauchten. Sie erklärten uns, daß zwar noch Männer genug an Land wären, es aber nur diese vier seegängigen Kanus auf der Insel gebe.

Knut kam aus dem Dunkel herangepaddelt. Er schlug vor, mit dem Schlauchboot weitere Eingeborene zu holen. Zusammengedrängt konnten fünf bis sechs Mann darin sitzen.

Doch das war zu riskant. Knut besaß keinerlei Ortskenntnis. Es würde ihm nie gelingen, sich bei dieser ägyptischen Finsternis durch das Korallenriff hindurchzutasten. Er würde eben den Anführer der Eingeborenen mitnehmen, entgegnete er, der könne ihm den Weg zeigen. Ich hielt auch das für zweifelhaft, denn der Eingeborene hatte keine Erfahrung, wie man ein schwerfälliges Gummiboot durch eine so enge, gefährliche Durchfahrt brachte. Deshalb bat ich Knut, den Anführer zu holen, der mit den anderen vorn im Dunkeln paddelte, damit er uns sagen konnte, was er von der Situation hielt. Es war nun ganz klar, daß wir ein Abtreiben nicht länger verhindern konnten.

Knut verschwand im Dunkel, um den Mann zu holen. Als eine Weile vergangen war, ohne daß die beiden auftauchten, riefen wir ihn. Ein schnatternder Chor der Polynesier war die einzige Antwort. Knut war davongefahren. Im gleichen Augenblick begriffen wir, was geschehen war. In all dem Aufruhr, Lärm und Wirbel hatte mich Knut mißverstanden und war mit dem Eingeborenen zur Insel gerudert. So laut wir auch riefen, es war nutzlos. Dort, wo Knut nun sicherlich war, wurde jedes andere Geräusch vom Donnern der Brandung übertönt.

Hastig suchten wir die Morselampe heraus. Einer von uns kroch in die Mastspitze und signalisierte: »Komm zurück! Komm zurück!»

Niemand kam. Da nun zwei Mann vorn fehlten, ein dritter in der Mastspitze saß und signalisierte und wir alle wirklich müde waren, nahm die Abdrift zu. Wir warfen Marken aus und sahen, daß es langsam, aber sicher rückwärts ging. Das Feuer wurde kleiner, das Brüllen der Brandung bescheidener. Je weiter wir aus dem Schutz des Palmenwaldes herauskamen, desto besser konnte uns der ewige Ostwind packen. Wir erkannten ihn wieder, nun war es bald wie draußen auf dem Meer. Allmählich wurde uns klar, daß es keine Hoffnung mehr gab, wir trieben wieder hinaus. Doch wir durften nicht aufhören zu paddeln, wir mußten die Abdrift mit all unserer Kraft bremsen, bis Knut wieder heil an Bord war.

Fünf Minuten vergingen. Zehn Minuten. Eine halbe Stunde. Das Feuer wurde kleiner, ab und zu, wenn wir in ein Wogental glitten, verschwand es völlig. Die Brandung war nur mehr ein fernes Grollen.

Der Mond ging auf. Wir sahen die Mondscheibe hinter den Palmenkronen glänzen, doch der Himmel war diesig und halb bewölkt.

Wir hörten, daß die Eingeborenen sich murmelnd berieten. Und dann merkten wir, daß eins der Kanus sein Tau loswarf und verschwand. Die Männer in den drei anderen Kanus waren müde und wohl auch ängstlich und griffen nicht mehr mit voller Kraft zu. Die »Kon-Tiki« trieb hinaus, weiter über das offene Meer. Bald wurden auch die drei anderen Taue schlaff, und die Kanus kamen zum Floß. Einer der Eingeborenen kletterte an Bord, machte eine Kopfbewegung und sagte ruhig: »Iuta« – an Land.

Er sah ängstlich zum Feuer hinüber, das nur noch ab und zu wie ein Funke über den Wellen tanzte. Wir trieben schnell davon. Die Brandung war verstummt, nur die See brauste wie früher, und es knirschte und schrie in allen Tauen.

Wir gaben den Eingeborenen reichlich Zigaretten. In aller Eile bekritzelte ich einen Zettel, den sie mitnehmen und Knut geben sollten, sobald sie ihn fanden. Darauf stand:

»Komme mit zwei Eingeborenen im Kanu und nimm das Gummiboot in Schlepp. Komme auf keinen Fall allein im Gummiboot zurück!«

Wir rechneten damit, daß die hilfsbereiten Inselbewohner Knut im Kanu zu uns bringen würden, falls sie es überhaupt für ratsam hielten hinauszufahren. Hielten sie es nicht für ratsam, so war es Wahnwitz, wenn Knut sich allein im Gummiboot aufs offene Meer wagte, in der schwachen Hoffnung, das ausreißende Floß wieder einzuholen. Die Eingeborenen nahmen den Zettel, sprangen in die Kanus und verschwanden in der Nacht. Nach einer Weile hörten wir eine durchdringende Stimme, die draußen im Dunkel rief: »Good night!«

Dann drang noch ein anerkennendes Gemurmel der weniger Sprachkundigen zu uns herüber, danach war wieder alles still und frei von fremden Lauten, wie zu der Zeit, da wir zweitausend Seemeilen vom nächsten Land entfernt waren. Es war sinnlos, unter vollem Winddruck dort auf dem offenen Meer sich noch mit den Paddeln abzumühen, die Lichtsignale von der Mastspitze jedoch setzten wir fort. Wir wagten es nicht mehr, »Komm zurück!« zu morsen, wir gaben nur noch gleichmäßige Blinksignale. Es war stockfinster. Der Mond drang nur für Augenblicke durch die Wolkenschichten. Wir mußten Angataus Cumulunimbuswolke über uns haben.

Um zehn gaben wir die letzte schwache Hoffnung auf, Knut wiederzusehen. Wir hockten uns schweigend auf die Floßkante und knabberten ein paar Kekse. Doch noch immer blinkten wir Signale. Wir wechselten uns in der kahlen Mastspitze ab, die sich ohne das breite Kon-Tiki-Segel so leer über uns spreizte.

Wir beschlossen, die Signale die ganze Nacht hindurch zu geben, solange wir nicht wußten, wo Knut sich befand. Wir weigerten uns, zu glauben, daß die Brandungswellen ihn erwischt hätten. Knut kam immer wieder auf die Füße – schweres Wasser oder Brandung –, am Leben war er auf alle Fälle. Es war nur ein so verfluchtes Gefühl, ihn bei den Polynesiern auf der einsamen Insel dort draußen im Stillen Ozean sitzenzulassen. Eine verdammte Sache! Nach dieser ganzen langen Reise brachten wir nichts weiter fertig, als uns einer vergessenen Südseeinsel zu nähern, einen Mann abzusetzen und weiterzusegeln. Und kaum waren die ersten Polynesier freundlich lächelnd an Bord gekommen, mußten sie schon Hals über Kopf ausreißen, um nicht selbst mitgeschleppt zu werden auf »Kon-Tikis« wilder, ausschweifender Jagd nach Westen. Es war eine verteufelte Situation. Das Tauwerk knarrte scheußlich in dieser Nacht. Keiner von uns machte Anstalten, schlafen zu gehen.

Es war halb elf geworden. Bengt kletterte gerade die Wanten herunter, um sich auf der schwankenden Mastspitze ablösen zu lassen, als wir alle aufsprangen. Wir hatten deutlich Stimmen gehört. Draußen im Dunkel. Und da war es wieder: Polynesier redeten dort irgendwo. Wir brüllten aus Leibeskräften hinaus in die schwarze Nacht. Und es schrie zurück – und Knuts Stimme war dabei! Wir waren wie von Sinnen vor Begeisterung. Die Müdigkeit war fort, die Gewitterwolke über unserem Haupt verschwunden. Was tat es, wenn wir von Angatau davontrieben, es gab Inseln genug im Meer. Mochten die neun reiselustigen Balsastämme treiben, wohin sie wollten, wenn sie uns nur alle sechs an Bord hatten!

Drei Auslegerkanus kamen aus dem Dunkel über die Wogen geritten. Knut war der erse, der die liebe alte »Kon-Tiki« enterte, gefolgt von sechs braunen Männern. Es blieb wenig Zeit für Erklärungen. Die Eingeborenen mußten ihre Geschenke bekommen und sofort wieder davon auf ihre waghalsige Fahrt zurück zur Insel. Ohne Licht oder Land zu sehen, ja kaum noch die Sterne, mußten sie ihren Weg suchen gegen Wogen und Wind, bis sie den Feuerschein sahen. Wir belohnten sie reichlich mit Proviant, Zigaretten und anderen Dingen, und jeder von ihnen schüttelte uns herzlich die Hand zu einem letzten Lebewohl.

Sie waren sichtlich besorgt um uns, zeigten nach Westen und machten uns klar, daß wir auf gefährliche Riffe zutrieben. Ihr Anführer hatte Tränen in den Augen und küßte mich zärtlich aufs Kinn, so daß ich der Vorsehung für meinen Vollbart dankte. Dann kletterten sie in ihre Kanus, und wir sechs Kameraden saßen wieder vollzählig und allein auf dem Floß.

Wir überließen es seinen Launen und hörten uns Knuts Geschichte an.

Er war mit dem Schlauchboot im guten Glauben zur Insel gefahren, den Anführer der Eingeborenen an Bord. Der handhabte selbst die kleinen Paddel und steuerte eben die Passage an, als Knut zu seiner Verwunderung die Lichtsignale der »Kon-Tiki« sah, die ihn aufforderten zurückzukommen. Er gab dem Polynesier durch Zeichen zu verstehen, er solle wenden, doch der weigerte sich zu gehorchen. Knut griff selbst nach den Paddeln, doch der Inselbewohner stieß ihn zurück, und angesichts des tosenden Riffs war es sinnlos, sich auf einen Streit einzulassen. Sie waren davongetanzt, genau durch die Öffnung im Riff, und dann an der Innenseite weitergefahren, bis eine Welle sie auf einen soliden Korallenblock hob. Ein Schwarm von Eingeborenen packte das Schlauchboot und zog es hoch aufs Ufer. Und dort stand Knut dann unter Palmen, um ihn herum eine ansehnliche Schar von Eingeborenen, die in einer Sprache drauflosplapperten, die er nicht verstand. Braune, barfüßige Männer und Frauen und Kinder aller Altersstufen umschwärmten ihn und befühlten den Stoff seines Hemdes und seiner Hose. Sie selbst trugen zerschlissene europäische Kleidung, doch ein Weißer war nicht auf der Insel.

Knut griff sich einige der aufgewecktesten Burschen heraus und machte ihnen durch Zeichen verständlich, daß sie mit ihm im Schlauchboot hinausfahren sollten. In diesem Augenblick kam ein großer, fetter Mann dahergeschaukelt, von dem Knut annahm, es sei der Häuptling, denn er trug eine alte Uniformmütze und sprach mit lauter, gebieterischer Stimme. Alle machten ihm Platz. Knut erklärte sowohl auf norwegisch wie auf englisch, daß er Männer benötigte und unverzüglich zum Floß zurückfahren müsse, bevor es davontrieb. Der Häuptling strahlte wie die Sonne und verstand absolut nichts, und trotz Knuts wildester Proteste schleppte ihn die lärmende Schar ins Dorf. Dort wurde er von den Hunden, Schweinen und Hühnern empfangen und von schönen Südseemädchen, die ihm frische Früchte brachten. Es war deutlich zu erkennen, daß die Eingeborenen sich bemühten, Knut den Aufenthalt so angenehm wie nur möglich zu gestalten. Doch er ließ sich nicht verführen; er dachte mit Wehmut ans Floß, das nach Westen entschwand. Die Absicht der Eingeborenen war offenkundig. Sie sehnten sich nach Abwechslung und Gesellschaft und wußten, daß es auf den Schiffen der weißen Männer eine Menge nützlicher Dinge gab. Wenn es ihnen glückte, Knut an Land zu behalten, kamen wir anderen und das merkwürdige Boot bestimmt auch herein. Kein Schiff ließ einen weißen Mann auf einer so abgelegenen Insel wie Angatau sitzen.

Nach einigen bemerkenswerten Abenteuern kam Knut los und erzwang sich seinen Weg hinunter zum

Schlauchboot, umringt von Bewunderern beiderlei Geschlechts. Seine internationalen Ausdrücke waren nicht länger mißzuverstehen. Er mußte und wollte zurück zu dem merkwürdigen Fahrzeug dort draußen in der Nacht, das es so eilig hatte und, sogar ohne anzulegen, weiterwollte.

Da versuchten es die Eingeborenen mit einer List. Sie gaben ihm durch Zeichen zu verstehen, daß wir mit dem Floß die Insel hinter der Landspitze anliefen. Knut war ein Weilchen unschlüssig, doch dann hörte er laute Stimmen am Strand, wo Frauen und Kinder das qualmende Feuer unterhielten. Die drei Kanus waren zurückgekehrt. Die Männer kamen herauf und gaben Knut den Zettel. Knut war in einer verzweifelten Situation. Er hatte strikte Anweisung, nicht allein aufs Meer hinauszupaddeln, und die Eingeborenen schlugen es rundweg ab, mit ihm zu fahren.

Die Inselbewohner stritten und debattierten in den höchsten Tönen. Die draußen gewesen waren und das Floß aus der Nähe gesehen hatten, wußten nur zu gut, daß es zwecklos war, Knut zurückzuhalten, in der Hoffnung, uns andere damit an Land zu bekommen. Schließlich bewogen Knuts Versprechungen und Drohungen im internationalen Tonfall drei Kanumannschaften, mit ihm hinauszufahren und Jagd auf die »Kon-Tiki« zu machen. Wenig später ging es mit dem Schlauchboot im Schlepp wieder in die Tropennacht hinaus. Reglos standen die anderen vor dem erlöschenden Feuer und schauten ihrem neuen blonden Freund nach, der ebenso rasch verschwand, wie er gekommen war.

Knut und seine Begleiter konnten die schwachen Lichtsignale des Floßes sehen, wenn die Wogen die Kanus emporhoben. Die schmalen und schlanken Polynesierkanus, die sich auf einen zugespitzten Ausleger stützen, schnitten wie Messer durch die Wasserfläche, doch Knut schien es eine Ewigkeit zu dauern, bis er die runden, dicken Stämme der »Kon-Tiki« wieder unter seinen Füßen spürte.

»War es schön an Land?« fragte Torstein neidisch.

»Oje«, sagte Knut. »Die Hulamädchen müßtest du gesehen haben!«

Wir ließen das Segel einholen und die Paddel, wo sie gerade waren, krochen alle sechs in die Bambushütte und schliefen, reglos wie die Steine am Strand von Angatau.

Drei Tage lang trieben wir weiter übers Meer, ohne Land zu sichten.

Unser Kurs führte geradenwegs auf die schicksalsschwangeren Takume- oder Raroia-Riffe zu, die siebzig bis achtzig Kilometer des Meeres vor uns sperrten. Wir gaben uns verzweifelte Mühe, das Floß so zu steuern, daß wir diese gefährlichen Riffe an ihrer Nordseite passierten. Es schien auch alles gut zu gehen, bis in der dritten Nacht der Posten hereinstürzte und uns weckte.

Der Wind hatte sich gedreht, wir trieben genau auf das Takume-Riff zu. Es regnete, die Sicht war gleich Null. Das Riff war nach unseren Berechnungen nicht mehr weit entfernt.

Mitten in der Nacht hielten wir eine

Beratung ab. Diesmal galt es unser Leben. An der Nordseite vorbeizukommen war nun ausgeschlossen. Wir konnten nur noch versuchen, die Südseite zu erreichen. Wir drehten das Segel, legten das Ruder herum und begannen eine gefährliche Segelfahrt, den unbeständigen Nordwind im Rücken. Falls der Ostwind wieder einsetzte, bevor wir die ganze Front dieser achtzig Kilometer langen Riffe passiert hatten, wären wir hilflos der Gewalt der Brandung ausgeliefert.

Wir einigten uns über alle Maßnahmen für den Fall eines Schiffbruchs. Wir mußten uns um jeden Preis an Bord der »Kon-Tiki« halten. Wir durften nicht auf den Mast klettern, von wo wir wie eine reife Frucht abgeschüttelt werden würden, sondern mußten uns an die Taue klammern, die den Mast hielten, wenn sich die Wogen über uns hinwegwälzten. Wir legten das Gummifloß offen an Deck und banden einen kleinen, wasserdichten Sender darauf fest, etwas Proviant, Wasserflaschen und Medizinvorräte. Das würde an Land gewaschen werden, unabhängig von uns, falls wir wohlbehalten, aber mit leeren Händen über das Riff kommen sollten. Am Heck der »Kon-Tiki« befestigten wir ein langes Seil mit einem Schwimmer. Auch der würde an Land gespült werden, so daß wir, falls das Floß im Riff hängenblieb, später versuchen konnten, es hereinzuziehen. Nach diesen Vorbereitungen krochen wir wieder in die Hütte und überließen die Wache dem Steuermann draußen im Regen.

Solange der Nordwind anhielt, glitten wir sacht, aber sicher an der Front des Korallenriffs entlang, das hinter dem Horizont auf uns lauerte.

Am Nachmittag legte sich der Wind völlig, und als er sich wieder rührte, kam er aus dem Osten. Eriks Position zufolge befanden wir uns allerdings schon so weit südlich, daß wir hoffen konnten, an der äußersten Spitze des Raroia-Riffs vorbeizukommen. Wir würden dann versuchen, hinter das Riff in Lee zu gelangen, bevor es uns weitertrieb gegen andere Riffe.

Als es Nacht wurde, hatten wir hundert Tage auf See zugebracht. Spät in der Nacht wachte ich auf, mir war irgendwie unbehaglich zumute. Irgend etwas stimmte mit den Wogen nicht. Die »Kon-Tiki« bewegte sich ein wenig anders, als sie es sonst unter gleichen Bedingungen zu tun pflegte. Der Rhythmus der Stämme hatte sich geändert. Ich dachte sofort an den Rückstrom von einer nahe gelegenen Küste und ging immer wieder an Deck und stieg in den Mast. Rundum war nur das Meer zu sehen, doch einen ruhigen Schlaf fand ich nicht mehr. Die Zeit verrann.

Bei Tagesgrauen, kurz vor sechs, kam Torstein eilends von der Mastspitze herab. In der Ferne – genau voraus – hatte er eine ganze Reihe von kleinen Palmeninseln gesehen. Wir drückten sofort das Ruder so weit wie möglich nach Süden herum. Was Torstein gesehen hatte, mußten die kleinen Koralleninseln sein, die, wie Perlen auf einer Schnur, hinter dem Raroia-Riff liegen. Eine nördliche Strömung mußte uns wieder ergriffen haben.

Um halb acht waren kleine Palmeninseln in Reih und Glied entlang dem ganzen westlichen Horizont aufgetaucht. Genau auf die südlichste davon wies unser Bug, und von dort reichte die Kette der Inseln und Palmenhaine über den ganzen Meeressaum an Steuerbord; die nördlichsten glichen nur noch Punkten, die nächsten waren vier bis fünf Seemeilen entfernt.

Ein einziger Blick von der Mastspitze verriet, daß, obwohl der Bug auf die äußerste der Inseln zeigte, die Seitendrift so groß war, daß wir schräg auf das Riff zutrieben. Mit straffen Senkkielen hätten wir noch hoffen können, daran vorbeizusteuern, aber Haie folgten uns auf den Fersen, so daß es unmöglich war, unter das Floß zu tauchen und die Senkkiele mit neuen Pardunen zu versteifen.

Wir begriffen, daß uns nur noch ein paar Stunden auf der »Kon-Tiki« verblieben. Die mußten wir nutzen, um uns auf die unvermeidliche Havarie am Korallenriff vorzubereiten. Jedermann bekam Anweisung, was er zu tun hatte, wenn der Augenblick heran war. Jeder einzelne von uns wußte, wofür er verantwortlich war, so daß wir nicht herumspringen und uns gegenseitig auf die Zehen treten würden, wenn es um Sekunden ging. Die »Kon-Tiki« schaukelte auf und ab und auf und ab, während der Wind uns langsam hinüberdrückte. Es war kein Zweifel, daß dort, wo die Wogen vom ohnmächtigen Schlag gegen die Ringmauer zurückprallten, ein höllisches Chaos auf uns wartete.

Wir fuhren noch immer unter vollen Segeln, in der Hoffnung, trotz allem vorbeisteuern zu können. Als wir allmählich näher trieben, konnten wir vom Mast aus erkennen, daß die ganze Kette palmenbedeckter Inselchen durch ein zum Teil überseeisches und zum Teil unterseeisches Korallenriff verbunden war. Wie vor einer Mole bäumte sich dort das Meer weißschäumend auf und sprang hoch empor zum Himmel. Das Ringriff von Raroia ist oval und hat einen Durchmesser von vierzig Kilometern; die Längsseite ist dem Meer im Osten zugekehrt, auf dem wir angeschaukelt kamen.

Das Riff selbst, das sich vor uns von Horizont zu Horizont dehnte, ist nur wenige Meter breit, und hinter ihm liegen idyllische kleine Inseln um die stille Lagune in der Mitte.

Wir sahen mit gemischten Gefühlen, daß der blaue Pazifik schonungslos aufgerissen in die Luft zischte, so weit unser Blick reichte. Ich wußte, was uns dort erwartete, denn ich war schon früher einmal auf der Tuamotu-Gruppe gewesen. Damals hatte ich von sicherem Land aus das gewaltige Schauspiel bewundert, das sich bot, wo die Brandung des offenen Ozeans über das Riff hereinbrach. Nach und nach tauchten immer mehr Riffe und Inseln auf, bis weit hinunter nach Süden. Wir mußten mitten vor der Korallenmauer liegen.

An Bord der »Kon-Tiki« stand alles im Zeichen des Aufbruchs. Was einigermaßen von Wert war, wurde in die Hütte hineingetragen und festgezurrt. Dokumente und Papiere verstauten wir in wasserdichten Beuteln, auch die Filme und alles andere, was ein Seebad nicht vertrug. Die ganze Bambushütte wurde mit Segeltuch abgedeckt und besonders solide Taue über das Ganze gespannt. Als wir erkannten, daß wir alle Hoffnung, der Brandung zu entkommen, aufgeben konnten, öffneten wir das Bambusdeck und zerhieben das Tauwerk, das die Senkkiele hielt. Es war eine schwere und mühevolle Arbeit, die Bohlen heraufzubekommen, denn alle waren dicht mit fetten Entenmuscheln besetzt. Nun reichte das Floß nicht tiefer als bis zur Unterseite der Stämme, die Wogen würden es aber leichter über das Riff hinwegspülen; ohne Senkkiele und mit gestrichenem Segel trieb es nun seitwärts, ganz wie Wind und Wellen es wollten.

Wir banden das eine Ende des längsten Taus, das wir hatten, an unseren selbstgefertigten Anker und befestigten das andere am Fuß des Backbordmastes; wenn wir den Anker über Bord warfen, würde die »Kon-Tiki« mit dem Heck voran in die Brandungswellen hineintreiben. Der Anker bestand aus leeren Wasserkanistern, die wir mit den verbrauchten Batterien des Senders und einer Sammlung unseres schwersten Plunders gefüllt hatten. Außerdem hatten wir kreuz und quer solide Pfähle aus Eisenholz durch die Verschnürung gesteckt.

Vorschrift Nummer eins – das A und O – war: Halte dich am Floß fest! Was immer auch geschehen würde, wir mußten uns irgendwo anklammern und die neun großen Stämme den Stoß des Riffs aufnehmen lassen. Wir selbst würden mehr als genug mit der Wucht des Wassers zu tun haben. Über Bord springen bedeutete, ein hilfloses Opfer der Brandung und des Sogs zu werden, die uns auf den scharfen Korallen hin und her schleudern würden. Das Gummifloß würde in den steilen Brandungswogen kentern oder, schwer beladen mit uns, am Riff in Fetzen zerrissen werden. Aber die Baumstämme würden früher oder später an Land geschleudert werden, und wir mit ihnen – wenn es uns nur gelang, uns so lange festzuhalten.

Zweitens bekamen alle Mann Anweisung, zum erstenmal nach hundert Tagen Schuhe anzuziehen und dann die Schwimmwesten anzulegen. Das letztere allerdings war von geringerem Wert, denn falls einer über Bord ging, würde er zerschmettert werden und nicht ertrinken. Jedem blieb genügend Zeit, seinen Paß zu sich zu stecken und die wenigen Dollars, die er noch hatte, denn nicht der Mangel an Zeit war für uns das Problem.

Es waren spannende Stunden. Wir trieben unbeholfen seitlich auf das Riff zu, an Bord herrschte auffallende Ruhe; still und wortkarg bewegten wir uns hin und her zwischen Hütte und Bambusdeck und erledigten unsere Angelegenheiten. Die ernsten Gesichter zeigten, daß jeder wußte, was uns erwartete, und das Fehlen jeder Nervosität bewies, daß wir alle im Laufe der Zeit ein unerschütterliches Vertrauen zum Floß gewonnen hatten. Es hatte das Meer bezwungen, es würde ihm wohl auch gelingen, uns lebend an Land zu bringen.

Das Innere der Hütte war ein einziges Chaos von Proviantkartons und festgezurrtem Gepäck. Nur in der Funkecke war noch ein wenig Platz für Torstein, der den Kurzwellensender in Betrieb gesetzt hatte. Wir waren achttausend Kilometer entfernt von unserer alten Basis in Callao, wo die Seekriegsschule ständig Verbindung mit uns aufrechterhielt, und noch weiter von Hal und Frank und den anderen Amateuren in den Vereinigten Staaten. Der Zufall aber wollte es, daß wir am Tag zuvor Verbindung mit einem tüchtigen Radioamateur bekommen hatten, der mit seiner Station auf Rarotonga saß, einer der Cook-Inseln. Mit ihm hatten unsere Funker ganz im Gegensatz zur üblichen Praxis eine zusätzliche Verbindung im Morgengrauen vereinbart. Und während wir dem Riff nun näher und näher kamen, hämmerte Torstein unverdrossen auf seine Taste und rief Rarotonga.

Hier die Eintragungen aus »Kon-Tikis« Logboch:

»8.15 Uhr:

Wir nähern uns langsam dem Land. Wir können jetzt an Steuerbord voraus mit bloßem Auge die einzelnen Palmen erkennen.

8.45 Uhr:

Der Wind hat sich gedreht und kommt aus einer für uns noch ungünstigeren Richtung. Wir haben nicht die geringste Hoffnung mehr vorbeizutreiben. Keine Nervosität an Bord, aber fieberhafte Vorbereitungen auf Deck. An der Innenseite des Riffs liegt etwas, was aussieht wie das Wrack eines Segelkutters, vielleicht ist es aber auch ein mit Treibholz beladenes Fischerboot.

9.45 Uhr:

Der Wind treibt uns genau auf die vorletzte Insel zu, die wir hinter dem Riff sehen. Wir können das Korallenriff jetzt ganz deutlich erkennen. Wie eine weiß und rot gesprenkelte Ringmauer ragt es ein wenig aus dem Wasser und umschließt die Inseln wie ein Gürtel. An seiner ganzen Front jagen schaumweiße Brandungswellen in die Höhe. Bengt serviert uns eben eine kräftige, warme Mahlzeit, die letzte vor dem großen Turnier. Es ist ein Wrack, was da drinnen am Riff liegt. Wir sind nun so nahe, daß wir die spiegelglatte Lagune hinter dem Riff übersehen können. Auch die verschwommenen Umrisse weiterer Inseln auf der anderen Seite der Lagune sind zu erkennen.«

Während ich das schrieb, kam das dumpfe Dröhnen der Brandung immer näher. Es kam von der ganzen Weite des Riffs und lag in der Luft wie aufpeitschender Trommelwirbel vor dem spannenden Finale der »Kon-Tiki«.

»9.50 Uhr:

Wir sind sehr nahe. Treiben quer zum Riff. Nur noch wenige hundert Meter. Torstein sitzt noch immer in seiner Ecke und ruft den Mann auf Rarotonga. Alles ist klar. Muß das Logbuch jetzt einpacken. Sind alle guten Muts. Es sieht böse aus, aber wir werden es schaffen!«

Wenige Minuten später flog der Anker über Bord und faßte Boden, so daß die »Kon-Tiki« herumschwenkte und das Heck der Brandung zukehrte. Das erbrachte uns einige wenige, aber kostbare Minuten, in denen Torstein wie rasend auf die Taste hämmerte. Jetzt hatte er Rarotonga! Die Brandung donnerte, und die See ging heftig. Alle Mann waren auf Deck in Bewegung, und Torstein konnte seine Meldung nun endlich absetzen. Er meldete, daß wir auf das Raroia-Riff trieben, und bat Rarotonga, auf derselben Frequenz jede volle Stunde auf Empfang zu gehen. Falls wir mehr als sechsunddreißig Stunden stumm blieben, solle er die norwegische Gesandtschaft in Washington verständigen. Als letztes gab er durch: »O.k. Noch fünfzig Meter. Es geht los. Auf Wiedersehen.« Er verschloß die Station, Knut versiegelte die Papiere, und dann krochen beide in höchster Eile heraus auf Deck zu uns anderen, denn nun war keine Täuschung mehr möglich, der Anker gab nach.

Die Wellen wurden wilder und wilder, die Täler immer tiefer, und wir spürten, daß sich das Floß auf und nieder schwang, auf und nieder, höher und höher.

Noch einmal brüllte ich: »Festhalten! Kümmert euch nicht um die Ladung! Bloß festhalten!«

Wir waren nun dem Wasserfall vor uns so nahe, daß wir das gleichmäßige Getöse rundum nicht mehr hörten. Wir hörten nur noch das Dröhnen, mit dem sich die Brandung vor uns überschlug.

Alle standen bereit, und jeder klammerte sich an das Tau, das er für das sicherste hielt. Nur Erik kroch im letzten Augenblick noch einmal in die Hütte. Er hatte einen Punkt des Programms noch nicht erledigt – er hatte seine Schuhe nicht gefunden!

Achteraus stand niemand, denn von dort würde der Stoß des Riffs kommen. Auch die zwei soliden Haltetaue von der Mastspitze zum Heck waren nicht sicher, denn wenn der Mast fiel, würden sie außenbords über das Riff hängen. Hermann, Bengt und Torstein waren auf ein paar Kisten gekrochen, die vor der Hüttenwand festgezurrt waren. Hermann hängte sich in die Pardunen des Hüttendachs, die beiden anderen packten die Taue zur Mastspitze, an denen sonst das Segel gehißt wurde. Knut und ich wählten die Taue vom Bug zur Mastspitze, denn falls Mast und Hütte und alles andere über Bord gingen, so – glaubten wir – würde das Tau vom Bug dennoch über dem Floß liegen, da die Wellen nun ja von vorn hereinbrachen.

Als sicher war, daß die Wellen uns ergriffen hatten, kappten wir das Ankertau – und damit ging es los. Eine See wogte unter uns auf, und wir spürten, daß die »Kon-Tiki« in die Höhe gehoben wurde. Der große Augenblick war da. Nun ritten wir auf den Wellenrükken landeinwärts in rasender Fahrt, so daß es knackte und schrie in dem schlottrigen Fahrzeug, das unter uns geradezu flatterte. Die Spannung brachte das Blut gleichsam zum Kochen. Ich erinnere mich, daß ich mangels eines anderen Einfalls die Arme hochriß und mit aller Kraft meiner Lungen »Hurra!« brüllte. Das gab mir eine gewisse Erleichterung und konnte keinesfalls schaden. Die anderen glaubten wahrscheinlich, ich sei verrückt geworden, aber die Gesichter erhellten sich, und alle lachten – trotz der Erregung. Nun ging es brausend voran, es war »Kon-Tikis« Feuertaufe, es würde und mußte gut gehen.

Doch der helle Siegesrausch bekam

sofort einen Dämpfer. Hinter uns stieg eine neue See hochauf, eine glänzende, grüne Glaswand, und als wir hinunterglitten, stürzte sie sich auf uns herab. Ich sah sie hoch über mir, fühlte im selben Augenblick einen furchtbaren Stoß und verschwand in den Wassermassen. Ich spürte den Sog im ganzen Körper, es war eine so ungeheuerliche Kraft, daß ich jeden Muskel anspannen mußte und nur an eines denken konnte: Festhalten! Festhalten! Ich glaube, in einer so verzweifelten Situation würden einem eher die Arme ausgerissen, als daß das Hirn eine Lockerung des Griffs zuläßt, mag das Ende noch so offensichtlich sein. Auf einmal spürte ich, daß der Wasserberg vorbeitrieb und seine teuflische Umklammerung des Körpers lockerte. Während der Kamm mit ohrenbetäubendem Brausen und Krachen weiterraste, sah ich Knut zusammengerollt zu einer Kugel an meiner Seite hängen. Von hinten sah die Riesenwoge beinahe flach und grau aus. Als sie den Dachfirst freigab, hingen dort die drei anderen am Hüttengiebel.

Noch schwammen wir frei in den Wellen.

In höchster Eile klammerte ich mich wieder fest, schlang Arme und Beine um das solide Tau. Knut ließ sich zu Boden gleiten und war mit einem Tigersprung bei den anderen auf den Kisten, wo die Hütte den Stoß auffing. Ich hörte beruhigende Zurufe von drüben, sah aber gleichzeitig, daß abermals eine grüne Wand sich emporhob und donnernd auf uns zukam. Ich schrie eine Warnung und machte mich so klein wie möglich. Und im Nu war wiederum die Hölle über uns los, die ganze »Kon-Tiki« verschwand unter den Wassermassen. Das Meer riß und zerrte mit aller Kraft, die es gegen einen kleinen Menschenkörper aufbieten konnte. Diese zweite See jagte über uns hinweg, dann eine dritte, und dann hörte ich einen triumphierenden Ruf von Knut, der sich nun an die Strickleiter klammerte: »Schaut euch das Floß an! Es hält! Es hält!«

Die drei Wellen hatten nur den Doppelmast und die Hütte ein wenig schief geschlagen. Aufs neue fühlten wir den Triumph über die Elemente, und der Siegesrausch verlieh uns frische Kräfte.

Da sah ich die nächste Woge donnernd heraufkommen, höher als alle zuvor; wieder brüllte ich den anderen eine Warnung zu, während ich so weit wie möglich das Tau hinaufkletterte und mich festkrallte. Ich verschwand in der grünen Wasserwand, die sich hoch über uns auftürmte. Die anderen, die weiter hinten standen und mich verschwinden sahen, schätzten die Höhe der Wasserwand auf acht Meter, der schäumende Kamm passierte fünf Meter über dem Teil der Wand, von dem ich verschluckt wurde. Dann erreichte die Wand auch sie, und alle hatten nur mehr den Gedanken: Festhalten! Nichts als festhalten!

Diesmal mußten wir wohl gegen das Riff geprallt sein. Ich selbst spürte nur den Druck gegen das Tau, das ausschwang und schwach den Stößen nachgab. Doch ob die Schläge von oben oder von unten kamen, konnte ich nicht unterscheiden, da ich ja in der Luft hing.

Das Ganze dauerte nur Sekunden, doch es forderte mehr Kraft, als wir normalerweise im Körper haben. Es gibt noch andere Kräfte in der Menschenmaschinerie als die der Muskeln allein. Ich entschied mich, falls ich sterben müsse, es in dieser Stellung zu tun, wie ein Knoten im Tau. Die See donnerte weiter, als sie brüllend passiert war, gab sie einen bösen Anblick frei. Wie durch eine Zauberstreich war die ganze »Kon-Tiki« verändert. Das Fahrzeug, das wir wochen- und monatelang auf See gekannt hatten, gab es nicht mehr. In Sekunden war unsere gemütliche Welt zu einem Wrack zerschlagen.

Ich sah nur noch einen Menschen an Bord. Er lag flach auf dem Hüttendach, Gesicht nach unten und die Arme seitwärts ausgestreckt. Die Hütte selbst war wie ein Kartenhaus nach hinten und Steuerbord zusammengedrückt. Das reglose Geschöpf war Hermann. Sonst war kein Lebenszeichen zu entdecken, als die Wassermassen über das Riff hinwegdonnerten. Der eisenharte Mast auf der Steuerbordseite war wie ein Zündholz gebrochen. Im Stürzen hatte die Spitze das Hüttendach durchschlagen, der Mast selbst hing mit allem Tauwerk schräg nach Steuerbord über das Riff. Am Heck war der Steuerbock verdreht und der Querbalken gebrochen, das Steuerruder war Kleinholz. Die soliden Kiefernplanken am Bug waren wie Brettchen einer Zigarrenkiste zerschlagen, das ganze Deck war aufgerissen und wie nasses Papier an die Vorderwand der Hütte geklatscht samt Kisten, Kannen, Segeltuch und allem anderen. Bambusstangen und Tauenden standen überall heraus; der Gesamteindruck: ein vollkommenes Chaos!

Ein eisiger Schreck durchfuhr mich. Was half es, wenn ich allein festhing. Falls ich einen einzigen Mann hier im Endspurt verlor, war das ganze Unternehmen verpfuscht. Und nach dem letzten Wogenanprall war nur noch ein einziger zu sehen. Im selben Augenblick jedoch tauchte Torsteins zusammengekrümmte Gestalt an der Seite des Floßes auf. Er hing wie ein Affe in den zur Mastspitze führenden Tauen, und es gelang ihm, wieder an Bord zu kommen, hinauf auf den Wirrwarr vor der Hütte. Hermann hob nun auch den Kopf und preßte ein aufmunterndes Grinsen hervor, ohne sich zu rühren. Ich fragte brüllend nach den anderen und hörte Bengt ruhig antworten, es seien noch alle an Bord. Sie lagen ins Tauwerk geklammert hinter der Barrikade, die das zähe Flechtwerk des Bambusdecks aufgebaut hatte.

All das dauerte nur Sekunden, während die »Kon-Tiki« mit dem Rücksog auf dem Weg aus dem Hexenkessel war. Eine neue See wälzte sich heran. Zum letztenmal brüllte ich »Festhalten!« in das Tosen, und das war auch alles, was ich selbst tat. Wiederum klammerte ich mich fest und verschwand in den Wassermassen, die in endlosen zwei bis drei Sekunden über mich hinweg und vorbeirasten. Das war genug für mich. Ich sah, daß die Enden der Stämme gegen eine Stufe im Korallenriff prallten, ohne darüber hinwegzukommen. Wir wurden wieder hinausgezogen. Ich sah auch die zwei, die auf dem Hüttendach lagen, aber das Lachen war ihnen vergangen. Hinter dem Bambusgewirr sagte jemand ruhig: »Es geht nicht.«

Dieselbe Mutlosigkeit spürte ich selbst. Da sich die Mastspitze weiter über die Steuerbordseite neigte, hing ich an meinem nun schlaffen Tau außerhalb des Floßes. Die nächste See kam. Ich war todmüde, als sie vorüber war, und wollte nichts anderes mehr als auf die Stämme kommen und hinter die Barrikade kriechen. Das Wasser lief ab, und nun sah ich zum erstenmal das holprige, rote Riff entblößt unter uns. Und ich entdeckte Torstein, der gebückt auf den glänzenden roten Korallen stand und sich an einem Tau festhielt. Knut stand achtern auf dem Sprung. Ich brüllte, wir müßten uns auf den Stämmen halten, und Torstein, den das Wasser über Bord gespült hatte, schwang sich wie eine Katze wieder hinauf.

Zwei oder drei Wogen wälzten sich mit abnehmender Kraft über uns hinweg; an das, was dabei geschah, erinnere ich mich nicht, ich weiß nur noch, daß Wasser hinein- und herausschäumte, daß ich selbst tiefer und tiefer hinuntersank zu dem roten Riff, auf das wir geschoben wurden. Nun erreichten uns nur noch Schaumflocken, und ich arbeitete mich auf das Floß, wo alle auf dem Weg zum Heck waren, das sich am weitesten hinaufgeschoben hatte.

In diesem Augenblick sprang Knut mit einer Leine, die am Achterdeck bereitlag, hinaus auf festen Boden. Während das Wasser zurückflutete, watete er im Galopp dreißig Meter landeinwärts und stand sicher am Ende des Taus, als die nächste See auf ihn zuschäumte; doch sie verhielt und rann von dem flachen Riff in breitem Strom zurück.

Nun kam Erik aus der zusammengesunkenen Hütte herausgekrochen, seine Schuhe an den Füßen. Hätten wir es alle so gemacht wie er, wären wir billig davongekommen. Da die Hütte doch nicht über Bord gegangen, sondern ruhig unter dem Segeltuch in sich zusammengesunken war, hatte Erik in aller Gemütsruhe zwischen der Ladung gelegen und die Hölle über uns hereinbrechen hören, während die eingesunkenen Bambuswände sich niederbogen. Bengt hatte, als der Mast brach, eine leichte Gehirnerschütterung erlitten, doch es war ihm geglückt, neben Erik in die zusammengefallene Hütte zu kriechen. Dort hätten wir alle liegen können, hätten wir geahnt, daß Bambusflechtwerk, Taue und Balsastämme auch unter dem Anprall der Brandung so untrennbar zusammenhielten.

Erik stand achtern auf den Stämmen, und als die See hinauslief, sprang er aufs Riff. Das nächste Mal war es Hermann, der bereitstand, dann Bengt. Jede Woge schob das Floß ein Stück weiter hinauf, und als die Reihe an Torstein und mir war, lag das Floß bereits so weit innen am Riff, daß kein Anlaß mehr bestand, es zu verlassen. Wir fingen mit der Bergung an.

Die teuflische Treppenstufe im Riff, wo sich die Brandungswellen nach wie vor in Reih und Glied überschlugen, lag zwanzig Meter hinter uns. Die Korallentiere hatten das Ringriff so hoch gebaut, daß nur die obersten Zungen der Brandung einen frischen Strom Seewasser in die fischreiche Lagune hineinschickten. Dort drinnen war die Zauberwelt der Korallen, entfaltete sie sich in abenteuerlichen Formen und Farben.

Weit drinnen fanden die anderen das Gummiboot, das voller Wasser dahintrieb. Sie leerten es aus und zogen es zum Wrack zurück. Wir beluden es mit der wichtigsten Ausrüstung, vor allem mit dem Sender, dem Proviant und den Wasserflaschen, zogen es an die Innenseite des Riffs und stapelten alles auf die Spitze eines mächtigen Korallenblocks, der sich wie ein großer Meteorstein ausnahm; man konnte nie wissen, worauf das Meer verfiel, wenn die Flut einsetzte.

In dem seichten Wasser sahen wir etwas Blankes in der Sonne glänzen. Als wir hinwateten und es aufhoben, stellten wir zu unserem Erstaunen fest, daß es zwei leere Konservenbüchsen waren. Wir hatten nicht erwartet, ausgerechnet so etwas zu finden, und waren noch mehr überrascht, als wir feststellten, daß die kleinen Büchsen ganz blank und frisch geöffnet waren und das Wort »Ananas« darauf prangte, mit derselben Schrift wie auf den Feldrationen, die wir für den Quartiermeister ausprobierten. Es waren zwei unserer eigenen Ananasbüchsen, die wir nach unserer letzten Mahlzeit auf der »Kon-Tiki« über Bord geworfen hatten. Sie mußten kurz vor uns gelandet sein.

Es waren scharfkantige, bizarre Korallenblöcke, auf denen wir uns befanden, und bald wateten wir bis zu den Knöcheln, bald bis zur Brust im Wasser, denn der Boden war uneben und von Rinnen und ganzen Stromtälern durchzogen. Algen, Seerosen und Korallen ließen das Riff wie einen Steingarten mit Moosen, Kakteen und versteinerten Gewächsen aussehen, die rot, grün, gelb und weiß schimmerten. Es gab keine Farbe, die nicht vertreten gewesen wäre, sei es in Korallen und Algen, Muscheln und Seewalzen oder gar in den phantastischen Fischen, die überall umherhuschten. In dem kristallklaren Wasser der tieferen Rinnen kamen uns kleine Haie, nur vier Fuß lang, vorsichtig näher, doch sobald wir mit der Hand aufs Wasser schlugen, machten sie kehrt und hielten sich auf Abstand.

Wo wir gestrandet waren, umgaben uns nur Wasserlachen und Korallenfelsen, die ruhige blaue Lagune lag ein Stück weiter einwärts. Die Ebbe strömte heraus, und wir sahen rundum immer mehr Korallen auftauchen; die Brandungswellen donnerten nun um eine Etage tiefer gegen das Riff. Was an dieser Stelle geschehen würde, wenn die Flut wieder hereinströmte, war ungewiß. Wir mußten weg.

Das Riff erstreckte sich wie eine halb unterseeische Burgmauer nach Nord und Süd. Weit unten im Süden lag eine langgestreckte Insel, dicht bewachsen mit Palmen, und im Norden, nur sechs- bis siebenhundert Meter entfernt, ein winzig kleines Eiland. Es lag an der Innenseite des Riffs, Palmen reckten auch dort ihre Kronen gen Himmel, und ein schneeweißer Sandstrand dehnte sich an der stillen Lagune. Die ganze Insel glich einem strotzenden grünen Blumenkorb, vielleicht auch einem kleinen Stückchen konzentrierten Paradieses.

Für sie entschieden wir uns.

Hermann stand neben mir und strahlte wie die Sonne über das ganze bärtige Gesicht. Er sagte kein Wort, streckte nur die Hand aus und lachte glücklich. Die »Kon-Tiki« lag nach wie vor draußen auf dem Riff, der Gischt sprühte noch immer über sie hinweg. Sie war ein Wrack, aber ein würdiges Wrack. Alles an Deck war zerschmettert, doch die neun Balsastämme aus dem Quivedowald in Ekuador waren unversehrt wie zuvor. Sie hatten uns das Leben gerettet. Das Meer hatte ein wenig von der Ladung zerstört, aber nichts von dem, was in der Hütte verstaut war. Wir selbst hatten das Floß inzwischen von allem, was wirklich Wert besaß, entblößt; das lag nun wohlverwahrt auf dem sonnenverbrannten Riesenstein.

Als ich noch einmal an Bord sprang, vermißte ich geradezu den Anblick der Lotsenfische, die sonst vor dem Bug marschierten. Nun lagen die dicken Balsastämme auf dem nackten Riff einen halben Fuß tief im Wasser, und braune Seewalzen schlängelten sich unter dem Bug. Die Lotsenfische waren fort, die Goldmakrelen waren fort. Nur unbekannte, platte Fische mit Pfauenmuster und Schleierschwänzen schwammen neugierig zwischen den Stämmen hin und her. Wir hatten eine neue Welt erreicht. Johannes war aus seinem Loch verschwunden, er hatte sicherlich einen anderen Unterschlupf gefunden.

Ich warf einen letzten Blick über das Wrack und bemerkte ein Palmenbaby, das in einem flachgedrückten Korb lag. Anderthalb Fuß hoch war es schon aus dem Auge einer Kokosnuß herausgewachsen, und zwei Wurzeln reckten sich nach unten. Mit der Nuß in der Hand watete ich hinüber zur Insel. Ein Stück vor mir platschte Knut glücklich an Land, ein Modell des Floßes unter dem Arm, das er unterwegs mühsam gebastelt hatte. Wenig später überholten wir Bengt, der wirklich ein glänzender Steward war: Mit einer Beule am Kopf und einem von Seewasser triefenden Bart stapfte er gebückt dahin und schob eine Kiste vor sich her, die ihm stets davontanzte, wenn die Brandung einen Schwall Wasser in die Lagune schickte. Stolz öffnete er den Deckel: Es war die Küchenkiste mit dem Primus und dem Kochtopf, alles wohlerhalten.

Ich werde nie das Waten vom Riff zu der paradiesischen Palmeninsel vergessen, die uns entgegenwuchs. Als ich den sonnenhellen Sandstrand zum erstenmal betrat, riß ich mir die Schuhe von den Füßen und bohrte die nackten Zehen in den warmen, trockenen Sand. Es war, als genösse ich das Bild jeder Fußspur, die sich in den jungfräulichen Sandstrand eindrückte. Die Palmenkronen schlossen sich über mir, als ich zur Mitte der winzigen Insel weiterging. Grüne Kokosnüsse hingen unter den Kronen. Einige üppige Büsche waren dicht mit schneeweißen Blüten überzogen, die so süß und berückend dufteten, daß mir beinahe schwindlig wurde. Im Innern der Insel segelten zwei Seeschwalben ganz zahm um meine Schultern. Sie waren leicht und weiß wie Nebelstreifen. Kleine Eidechsen flüchteten vor meinen Füßen. Die wichtigsten Bewohner der Insel aber waren dicke, blutrote Einsiedlerkrebse, die überall herumpolterten, gestohlene Schneckenhäuser, groß wie ein Ei, über den bloßen Hinterkörper gezogen.

Ich war überwältigt. Ich sank auf die Knie und bohrte die Finger tief in den trockenen, warmen Sand.

Die Reise war vorbei, alle waren am Leben. Wir waren an einer kleinen, unbewohnten Südseeinsel gestrandet, und auf was für einer! Torstein kam, schleuderte einen Sack von der Schulter, warf sich auf den Rücken und schaute hinauf nach den Palmenkronen und den daunenleichten weißen Vögeln, die lautlos über uns kreisten. Wenig später lagen wir alle sechs nebeneinander. Hermann, der stets Energische, kletterte auf eine kleine Palme und riß ein Büschel dicker, grüner Kokosnüsse ab. Mit einem Machetemesser schlugen wir die weiche Spitze ab wie von einem Ei und schlürften den frischesten und herrlichsten Labetrunk der Welt, süße, kalte Milch einer kernlosen Kokosart. Am Außenrand des Riffs erklangen die monotonen Trommelwirbel der Wachtposten vor unserem Paradies.

»Das Fegefeuer war ziemlich feucht«, sagte Bengt. »Aber das Himmelreich ist genau so, wie ich es mir vorgestellt habe.«

Wir rekelten uns schwelgerisch auf dem Rücken und blinzelten vergnügt hinauf zu den weißen Passatwolken, die hoch über den Palmenkronen nach Westen trieben. Nun mußten wir ihnen nicht mehr hilflos folgen, nun lagen wir auf einer unbeweglichen, festen Insel Polynesiens.

Und der Brandungsexpreß raste hin und zurück, hin und zurück von Horizont zu Horizont.

Bengt hatte recht, das war das Himmelreich.

8

Unter Polynesiern

Eine Robinsonade. Angst vor der Rettungsexpedition. »Alles in Ordnung. Kon-Tiki.« Andere Wracks. Unbewohnte Inseln. Im Kampf mit Meeraalen. Eingeborene finden uns. Es spukt auf dem Riff. Botschaft an den Häuptling. Häuptlingsbesuch. »Kon-Tiki« wird wiedererkannt. Hochwasser. Ein Schiff fährt über Land. Vier auf der Insel. Eingeborene holen uns. Empfang im Dorf. Vorfahren von Sonnenaufgang. Hula-Fest. Medizinmänner per Funk. Wir bekommen Königsnamen. Weitere Schiffbrüchige. »Tamara« rettet »Maoae«. Nach Tahiti. Wiedersehen am Kai. Ein königlicher Aufenthalt. Sechs Kränze.

Unsere kleine Insel war unbewohnt. Mit allen Palmengruppen und Unterabschnitten waren wir bald bekannt, denn die Insel hatte kaum zweihundert Meter Durchmesser. Ihr höchster Punkt erhob sich nicht einmal zwei Meter über die Lagune.

In den Palmenkronen hingen große Büschel der grünen Kokoshülsen, die die Schalen mit kalter Kokosmilch vor der Tropensonne schützten. Während der ersten Wochen konnten wir kaum Durst leiden. Außerdem gab es reife Kokosnüsse, ein Gewimmel von Einsiedlerkrebsen und verschiedene Fischarten in der Lagune. Es würde uns also an nichts fehlen.

An der Nordseite der Insel fanden wir Reste eines alten, unbemalten Holzkreuzes, das halb im Korallensand vergraben war.

Von dort aus hatte man einen guten Ausblick nach Norden über das Riff bis zu den kahlen Rippen des Wracks, das uns schon aufgefallen war, als wir unserem eigenen Schiffbruch entgegentrieben.

Noch weiter oben im Norden blauten die Palmenquasten einer anderen kleinen Insel. Die dichtbewachsene Insel im Süden lag viel näher. Auch auf ihr sahen wir kein Zeichen von Leben, doch vorläufig hatten wir an anderes zu denken.

Robinson Erik Hesselberg kam hinkend daher, den gewaltigen Strohhut voller krabbelnder Einsiedlerkrebse. Knut setzte dürres Holz in Brand, und bald verspeisten wir ein Krebsgericht und als Dessert Kokosmilch mit Kakao.

»Na, Männer, wie fühlt ihr euch an Land?« fragte Knut zufrieden.

Er hatte ja auf dieser Reise dasselbe schon einmal erlebt. Noch während er sprach, stolperte er und schüttete Bengt einen halben Topf heißes Wasser über die Füße. Wir alle schaukelten am ersten Tag an Land nach hundertundeinem Tag an Bord des Floßes. Irgendwo unter den Palmen taumelten wir plötzlich, weil wir die Füße setzten, um eine See zu parieren, die nicht kam.

Als Bengt jedem von uns Teller und Besteck reichte, setzte Erik ein breites Grinsen auf. Mir fiel ein, daß ich mich nach der letzten Mahlzeit an Bord über die Floßkante gebeugt und wie üblich abgewaschen hatte. Erik dagegen hatte prüfend aufs Riff geschaut, Teller und Besteck ungewaschen zur Seite gelegt und gesagt: »Ich glaube, heute kann ich mir das Abwaschen sparen.« Als er beides in der Küchenkiste wiederfand, war es genauso sauber wie meins.

Nach der Mahlzeit ruhten wir uns noch eine Weile aus; dann fingen wir an, die patschnasse Funkausrüstung zusammenzusuchen. Wir mußten uns beeilen, damit Torstein und Knut in den Äther kamen, bevor der Mann auf Rarotonga seine Meldung über unser trauriges Ende hinausfunkte.

Das meiste der Funkausrüstung war bereits wohlbehalten an Land. Ein Teil der Ladung trieb noch beim Riff, und als Bengt dort nach einer Kiste griff, sprang er hoch in die Luft. Elektrische Schläge!

Kein Zweifel, der Inhalt der Kiste gehörte den Funkern.

Und während die Telegrafisten auseinanderschraubten, umschalteten und zusammensetzten, gingen wir anderen daran, das Lager aufzuschlagen.

Beim Wrack fanden wir das schwere, nasse Segel und schleppten es an Land. Auf einer Lichtung an der Lagune spannten wir es zwischen zwei großen Palmen aus und stützten es mit Bambuspfählen ab, die vom Wrack hereingetrieben waren. Eine dichte Hecke wilder Blütenbüsche schloß sich an den Rand des Segels an, so daß wir nun ein Dach und drei Wände hatten und freie Aussicht auf die blanke Lagune obendrein. Die Nasenlöcher füllten sich mit einschmeichelndem Blumenduft. Wir konnten sagen: »Hier ist es gut sein!«

Wir alle waren glücklich und freuten uns des schönen Daseins, jeder richtete sich sein Bett aus frischen Palmenblättern – und sammelte die losen Korallenäste auf, die unangenehm aus dem Sand hervorstachen. Noch vor Einbruch der Nacht hatten wir eine sehr bequeme Behausung.

Über unseren Köpfen sahen wir das bärtige Antlitz des guten alten Kon-Tiki. Er wölbte nicht mehr die Brust im Ostwind, er lag nun reglos auf dem Rükken und spähte hinauf zu den Sternen, die blinkend über Polynesien heraufzogen.

Rundum auf den Büschen tropften Flaggen und Schlafsäcke, und patschnasses Eigentum lag zum Trocknen im Sand. Noch einen Tag auf dieser Sonnenscheininsel – und alles würde wieder trocken sein. Auch die Funker mußten vorläufig aufgeben; erst mußte die Sonne Gelegenheit haben, das Innere der Apparate zu trocknen. Wir zogen die Schlafsäcke von den Bäumen und krochen hinein. Dabei wetteten wir, wer am wenigsten Wasser im Sack habe. Bengt gewann, denn es gluckste nicht, wenn er sich umdrehte. Lieber Himmel, wie gut es tat, ungestört schlafen zu können!

Als wir am nächsten Morgen bei hellem Sonnenschein erwachten, wölbte sich das Segel zu uns herab, es war gestrichen voll von kristallklarem Regenwasser. Bengt nahm den Reichtum in Verwahrung und schlenderte dann zur Lagune hinunter, wo er wunderliche Frühstücksfische an Land zog, die er in Kanäle im Sand gelockt hatte.

In der Nacht hatte Hermann Schmerzen im Nacken und Rücken bekommen, dort, wo er sich vor dem Start in Lima verletzt hatte, und bei Erik stellte sich der alte Hexenschuß wieder ein. Sonst waren alle bei der Fahrt über das Riff verblüffend billig mit kleinen Schrammen und Wunden davongekommen. Nur Bengt hatte, als der Mast stürzte, eine leichte Gehirnerschütterung davongetragen. Ich selbst sah höchst seltsam aus, meine Arme und Beine waren blauschwarz von dem Druck gegen das Tau.

Aber keiner von uns war in einer so schlimmen Verfassung, daß uns nicht die leuchtend klare Lagune zu einem erfrischenden Bad vor dem Essen gelockt hätte. Es war eine sehr große Lagune. Weiter draußen war sie blau und vom Passat gekräuselt. Sie war so breit, daß wir die Wipfel einer Reihe ferner Palmeninseln nur wie Schatten sahen, die anzeigten, wo das Ringriff auf der anderen Seite verlief. Auf der Insel rauschte der Passat friedlich in den gefiederten Palmenkronen und ließ sie sich wiegen, während die Lagune reglos dalag und wie ein Spiegel die ganze Schönheit wiedergab. Das Salzwasser war so rein und klar, daß man von Korallen und farbenfrohen Fischen, die drei Meter tief standen, glauben konnte, sie lägen ganz dicht unter der Oberfläche und wir würden uns beim Schwimmen die Zehen daran aufreißen.

Es war eine Abenteuerwelt, die lockte, sich in sie hineinzustürzen. Das Wasser war eben noch kühl genug, um zu erfrischen, und die Luft war warm und trocken vor Sonne. Doch wir konnten nicht lange im Wasser bleiben, wir mußten rasch wieder an Land, Rarotonga Bescheid geben.

Auf ausgeglühten Korallenblöcken lagen Spulen und andere Teile des Senders zum Trocknen in der Tropensonne. Torstein und Knut schalteten und schraubten. Der Tag verging, wir wurden immer aufgeregter, gaben jede andere Beschäftigung auf und blieben bei den Funkern, in der Hoffnung, helfen zu können. Vor zehn Uhr abends mußten wir im Äther sein. Dann waren die sechsunddreißig Stunden um, und der Amateur auf Rarotonga würde einen Hilferuf absetzen und um Flugzeuge und eine Rettungsexpedition bitten.

Es wurde Mittag. Nachmittag. Die Sonne sank. Wenn nur der Mann auf Rarotonga an seinem Gerät ausharrte. Es wurde sieben, acht, neun. Die Spannung war auf dem Höhepunkt. Kein Lebenszeichen im Sender, doch der Empfänger, ein NC-173, rührte sich plötzlich, und im unteren Bereich der Skala war, wenn auch leise, Musik zu hören; leider nicht da, wo unsere Amateurfrequenz lag. Allmählich aber wurde der Bereich größer, vielleicht war nur noch eine Spule naß, die nun langsam von einem Ende her trocknete. Der Sender war weiterhin tot, überall gab es Kurzschlüsse, sprühten Funken.

Uns blieb keine volle Stunde mehr. Es klappte nicht. Wir gaben den Sender auf und versuchten es noch einmal mit einem kleinen Saboteursender aus dem Kriege. Wir hatten ihn schon ein paarmal im Laufe des Tages ausprobiert, jedoch ohne Resultat. Vielleicht war er inzwischen ein wenig trockener geworden. Sämtliche Batterien waren verdorben, den Strom erzeugten wir mit einem winzigen Handgenerator. Das war schwer, und wir vier Funklaien hatten umschichtig den ganzen Tag lang das Scheusal gedreht.

Die sechsunddreißig Stunden waren fast vorüber. Ich erinnere mich, daß einer flüsterte: »Noch sieben Minuten – noch fünf Minuten«, und – dann war keiner mehr, der noch auf die Uhr sehen wollte. Der Sender war stumm wie zuvor, doch der Empfänger zischte in unserem Frequenzbereich. Dann prasselte es auf der Frequenz des Rarotongamannes, und wir begriffen, daß er bereits in Kontakt mit der Funkstation auf Tahiti war. Wenig später verstanden wir das Bruchstück einer Meldung, die von Rarotonga abging: ». . . kein Flugzeug auf dieser Seite von Samoa. Ich bin ganz sicher . . .«

Dann erstarben die Laute wieder. Die Spannung war nicht mehr zu ertragen. Was ging dort draußen vor sich? War man bereits dabei, Flugzeuge und eine Rettungsexpedition auszusenden? Nun jagten sich wahrscheinlich die Meldungen im Äther.

Die beiden Funker arbeiteten fieberhaft. Der Schweiß tropfte ihnen genauso vom Gesicht wie uns, die wir den Generator drehten. Endlich kam Strom in die Sendeantenne, und Torstein zeigte entzückt auf einen Pfeil, der sich langsam über eine Skala bewegte, sobald er die Morsetaste drückte. Nun war es soweit!

Wir drehten wie besessen, und Torstein rief Rarotonga. Keiner hörte uns. Noch einmal. Nun war der Empfänger wieder zum Leben erwacht, aber Rarotonga hörte uns nicht. Wir riefen Hal und Frank in Los Angeles und die Seekriegsschule in Lima, keiner hörte uns.

Da setzte Torstein eine CQ-Meldung ab, das heißt, er rief alle Stationen der Welt, die uns auf unserer besonderen Amateurfrequenz empfangen konnten.

Das half. Wir hörten ganz schwach jemanden im Äther langsam nach uns rufen. Wir riefen zurück und bestätigten, daß wir ihn hörten. Da sagte die langsame Stimme dort draußen: »Mein Name ist Paul. Ich wohne in Colorado, wie heißen Sie, wo wohnen Sie?«

Es war ein Funkamateur. Torstein stürzte sich gleichsam auf die Taste und antwortete, während wir drehten: »Hier Kon-Tiki. Wir sind auf einer öden Insel im Stillen Ozean gestrandet.«

Von dieser Erklärung glaubte Paul nicht das mindeste. Er meinte, ein Amateur in der Nachbarschaft treibe seinen Spaß mit ihm, und meldete sich nicht mehr.

Wir rauften uns verzweifelt die Haare. Wir saßen in der Sternennacht auf einer öden Insel unter Palmen, und es fand sich keiner, der uns glauben wollte.

Torstein gab nicht auf. Er griff wieder nach der Taste und funkte »Alles in Ordnung, alles in Ordnung« ins Unendliche. Wir mußten, zum Teufel, verhindern, daß die Rettungsmaschinerie über den Stillen Ozean rollte.

Da hörten wir ganz schwach im Empfänger: »Wenn alles in Ordnung ist, warum regst du dich dann so auf?«

Danach war es wieder still im Äther. Das war alles.

Wir wären am liebsten in die Luft gesprungen und hätten vor Wut alle Kokosnüsse heruntergeschüttelt, und der Himmel mag wissen, was wir angestellt hätten, wenn nicht sowohl Rarotonga wie auch der gute alte Hal uns plötzlich gehört hätten. Hal sagte, er weine vor Freude, L 12 B wieder zu hören. Alle weiteren Bemühungen wurden eingestellt, wir waren wieder allein und ungestört auf unserer Südseeinsel und krochen erschöpft auf unser Palmenlager.

Am Tag darauf nahmen wir alles mit der Ruhe und genossen das Leben in vollen Zügen. Die einen badeten, die anderen fischten oder suchten auf dem Riff nach wunderlichen Tieren, während die ganz Energischen im Lager aufräumten und es rundum gemütlich machten.

Auf der Landzunge, die auf die »Kon-Tiki« zulief, gruben wir am Waldrand ein Loch, legten es mit Blättern aus und pflanzten eine sprossende Kokosnuß aus Peru darin ein. Dann errichteten wir Markierungszeichen aus Korallen, die auf die Landungsstelle der »Kon-Tiki« wiesen.

Das Floß war im Laufe der Nacht noch weiter hereingeschwemmt worden und lag fast trocken weit drinnen am Riff zwischen ein paar großen Korallenblöcken.

Nachdem Erik und Hermann sich gründlich im warmen Sand hatten durchbraten lassen, waren sie wieder in Form; sie verspürten Lust, nach Süden das Riff entlangzulaufen, in der Hoffnung, die große Insel dort zu erreichen. Ich mahnte sie, sich vor dem Aal noch mehr zu hüten als vor dem Hai, und jeder steckte sein langes Machetemesser in den Gürtel. In den Korallenriffen gibt es nämlich einen fürchterlichen Aal mit langen, giftigen Zähnen, der einem Menschen durchaus ein Bein abreißen kann. Er geht blitzschnell zum Angriff über und ist der Schrecken der Eingeborenen, selbst solcher, die es wagen, um einen Hai herumzuschwimmen.

Die beiden konnten weite Strecken über das Riff waten, ein paar tiefere Rinnen jedoch, die kreuz und quer verliefen, mußten sie durchschwimmen. Schließlich wateten sie wohlbehalten an Land. Die große Insel war lang und schmal und mit Palmenwald bedeckt; ihr sonnenheller Strand erstreckte sich im Schutze des Riffs nach Süden.

Die zwei gingen bis zur Südspitze der Insel.

Das Riff zog sich weißschäumend bis an den Horizont, anderen, fernen Inseln zu. Die beiden entdeckten das Wrack eines großen Schiffes. Es war ein Viermaster, der, in zwei Teile zerbrochen, am Strand lag; ein alter spanischer Segler, der Eisenbahnschienen geladen hatte, die nun verrostet auf dem Riff verstreut lagen. Erik und Hermann gingen auf der anderen Seite der Insel zurück, fanden aber nicht einmal die Spur eines Menschen im Sand.

Auf dem Rückweg über das Riff schreckten sie immer wieder seltsame Fische auf; als die beiden versuchten, ein paar davon zu fangen, wurden sie plötzlich von nicht weniger als acht großen Aalen angegriffen. Sie sahen die Räuber im klaren Wasser auf sich zukommen und sprangen auf einen großen Korallenblock, den die Aale schlängelnd umkreisten. Die glitschigen Bestien waren armdick, grün und schwarz gesprenkelt wie Giftschlangen, hatten kleine Köpfe, bösartige Schlangenaugen und zollange, nadelscharfe Zähne. Mit den Machetemessern schlugen die beiden nach den kleinen, flatternden Köpfen, die sich heraufbogen. Einem schlugen sie den Kopf ab, einen zweiten verwundeten sie. Das Blut zog einen ganzen Schwarm junger Blauhaie an, die sich auf den toten und den verwundeten Aal stürzten; in der Zwischenzeit glückte es den beiden, von ihrem Stein herunterzuspringen und sich davonzumachen.

Am gleichen Tag watete ich an unserer Insel entlang, als irgend etwas mit einer blitzschnellen Bewegung meinen Knöchel umschlang und festhielt. Es war ein Tintenfisch. Er war nicht groß, doch es war ein abscheuliches Gefühl, die kalten Fangarme zu spüren und in die bösen, kleinen Augen zu blicken, die aus dem blauroten, geschnäbelten Sack, der den Körper ausmachte, herausschauten. Ich zerrte mit aller Kraft, um den Fuß freizubekommen, doch der Tintenfisch, der kaum einen Meter lang war, folgte mir, ohne loszulassen: der Verband um den Fuß mußte ihn wohl anlocken. Ruckweise arbeitete ich mich zum Strand hin vor, noch immer den abscheulichen Angreifer am Fuß. Erst als ich den trockenen Sand erreichte, löste er seinen Griff und zog sich langsam ins seichte Wasser zurück, die Arme ausgestreckt, den Blick aufs Land gerichtet, wie bereit zu neuem Angriff, falls ich es wagte, ihm zu nahe zu kommen. Als ich einige Korallenbrocken nach ihm warf, schoß er davon.

Die mannigfachen Erlebnisse am Riff waren nur die Würze des paradiesischen Daseins auf der Insel.

Doch wir konnten nicht unser ganzes Leben dort verbringen. Wir mußten überlegen, wie wir in die Umwelt zurückkommen konnten. Nach einer Woche hatte die »Kon-Tiki« sich ihren Weg bis zur Mitte des Riffs gestoßen, doch nun lag sie steif und fest auf dem Trockenen. Die schweren Stämme hatten auf dem Weg hinüber in die Lagune große Korallenstöcke abgebrochen und andere zur Seite gewälzt, doch so sehr wir nun auch zogen und schoben, das eine nützte so wenig wie das andere. Wenn wir nur das Wrack in die Lagune bekamen – alles andere war im Vergleich dazu eine Kleinigkeit. Dann konnten wir den Mast wieder so weit aufrichten und auftakeln, daß wir über die freundliche Lagune segeln und auf der anderen Seite nachsehen konnten, was es dort gab. Wenn überhaupt eine der Inseln bewohnt war, so mußte es die am Horizont im Westen sein, weit hinten an der gegenüberliegenden Seite des Ringriffs.

Die Tage vergingen.

Eines Vormittags kam einer der Männer angerannt und sagte, er habe ein weißes Segel auf der Lagune gesehen. Von der Lichtung aus sahen wir einen winzigen Fleck, der sich merkwürdig weiß von der opalblauen Lagune abhob. Es war offenbar ein Segel auf der anderen Seite dicht unter Land. Wir konnten erkennen, daß es im Winde kreuzte. Wenig später tauchte noch ein zweites auf.

Die Segel wurden größer und kamen näher. Sie hielten genau Kurs auf uns. Wir hißten die französische Flagge an einer Palme, banden unsere norwegische an eine Stange und schwenkten sie. Das eine Segel war inzwischen so nahe, daß wir das polynesische Auslegerkanu darunter deutlich erkennen konnten. Die Takelung war neueren Datums. Zwei braune Gestalten standen im Boot und spähten zu uns herüber. Wir winkten. Sie winkten ebenfalls und steuerten genau vor uns auf den Strand.

»Ia ora na«, grüßten wir sie auf polynesisch.

»Ia ora na«, riefen sie zurück, und der eine sprang heraus und zog das Kanu ein Stück auf den Sand.

Die zwei hatten die Kleidung des weißen, aber den Körper des braunen Mannes. Sie gingen barfuß, waren gut gewachsen und trugen einen selbstgefertigten Strohhut als Sonnenschutz. Sie kamen ein wenig unsicher auf uns zu, doch als wir freundlich lächelten und einer nach dem anderen ihnen die Hand schüttelte, strahlten sie wie die Sonne und zeigten die Perlenreihen ihrer Zähne. Das sagte mehr als alle Worte.

Unsere polynesische Begrüßung hatte die beiden genauso verblüfft und ermutigt, wie wir selbst es waren, als ihr Stammesgenosse vor Angatau uns »Good night« zurief. Sie gaben lange Tiraden auf polynesisch von sich, bevor sie begriffen, daß ihre Ergüsse an uns vorbeigingen; dann aber wollten sie nicht mehr weiterreden, sie grinsten nur noch freundlich und zeigten auf das zweite Kanu, das sich näherte.

Drei Mann saßen darin. Als sie an Land wateten und grüßten, stellte sich heraus, daß einer von ihnen ein wenig Französisch sprach. Wir erfuhren, daß auf einer der Inseln quer über die Lagune ein Eingeborenendorf lag. Seine Bewohner hatten bereits einige Nächte zuvor den Schein unseres Feuers beobachtet. Nun gibt es aber nur eine einzige Durchfahrt durch das Raroia-Riff zu dem Kreis der Inseln in der Lagune. Da diese Durchfahrt unmittelbar am Dorf vorbeiführt, konnte niemand eine dieser Inseln betreten, ohne zuvor von der Bevölkerung des Dorfes gesehen zu werden.

Die Alten des Dorfes waren also zu dem Schluß gekommen, daß nicht Menschen das Feuer entfacht haben konnten, es mußte etwas Übernatürliches sein, das dort auf der Insel herumspukte. Damit verloren alle die Lust, auf Erkundung zu gehen. Wenig später kam ein Kistendeckel über die Lagune getrieben, auf den einige Zeichen gemalt waren. Zwei der Eingeborenen, die eine Zeitlang in Tahiti gelebt und dort lesen gelernt hatten, deuteten die großen schwarzen Buchstaben. Sie erklärten, daß auf dem Brett »Tiki« geschrieben stehe. Und nun gab es überhaupt keinen Zweifel mehr: Es spukte auf dem Riff, denn Tiki war der längst gestorbene Stammvater ihres Volkes, das wußte jeder. Dann aber folgten dem Kistendeckel Brot, Zigaretten und Kakao in wasserdichten Packungen und schließlich ein Karton mit einem alten Schuh. Nun sahen alle ein, daß es an der Ostseite des Riffs einen Schiffbruch gegeben hatte, und der Häuptling schickte zwei Kanus aus, die nach den Überlebenden suchen sollten, deren Feuer man gesehen hatte.

Auf Drängen der anderen fragte der braune Mann, der Französisch konnte, warum eigentlich »Tiki« auf dem Brett stehe, das über die Lagune getrieben war. Wir erklärten ihm, daß auf unserer ganzen Ausrüstung »Kon-Tiki« stehe, denn das sei der Name des Fahrzeugs, mit dem wir gekommen waren.

Unsere neuen Freunde waren höchst erstaunt, als sie hörten, daß alle an Bord den Schiffbruch glücklich überstanden hätten und das flachgedrückte Wrack dort am Riff ebendieses Fahrzeug ist.

Sie wollten uns sofort in die Kanus einladen und mit ins Dorf nehmen. Wir wiesen das dankend zurück und erklärten, wir wollten bleiben, bis die »Kon-Tiki« geborgen sei. Sie sahen erschrokken zu dem flachen Wrack hinüber. Wir dächten doch nicht etwa, es noch einmal flottzubekommen! Der Wortführer forderte uns schließlich mit Pathos auf, sie zu begleiten. Er habe den ausdrücklichen Befehl des Häuptlings, nicht ohne uns zurückzukehren.

Daraufhin beschlossen wir, daß einer von uns als Gesandter die Eingeborenen begleiten sollte; sobald er mit dem Häuptling gesprochen hatte, sollte er wieder zurückkommen und uns über die Verhältnisse auf der Insel dort Bericht erstatten. Wir wollten weder das Floß auf dem Riff zurücklassen noch unsere Ausrüstung. Bengt fuhr mit den Eingeborenen. Die zwei Kanus wurden ins Wasser geschoben und fuhren bei gutem Wind nach Westen davon.

Am nächsten Tag wimmelte der Horizont von weißen Segeln. Die Eingeborenen waren wohl mit allen Booten, die sie besaßen, zu uns unterwegs.

Der Konvoi kreuzte auf uns zu, und als er heran war, sahen wir unseren guten Bengt im ersten Kanu, umgeben von braunen Gestalten. Er schwenkte seinen Hut und rief uns zu, daß der Häuptling selbst käme, und wir nahmen höflich Aufstellung, wo sie an Land gingen.

Mit großem zeremoniellem Geschick stellte Bengt uns dem Häuptling vor, der, wie Bengt sagte, Tepiuraiarii Teriifaatau heiße, aber wisse, daß er gemeint sei, wenn wir ihn Teka nannten. Wir nannten ihn Teka.

Häuptling Teka war ein großer, schlanker Polynesier mit ungewöhnlich intelligenten Augen. Er war eine mächtige Persönlichkeit, stammte aus dem alten Königsgeschlecht auf Tahiti und war Häuptling über die Raroia- und Takume-Inseln. Auf Tahiti hatte er die Schule besucht und französisch sprechen, lesen und schreiben gelernt. Er erzählte mir, daß die Hauptstadt Norwegens Christiania heiße, und fragte, ob ich Bing Crosby kenne. Er sagte auch, daß im Laufe der letzten zehn Jahre nur drei ausländische Schiffe Raroia besucht hätten, aber mehrmals im Jahr der Kopraschoner aus Tahiti das Dorf anlaufe, Handelsware bringe und Kokoskerne hole. Man würde nun schon lange auf den Schoner warten, der ganz sicher in der nächsten Zeit kommen müsse.

Bengt berichtete in aller Kürze, es gebe weder Schule noch Funkstation, noch Weiße auf Raroia, doch die etwa hundertzwanzig Einwohner des Dorfes täten alles Erdenkliche, um uns den Aufenthalt in ihrem Dorf so angenehm wie möglich zu machen. Sie seien nun dabei, einen großen Empfang für uns vorzubereiten.

Als erstes bat der Häuptling, das Schiff sehen zu dürfen, das uns lebend am Riff abgesetzt hatte. Mit einem Schwarm von Eingeborenen hinter uns wateten wir hinüber zur »Kon-Tiki«. Als wir uns näherten, blieben sie plötzlich stehen und riefen sich lauthals etwas zu. Die Stämme der »Kon-Tiki« waren nun deutlich zu sehen, und einer der Eingeborenen stieß hervor: »Das ist ja kein Boot, das ist ein Pae-pae!«

»Pae-pae!« wiederholten alle wie aus einem Mund.

Im Galopp platschten sie hinaus und kletterten auf die »Kon-Tiki«. Wie begeisterte Kinder krochen sie überall herum, betasteten die Stämme, das Bambusgeflecht und das Tauwerk. Der Häuptling war genauso aufgeregt wie die anderen, er kam zurück und wiederholte erstaunt und interessiert: »›Tiki‹ ist ja gar kein Boot, es ist ein Pae-pae!«

Pae-pae ist das polynesische Wort für Floß und Plattform, und auf der Oster-Insel ist es auch die Bezeichnung für die Kanus der Eingeborenen. Der Häuptling berichtete, daß solche Pae-pae heute nicht mehr existieren, doch die Ältesten des Dorfes wüßten alte Geschichten über die Pae-pae zu erzählen. Alle bewunderten die großen Balsastämme, doch über das Tauwerk rümpften sie die Nasen. Solche Taue hielten nicht lange in Seewasser und Sonne. Sie zeigten uns voller Stolz die Zurrungen ihrer Ausleger. Diese Seile hätten sie selbst aus Kokoshanf geflochten, und die hielten fünf Jahre auf See.

Als wir zur Insel zurückwateten, wurde sie »Fenua Kon-Tiki« getauft, Kon-Tiki-Insel. Das war ein Name, den wir alle aussprechen konnten, aber mit unseren kurzen nordischen Vornamen hatten unsere braunen Freunde doch erhebliche Mühe. Sie waren entzückt, als ich sagte, sie könnten mich Terai Mateata nennen, denn so habe mich der Häuptling von Tahiti getauft, als er mich bei meinem ersten Besuch als »Sohn« adoptierte.

Die Eingeborenen holten Hühner, Eier und Brotfrüchte aus den Kanus, während andere mit dreizinkigen Speeren große Fische in der Lagune fingen. Wenig später gab es ein Fest am Lagerfeuer. Wir mußten alle unsere Erlebnisse mit dem Pae-pae auf dem Meer erzählen, und die Geschichte mit dem Walhai wollten sie immer wieder hören. Und jedesmal, wenn wir schilderten, wie Erik ihm die Harpune in den Schädel rannte, schrien sie mitgerissen auf. Sie erkannten sofort jeden einzelnen Fisch, von dem wir ihnen Skizzen zeigten, und sagten uns die polynesischen Namen. Doch den Walhai und den Gempylus hatten sie bisher weder gesehen, noch hatten sie etwas davon gehört.

Als der Abend kam, schalteten wir zum großen Jubel der Versammlung den Empfänger ein. Am meisten entsprach Kirchenmusik ihrem Geschmack, bis wir zu unserer eigenen Überraschung echte Hula-Musik aus Amerika einfingen. Da fingen die Lebhaftesten an, sich zu drehen, die Arme über dem Kopf verschränkt, und bald tanzte die ganze Gesellschaft Hula-Hula im Takt der Musik. Als die Nacht anbrach, lagerten sich alle um ein Feuer am Strand. Für die Eingeborenen war es ein ebenso großes Abenteuer wie für uns.

Als wir am Morgen darauf erwachten, brieten sie bereits frisch gefangenen Fisch. Sechs eben geöffnete Kokosnüsse standen für uns bereit, den Morgendurst zu löschen.

An diesem Tag donnerte das Riff noch stärker als sonst, der Wind hatte zugenommen, und die Brandungswogen gischteten hochauf hinter dem Wrack.

»Heute kommt die ›Tiki‹ herein«, sagte der Häuptling und zeigte auf das Wrack. »Es gibt eine hohe Flut.«

Um elf Uhr begann das Wasser an uns vorbei in die Lagune zu fließen. Sie füllte sich wie eine große Schale, und der Strand um die Insel herum wurde immer schmaler. Später ergoß sich ein richtiger Strom vom Meer herein. Das Wasser wälzte sich von Terrasse zu Terrasse, und mehr und mehr vom Riff tauchte unter. Wahre Wassermassen fluteten herein und an der Insel entlang. Sie rissen große Korallenblöcke mit sich, trugen Sandbänke ab, die wie Mehl vor dem Wind verschwanden, und bauten andere dafür auf. Einzelne Wrackteile trieben an uns vorbei, und die »Kon-Tiki« fing an, sich zu bewegen. Alles, was in der Nähe des Strandes lag, mußte ins Innere der Insel geschafft werden, damit die Flut es nicht mitnahm. Bald waren nur noch die höchsten Stellen des Riffs zu sehen; der Strand der Insel war völlig verschwunden, das Wasser klatschte gegen den bewachsenen Teil der pfannkuchenflachen Insel. Es war unheimlich. Wir hatten den Eindruck, das ganze Meer sei im Vormarsch auf uns. Die »Kon-Tiki« drehte sich um die eigene Achse und trieb davon, bis sie von anderen Korallenblöcken aufgefangen wurde.

Die Eingeborenen stürzten sich ins Wasser und schwammen und wateten durch die Stromwirbel, arbeiteten sich von Bank zu Bank vor bis ans Floß. Knut und Erik folgten ihnen. Taue lagen auf dem Floß bereit, und als die »Kon-Tiki« die letzten Korallenblöcke umstieß und sich vom Riff löste, sprangen die Eingeborenen über Bord und versuchten, sie zurückzuhalten. Sie kannten die »Kon-Tiki« nicht und ihren unbändigen Drang, sich nach Westen durchzuschlagen, so daß sie ziemlich unbeholfen im Schlepp des Floßes hingen. Die »Kon-Tiki« wanderte mit guter Fahrt quer über das Riff in die Lagune. Dort wußte sie, als sie in stilleres Wasser kam, nicht gleich weiter; sie schien sich umzusehen, als wolle sie sich einen Überblick über weitere Möglichkeiten verschaffen. Doch bevor sie sich wieder auf die Reise begeben und die Durchfahrt auf der anderen Seite entdecken konnte, war es den Eingeborenen bereits gelungen, das Ende des Taues um eine Palme zu schlingen, und nun lag die »Kon-Tiki« festgebunden in der Lagune. Das Fahrzeug, das über Land und Wasser ging, hatte die Barrikade überwunden und schwamm nun auf der Lagune des Raroia-Riffs.

Mit aufmunternden Kampfrufen, wobei »Ke-ke-te-huru-huru« ein zündender Refrain war, zogen wir die »Kon-Tiki« mit vereinten Kräften an das Ufer der Insel, die ihren Namen trug. Die Flut erreichte vier Fuß über dem normalen Höchststand. Wir fürchteten schon, die ganze Insel würde verschwinden.

Die windgepeitschten Wellen brachen sich auf der ganzen Weite der Lagune, und wir hätten nicht viel von unserer Ausrüstung in den engen, wassergefüllten Kanus unterbringen können. Doch die Eingeborenen mußten nun eilends zurück zum Dorf, und so fuhren Bengt und Hermann mit, um nach einem kleinen Jungen zu sehen, der sterbend in einer Hütte des Dorfes lag. Der Junge hatte eine Eiterbeule am Kopf – und wir hatten Penicillin.

Am Tag darauf saßen wir vier wieder allein auf der Kon-Tiki-Insel. Der Ostwind blies so stark, daß die Eingeborenen nicht über die Lagune kommen konnten, die mit Untiefen und scharfen Korallengebilden gespickt war. Die Flut war ein wenig zurückgegangen, stieg aber bald wieder in langen, tosenden Treppen.

Am nächsten Tag war es ruhiger, so daß wir unter die »Kon-Tiki« tauchen konnten; wir stellten fest, daß die neun Stämme heil waren und das Riff nur ein oder zwei Zoll von der Unterseite abgehobelt hatte. Das Tauwerk saß so tief in den Kerben, daß die Korallen nur vier der zahlreichen Seile hatten durchschneiden können. Wir begannen, an Bord aufzuräumen. Unser stolzes Fahrzeug sah besser aus, nachdem wir das Durcheinander an Deck beseitigt, die Hütte wie eine Ziehharmonika wieder hochgezogen und den Mast geschient und aufgerichtet hatten. Im Laufe des Tages tauchten die Segel wieder auf. Die Eingeborenen kamen, um uns und den Rest der Ladung abzuholen. Hermann und Bengt waren dabei. Sie erzählten, die Eingeborenen im Dorf hätten große Feierlichkeiten vorbereitet. Wenn wir auf der Hauptinsel einträfen, dürften wir die Kanus erst nach einem besonderen Zeichen des Häuptlings verlassen.

Bei frischer Brise überquerten wir die Lagune, die an dieser Stelle reichlich elf Kilometer breit ist. Voller Wehmut sahen wir die vertrauten Palmen auf der Kon-Tiki-Insel zum Abschied winken, dann verschmolzen sie in eins, und unsere Insel schrumpfte zu einem kleinen Eiland, das vielen anderen am Ostriff glich. Doch vor uns breiteten sich größere Inseln aus. Eine davon hatte eine Mole, und von den Hütten zwischen den Palmenstämmen stieg Rauch auf.

Das Dorf wirkte tot und leblos, kein Mensch war zu sehen. Was hatte das zu bedeuten? Am Ende der Mole, die aus Korallenblöcken gefügt war, standen zwei einsame Gestalten, die eine war groß und schmal, die andere ebenso groß, aber umfangreich wie eine Tonne.

Als wir anlegten, grüßten wir beide. Es waren Häuptling Teka und Vizehäuptling Tupuhoe. Seinem herzlichen, kräftigen Lachen waren wir bald alle verfallen. Teka war ein kluger Kopf und ein Diplomat, Tupuhoe dagegen ein unverdorbenes Kind der Natur, ein Prachtmensch mit einem Humor und mit einer Urkraft, wie man sie nur selten findet. Mit seiner mächtigen Gestalt und seiner königlichen Miene sah er genau so aus, wie man sich einen polynesischen Häuptling vorstellt. Tupuhoe war denn auch der eigentliche Häuptling der Insel. Teka hatte im Laufe der Zeit den ersten Platz eingenommen, weil er Französisch sprach und rechnen und schreiben konnte, so daß das Dorf nicht betrogen wurde, wenn der Schoner aus Tahiti kam und Kopra holte.

Teka erklärte, daß wir nun gemeinsam zum Versammlungshaus im Dorf gehen würden. Als alle an Land waren, stiegen wir in feierlicher Prozession hinauf, Hermann voran mit der Flagge, die an einem Harpunenschaft wehte, dann ich zwischen den zwei Häuptlingen.

Das Dorf trug deutlich die Zeichen des Koprahandels mit Tahiti, überall sah man Planken und Wellbleche, die der Schoner gebracht hatte. Während einzelne Hütten im malerischen alten Stil aus krummem Holzwerk und geflochtenen Palmenblättern erbaut waren, hatte man andere aus Brettern zu kleinen tropischen Bungalows zusammengenagelt. Ein großes Gebäude aus Brettern, das für sich allein zwischen den Palmen stand, war das neue Versammlungshaus des Dorfes. Hier sollten wir sechs Unterkunft finden. Wir marschierten mit der Flagge durch eine kleine Hintertür hinein und dann hinaus auf eine breite Treppe an der Vorderseite. Vor uns auf dem Platz standen alle Einwohner des Dorfes, die gehen oder auch nur kriechen konnten. Frauen und Kinder, Alte und Junge. Alle waren todernst, selbst unsere lustigen Freunde von der Kon-Tiki-Insel standen steif inmitten der anderen, ohne eine Miene des Wiedererkennens zu zeigen.

Als wir auf die Treppe hinausgetreten waren, öffnete die ganze Versammlung wie mit einem Schlag den Mund und stimmte – die Marseillaise an. Teka, der den Text konnte, war Vorsänger, und es ging leidlich, obwohl ein paar alte Weiblein in den Fisteltönen hängenblieben. Das mußten sie mühevoll eingeübt haben. Die französische und die norwegische Flagge wurden vor der Treppe gehißt, und damit war Häuptling Tekas offizieller Empfang vorüber, und er zog sich still in den Hintergrund zurück. Nun trat der dicke Tupuhoe vor und übernahm das Amt des Zeremonienmeisters. Tupuhoe gab ein knappes Zeichen, und wiederum stimmte die ganze Versammlung ein Lied an. Diesmal ging es besser, denn Text und Melodie waren von ihnen selbst verfaßt, in ihrer eigenen Sprache. Und ihre eigenen Hula-Lieder singen, das konnten sie. Die Melodie war bezaubernd in ihrer ergreifenden Einfachheit, und dazu kam das Brausen der Südsee – wir fühlten es den Rücken hinunterkribbeln. Einzelne Vorsänger und der Chor wechselten sich ständig ab. Es gab Variationen in der Melodie, doch der Text blieb stets derselbe: »Guten Tag, Terai Mateata, dir und deinen Männern, die ihr übers Meer gekommen seid auf einem Pae-pae zu uns auf Raroia, ja, guten Tag. Mögt ihr lange bei uns weilen und Schönes mit uns erleben, so daß wir immer im Geiste beisammen bleiben, selbst wenn ihr wieder in ferne Länder zieht. Guten Tag!«

Wir baten sie, das Lied noch einmal zu singen, und allmählich kam Leben in die Versammlung, denn ihre Befangenheit legte sich. Tupuhoe forderte mich auf, einige Worte an die Bevölkerung zu richten und zu erklären, warum wir auf einem Pae-pae übers Meer gekommen seien, darauf warteten sie alle. Ich solle ruhig französisch sprechen, Teka würde übersetzen.

Es war eine ungebildete, aber höchst intelligente Versammlung von braunen Menschen, die dort stand und wartete. Ich erzählte ihnen, daß ich schon einmal unter ihren Stammesgenossen auf den Südseeinseln gewesen sei und damals von ihrem ersten Häuptling Tiki gehört habe, der ihre Vorfahren auf diese Inseln geführt hätte aus einem geheimnisvollen Land, von dem niemand mehr wisse, wo es gelegen habe. Doch in einem fernen Land, das Peru heiße, so sagte ich, habe einst ein mächtiger Häuptling regiert, der Tiki hieß. Das Volk habe ihn Kon-Tiki oder Sonnen-Tiki genannt, weil er von der Sonne abstammte. Tiki und seine Gefolgsleute seien schließlich auf großen Pae-pae aus ihrer Heimat verschwunden, und wir sechs wären überzeugt, er sei derselbe Tiki, der auf diesen Inseln gelandet sei. Da aber niemand glauben wollte, daß ein Pae-pae die Reise übers Meer aushalten könne, seien wir selbst losgezogen von Peru auf einem Pae-pae, und nun wären wir da. Es sei also möglich.

Als Teka die kleine Rede übersetzt hatte, war Tupuhoe Feuer und Flamme und sprang wie in Ekstase vor den Versammelten hin und her. Er polterte auf polynesisch los, fuchtelte mit den Armen, zeigte zum Himmel und auf uns, und in seinem Redeschwall wiederholte sich ständig das Wort Tiki. Das ging so rasch; daß es mir unmöglich war, etwas davon zu verstehen. Doch die Eingeborenen verschlangen jedes Wort und waren sichtlich erregt. Teka hingegen sah verlegen drein, als er übersetzen sollte.

Tupuhoe hatte gesagt, sein Vater und Großvater und auch dessen Väter hätten von Tiki erzählt, und Tiki sei der erste Häuptling gewesen und nun im Himmel. Dann aber seien die Weißen gekommen und hätten gesagt, die Überlieferungen der Vorfahren wären Lüge, Tiki habe nie existiert. Er sei auch nicht im Himmel, denn dort sei Jehova. Tiki sei ein heidnischer Gott, und an ihn dürften sie nicht mehr glauben. Nun aber wären wir sechs dahergekommen zu ihnen auf einem Pae-pae übers Meer. Wir seien die ersten Weißen, die zugestanden, daß die Väter die Wahrheit erzählt hätten, Tiki habe gelebt und sei nicht nur ein Hirngespinst, doch nun sei er tot und im Himmel.

Erschrocken bei dem Gedanken, die Arbeit der Missionare zu stören, beeilte ich mich, vorzutreten und zu erklären, daß Tiki wohl gelebt habe, das sei sicher und gewiß, doch er sei lange tot. Ob er nun im Himmel oder in der Hölle sei, das wisse nur Jehova, denn der sei im Himmel, während Tiki ein sterblicher Mensch gewesen sei, ein großer Häuptling wie Teka oder Tupuhoe oder vielleicht noch etwas größer.

Meine Worte riefen gute Laune und Befriedigung unter den braunen Menschen hervor, und ihr Nicken und Gemurmel zeigten deutlich, daß die Erklärung Beifall fand. Tiki habe gelebt, erklärte Tupuhoe, das sei die Hauptsache. Wenn er nun in der Hölle sei, so wäre das schlecht für ihn, doch dann stiege wahrscheinlich die Aussicht für einige Anwesenden, ihn wiederzusehen.

Drei alte Männer drängten sich vor, um uns die Hand zu schütteln. Kein Zweifel, sie waren es, die die Erinnerung an Tiki in der Bevölkerung am Leben erhalten hatten, und der Häuptling sagte dann auch, der eine Alte kenne eine Unzahl von Geschichten und Liedern aus der Zeit der Vorfahren. Ich fragte den Alten, ob es nicht einen Hinweis in der Überlieferung gebe, aus welcher Richtung Tiki gekommen sei. Nein, keiner von ihnen könne sich erinnern, darüber etwas gehört zu haben. Und nachdem sie sich wohl und lange bedacht hatten, erklärte der älteste der drei, Tiki habe einen nahen Verwandten bei sich gehabt, Maui, und in dem Lied über Maui heiße es, er sei von Pura her auf die Insel gekommen, und Pura, das sei dort, wo die Sonne aufging. War also Maui von Pura gekommen, dann zweifellos auch Tiki, und wir sechs auf dem Pae-pae waren auch von Pura gekommen, das stehe fest.

Ich erzählte den braunen Männern, daß auf einer einsamen Insel, die näher zur Oster-Insel hin liege und Mangareva heiße, die Bevölkerung niemals den Bau von Kanus erlernt habe; sie habe nie aufgehört, mit großen Pae-pae in See zu gehen bis in unsere Zeit. Davon wußte der Alte nichts. Doch er wußte, daß die eigenen Vorfahren auch große Pae-pae benutzt hatten, doch das sei im Laufe der Zeit völlig außer Gebrauch gekommen, und nun seien nur noch der Name und die Überlieferung geblieben. In alten Tagen habe man Pae-pae Rongo-rongo genannt, sagte der Älteste, doch das sei ein Wort, das nun nicht mehr im Sprachschatz vorkomme. Nur in den ältesten Sagen würden noch Rongo-rongo erwähnt.

Dieser Name war interessant, denn Rongo, das auf einzelnen Inseln Lono ausgesprochen wird, war der Name eines der bekanntesten sagenumsponnenen Ahnen der Polynesier. Er wurde ausdrücklich als weiß und hellhaarig geschildert. Als Kaptitän Cook das erstemal nach Hawaii kam, wurde er mit offenen Armen von den Eingeborenen empfangen. Sie glaubten, er sei ihr weißer Verwandter Rongo, der nach generationenlanger Abwesenheit auf seinem großen segelführenden Fahrzeug aus der Heimat der Väter zurückkehrte.

Und auf der Oster-Insel war Rongorongo die Bezeichnung für die mystischen Hieroglyphen, deren Geheimnis mit den letzten schriftkundigen »Langohren« verlorenging.

Während die Alten über Tiki und Rongo-rongo sprechen wollten, wünschten die Jungen vom Walhai und von unserer Fahrt über das Meer zu hören. Doch das Essen wartete, und Teka war es müde, Dolmetscher zu spielen.

Nun durfte das ganze Dorf herantreten, um jedem von uns die Hand zu schütteln. Die Männer murmelten »ia ora na« und rissen uns beinahe die Hand ab, die jungen Mädchen tänzelten heran und grüßten schelmisch und verlegen, und die alten Weiber plapperten und schnatterten und zeigten auf unseren Bart und unsere Hautfarbe. Freundschaft leuchtete aus jedem Gesicht, und so kam es gar nicht darauf an, daß alles in babylonischer Sprachverwirrung vor sich ging. Sagten sie etwas Unverständliches zu uns auf polynesisch, antworteten wir mit derselben Münze auf norwegisch, und so hatten wir alle miteinander einen Riesenspaß.

Das erste Wort, das wir alle lernten, war »mögen«, und wenn einer dieses Wort sagte und auf das zeigte, was er gern mochte, und damit rechnen konnte, es sofort zu bekommen, so war jede Schwierigkeit behoben. Rümpfte einer die Nase, wenn er »mögen« sagte, bedeutete das »nicht mögen«. So konnte man sich ganz gut verständigen.

Sobald wir den einhundertsiebenundzwanzig Einwohnern des Dorfes die Hand geschüttelt hatten, wurde ein langer Tisch für die zwei Häuptlinge und uns gedeckt, und die jungen Mädchen des Dorfes trugen die leckersten Gerichte auf. Während die einen den Tisch deckten, legten andere uns geflochtene Blumenkränze um den Hals und befestigten kleinere Kränze auf unserem Kopf. Die Kränze strömten ein schmachtendes Aroma aus, waren aber kühl und erfrischten in der Hitze. Dann nahm das Willkommensfest seinen Anfang, das erst zu Ende ging, als wir von der Insel abreisten. Wir bekamen Stielaugen, und das Wasser lief uns im Mund zusammen, uns, die wir vom Floß kamen, denn der Tisch bog sich von gebratenen Spanferkeln, Hühnern und Enten, frischen Hummern, polynesischen Fischgerichten, Brotfrucht, Papaya und Kokosmilch. Und während wir uns auf das Essen stürzten, sang man Hula-Lieder zu unserer Unterhaltung, und junge Mädchen tanzten um unseren Tisch herum.

Wir Männer machten es uns so bequem wie möglich und zerflossen gleichsam vor Wohlbehagen, und einer sah so lächerlich aus wie der andere, als wir mit wallendem Bart und einem Kranz im Haar dasaßen wie Ausgehungerte und das Essen nur so in uns hineinstopften. Die zwei Häuptlinge genossen das Dasein offensichtlich genauso wie wir.

Nach dem Essen gab es Hula-Tanz in großem Stil. Die Dorfbewohner wollten uns die lokalen Volkstänze zeigen. Wir sechs, Teka und Tupuhoe bekamen Ehrenstühle im Parkett, und dann traten zwei Gitarrenspieler vor. Sie hockten sich hin und klimperten echte Südseemelodien. Nun glitten zwei Reihen tanzender Männer und Frauen mit raschelnden Palmenblattröcken, sich drehend und wiegend, durch den Kreis der Zuschauer, die vor uns am Boden hockten und kräftig mitsangen. Sie hatten eine temperamentvolle Vorsängerin in Gestalt einer üppig quellenden Vahine, der ein Hai einen Arm abgebissen hatte. Anfangs wirkten die Tänze ein wenig theatralisch und nervös, aber als die Eingeborenen sahen, daß die Weißen vom Pae-pae über die Volkstänze ihrer Vorfahren nicht die Nase rümpften, kam mehr Leben in sie. Ein Teil der Älteren sprang mit in den Kreis; sie hatten den besten Rhythmus und kannten Tänze, die sicherlich nicht mehr allgemein üblich waren. Und als die Sonne in den Stillen Ozean tauchte, wurde es unter den Palmen lebhafter und lebhafter, und der Jubel der Zuschauer wurde mehr und mehr spontan. Sie hatten vergessen, daß es sechs Fremde gab, die zusahen. Wir waren nun sechs der Ihren und freuten uns mit ihnen.

Das Repertoire hatte kein Ende, eine fesselnde Darbietung löste die andere ab. Schließlich ging eine Anzahl junger Männer in einem dichten Ring vor uns in die Hocke, und auf ein Zeichen Tupuhoes begannen sie gleichmäßig den Boden mit den Handflächen zu schlagen. Erst langsam, dann schneller, der Rhythmus wurde immer vollkommener, dann wurde ihr Klopfen von einem Trommelschläger begleitet, der mit zwei Stöcken in rasendem Tempo auf einen knochentrockenen, ausgehöhlten Holzblock schlug. Das gab einen scharfen, durchdringenden Klang. Als der Rhythmus die gewünschte Feurigkeit hatte, setzte der Gesang ein. Plötzlich sprang ein Hula-Mädchen in den Ring, das einen Blumenkranz um den Hals und Blumen hinter dem Ohr trug. Es trat den Takt mit bloßen Füßen und gebeugten Knien und wiegte sich dabei rhythmisch in den Hüften, die Arme über dem Kopf. Das war echter Südseestil. Es tanzte glänzend, und bald schlug die ganze Versammlung den Takt mit den Händen. Noch ein Mädchen sprang in den Ring und noch eins. Alle bewegten sich mit unglaublicher Geschmeidigkeit und in vollendetem Rhythmus und umkreisten sich im Tanz wie graziöse Schatten. Die dumpfen Schläge auf den Boden wurden rascher und rascher, der Tanz wilder und wilder, und die Zuschauer schrien und klatschten in sorgfältigem Rhythmus.

Das war die Südsee, wie die Vorzeit sie kannte. Die Sterne blinkten, die Palmen wiegten sich, die Nacht war mild und lang und erfüllt von Blumenduft und Zikadengesang. Tupuhoe strahlte wie die Sonne und schlug mir auf die Schulter.

»Maitai?« fragte er.

»Eh, maitai«, antwortete ich.

»Maitai?« fragte er die anderen.

»Maitai!« antworteten sie laut und deutlich aus innerster Überzeugung, keiner von ihnen hätte die Nase gerümpft.

»Maitai.« Tupuhoe nickte und zeigte auf sich selbst. Auch er war zufrieden.

Selbst Teka fand, es sei ein sehr schönes Fest. Es sei das erste Mal, daß auf Raroia Weiße den Tänzen beiwohnten, erzählte er.

Und immer rascher und rascher wurden Trommelwirbel, Klatschen, Gesang und Tanz. Nun hörte die eine der Tänzerinnen auf, sich im Kreis zu bewegen, sie tanzte auf der Stelle in wirbelndem Tempo und streckte dabei Hermann verlockend die Arme entgegen. Hermann grinste verschämt in seinen Bart, er wußte nicht recht, was er tun sollte.

»Sei kein Spielverderber!« flüsterte ich. »Du bist doch ein guter Tänzer!«

Zum grenzenlosen Jubel der Menge sprang Hermann in den Ring, und halb in der Hocke ging er auf all die verlangenden Windungen des Hula-Tanzes ein. Der Jubel war unbeschreiblich. Wenig später waren auch Bengt und Torstein im Kreis der Tanzenden; der Schweiß troff ihnen von der Stirn, so mühten sie sich, dem Takt zu folgen, der zu einer wahnwitzigen Jagd anwuchs. Schließlich schlug nur noch die Trommel den Takt, ihre Schläge waren ein einziger Wirbel, und die drei wirklichen Hula-Tänzerinnen bebten wie Espenlaub, bis sie im Finale zusammensanken und der Trommelwirbel jäh abriß.

Nun war der Abend unser. Die Stimmung war auf dem Höhepunkt.

Der nächste Punkt im Programm war der Vogeltanz, eine der ältesten Zeremonien auf Raroia. Männer und Frauen tanzten, von einem Vortänzer angeführt, in zwei Reihen gegeneinander einen rhythmischen Tanz, mit dem sie Vogelschwärme kopierten. Der Vortänzer führte den Titel Vogelhäuptling und hatte seltsame Manöver zu vollbringen, ohne eigentlich mitzutanzen. Als der Tanz zu Ende war, erklärte Tupuhoe, man habe ihn dem Floß zu Ehren getanzt und er würde nun wiederholt werden, doch ich solle nun den Vortänzer ablösen. Ich war der Meinung, die Hauptaufgabe des Vortänzers sei gewesen, ein wildes Gebrüll auszustoßen, in der Hocke herumzuhüpfen, dabei mit dem Hinterteil zu wackeln und die Hände über dem Kopf zu schwingen. Ich zog den Blumenkranz fest in die Stirn und marschierte in die Arena. Als ich mich eine Weile im Tanz gewunden hatte, sah ich den alten Tupuhoe lachen, so daß er ständig in Gefahr war, vom Stuhl zu kugeln. Und dann wurde die Musik immer dürftiger, da Chor und Musikanten dem unwiderstehlichen Beispiel Tupuhoes folgten.

Nun wollten alle dabeisein, Alte und Junge. Sofort waren der Trommelschläger und die Bodenklatscher zur Stelle und leiteten über zu einem mitreißenden Hula-Hula-Tanz. Wieder sprangen die Hula-Mädchen in den Kreis und gaben den Auftakt in wildem Tempo, und wieder wurden wir nacheinander aufgefordert. Immer mehr Männer und Frauen betraten den Kreis und stampften und bogen sich, rascher und rascher.

Nur Erik war nicht vom Stuhl zu bekommen. Zug und Feuchtigkeit auf dem Floß hatten seinen längst erstorbenen Hexenschuß zu neuem Leben erweckt, und nun saß er da, steif und bärtig wie ein alter Seebär, und dampfte aus einer kurzen Pfeife. Er ließ sich von keinem der Hula-Mädchen verführen, die sich bemühten, ihn in die Arena zu locken. Er hatte seine dicke Schafpelzhose an, die er des Nachts in den kältesten Zonen des Humboldt-Stroms getragen hatte, und wie er da unter den Palmen saß mit Vollbart, bloßem Oberkörper und Schafpelzhose, war er ein getreues Abbild von Robinson Crusoe. Ein hübsches Mädchen nach dem anderen versuchte sich einzuschmeicheln – vergebens. Erik saß ernst und gelassen da, dampfte aus seiner Pfeife, einen Blumenkranz im Haar. Da betrat eine wohlgewachsene Matrone mit schwellenden Muskeln den Kreis, machte ein paar mehr oder weniger graziöse Hula-Schritte und marschierte resolut auf Erik los. Er sah sie erschrocken an, doch die Amazone lächelte einschmeichelnd wie eine Butterkugel, nahm ihn resolut beim Arm und zog ihn vom Stuhl. Eriks komische Hose hatte den Pelz innen und das Leder außen. Sie war im Achtersteven ein wenig geplatzt, so daß ein weißer Wollflaum hervorstand wie die Blume eines Häsleins. Erik folgte höchst widerstrebend; er hinkte in den Kreis, die eine Hand um die Pfeife geschlossen, die andere gegen den Sitz des Hexenschusses gepreßt. Als er anfing umherzuhüpfen, mußte er die Hose loslassen, um den Blumenkranz zu retten, der in Gefahr war herunterzufallen, und den Blumenkranz noch schräg auf dem Kopf, mußte er rasch wieder nach der Hose greifen, die durch ihr eigenes Gewicht auf dem Weg nach unten war. Die Dicke, die ihm in Hula-Schritten voranhüpfte, war ebenso ulkig anzusehen, und uns allen liefen vor Lachen die Tränen in die Bärte.

Bald hörten alle anderen zu tanzen auf, und Lachsalven dröhnten durch den Palmenhain, während Hula-Erik und die Schwergewichtlerin in graziösen Schwüngen umherhopsten.

Schließlich mußten auch sie aufhören, weil Sänger und Musikanten mehr als genug zu tun hatten, sich vor Lachen den Bauch zu halten.

Das Fest ging bis in den hellen Morgen, und nachdem wir abermals jedem der einhundertsiebenundzwanzig die Hand geschüttelt hatten, bekamen wir die Erlaubnis, eine kleine Pause einzulegen. Wir schüttelten jedem einzelnen die Hand, jeden Morgen und jeden Abend, solange wir auf der Insel wohnten.

Sechs Betten hatte man in sämtlichen Hütten des Dorfes zusammengesucht und Seite an Seite im Versammlungshaus aufgestellt. Dort schliefen wir, ausgerichtet wie die sieben Zwerge im Märchen; duftende Blumenkränze hingen über den Kopfenden.

Am nächsten Tag hatte sich der Zustand des kranken Sechsjährigen verschlechtert. Das Fieber war auf einundvierzig Grad gestiegen, das Geschwür auf dem Scheitel war so groß wie eine Männerfaust und verursachte dem Kleinen sichtlich Qualen. Er hatte nicht nur dieses eine Geschwür.

Teka erzählte uns, sie hätten schon viele Kinder durch diese Krankheit verloren. Falls nicht einer von uns ihn kurieren könne, habe der Junge nicht mehr lange zu leben.

Wir führten zwar Penicillin in Tablettenform mit uns, hatten aber keine Ahnung, welche Dosis ein kleines Kind vertrug. Starb der Junge unter unserer Behandlung, konnte das ernste Folgen für uns alle haben.

Knut und Torstein holten den Sender hervor und spannten eine Antenne zwischen den höchsten Kokospalmen. Gegen Abend bekamen wir Kontakt mit unseren nie gesehenen Freunden Hal und Frank, die in ihrer Wohnung in Los Angeles saßen. Frank telefonierte mit einem Arzt, und dann gaben wir alle Krankheitssymptome des Kleinen und eine Liste unserer Medikamente durch.

Frank übermittelte uns die Antwort des Arztes, und noch in der Nacht gingen wir in die Hütte, wo der kleine Haumata sich im Fieber herumwarf und das halbe Dorf weinend und jammernd versammelt war.

Hermann und Knut sollten den Jungen behandeln, wir anderen hatten genug damit zu tun, die Dorfbewohner ins Freie zu bringen. Die Mutter wurde hysterisch, als wir ein Messer hervorholten und um kochendes Wasser baten. Der Kopf des Jungen wurde rasiert und das Geschwür dann aufgeschnitten. Der Eiter spritzte fast bis an die Decke, mehrere Eingeborene drängten sich erregt herein, und wir mußten sie wieder hinausjagen. Ein Vergnügen war das wirklich nicht. Nachdem das Geschwür geleert und desinfiziert war, wurde der ganze Kopf mit einem Verband umwickelt. Danach begannen wir die Penicillinkur. Zwei Tage lang bekam der Junge jede vierte Stunde seine Tabletten, doch das Fieber blieb unverändert. Der Schnitt wurde offengehalten, der Doktor in Los Angeles des Abends konsultiert. Am dritten Tag fiel die Temperatur, die Wunde eiterte nicht mehr, und es bildete sich frisches Gewebe, das nun abheilen konnte. Der Kleine strahlte und wollte Bilder sehen aus der seltsamen Welt der weißen Männer, wo es Autos gab und Kühe und Häuser mit mehreren Stockwerken.

Eine Woche später spielte Haumata mit den anderen Jungen am Strand, er hatte zwar noch immer einen großen Verband um den Kopf, doch auch den durfte er bald abnehmen.

Von nun an tauchten immer mehr Krankheiten im Dorf auf. Zahnweh und Bauchgrimmen gab es allerorten, und fast alle hatten Geschwüre am ganzen Körper, Alte und Junge. Wir verwiesen die Patienten an Dr. Knut und Dr. Hermann, die Diät verordneten und alle Pillen und Salben aus dem Medizinkasten hervorholten. Mancher wurde kuriert, keinem ging es davon schlechter, und als der Medizinkasten leer war, kochten wir Kakaosuppe und Hafergrütze, und damit hatten wir bei hysterischen Alten einen glänzenden Erfolg.

Wir waren noch nicht lange bei unseren braunen Bewunderern, als das Fest einen neuen Höhepunkt hatte. Wir sollten als Bürger von Raroia adoptiert werden und polynesische Namen bekommen. Auch ich durfte mich nicht länger Terai Mateata nennen, so konnte ich auf Tahiti heißen, aber nicht auf Raroia.

Sechs Stühle hatte man für uns in der Mitte des Platzes aufgebaut, und alle waren zeitig auf den Beinen, um einen guten Platz im Kreis zu ergattern.

Auch Teka saß feierlich unter ihnen. Er war wohl Häuptling, aber nicht, wenn es um alte, lokale Zeremonien ging. Das war Tupuhoes Sache.

Alle saßen todernst und schweigend

da und warteten. Nach einer Weile kam der füllige Tupuhoe gemessenen Schrittes näher, seinen großen Knotenstock in der Faust. Er war sich der Feierlichkeit der Stunde bewußt. Aller Augen hingen an ihm, als er wie tief in Gedanken versunken daherkam und sich vor uns sechs aufstellte. Er war der geborene Häuptling, ein hervorragender Sprecher und Schauspieler.

Mit leiser und gemessener Stimme gab er den Vorsängern, Trommlern und Tanzleitern kurze Befehle und zeigte dabei mit dem Knotenstock auf den jeweils Angesprochenen. Dann drehte er sich wieder zu uns um; unvermittelt riß er seine Augen so weit auf, daß das Weiße des Augapfels in dem ausdrucksvollen kupferbraunen Gesicht mit den Zähnen um die Wette leuchtete. Er hob den Knotenstock, und dann rollten die Worte aus ihm heraus wie Erbsen aus einem Sack; er rezitierte alte Rituale, die höchstens von den Ältesten verstanden wurden, denn er sprach nun einen uralten, fast vergessenen Dialekt.

Teka übersetzte, Tupuhoe sagte, Tikaroa sei der Name des ersten Königs gewesen, der sich auf dieser Insel niedergelassen hatte. Er habe über ebendieses Ringriff regiert, von Nord nach Süd, von Ost nach West und noch hoch in die Luft über die Köpfe der Menschen.

Der Chor stimmte das alte Lied vom König Tikaroa an; Tupuhoe legte seine mächtige Faust auf meine Brust, drehte sich zu den Zuhörern um und sagte, er taufe mich »Varoa Tikaroa«, Tikaroas Geist.

Als das Lied verklang, war die Reihe an Hermann und Bengt. Die große braune Faust legte sich ihnen auf die Brust, und dann empfingen sie die Namen »Tupuhoe-Itetahua« und »Topakino«. Das waren die Namen zweier Helden der Vorzeit, die den Kampf gegen ein Seeungeheuer aufgenommen und es in der Einfahrt zum Raroia-Riff getötet hatten.

Die Trommler schlugen ein paar mächtige Wirbel. Zwei robuste Männer mit aufgeknüpftem Lendenschurz sprangen vor, einen langen Spieß in jeder Hand. Sie marschierten, die Speere hoch erhoben, in rasendem Tempo auf der Stelle, rissen die Knie bei jedem Schritt an die Brust und drehten dabei den Kopf von einer Seite zur anderen. Ein neuer Trommelwirbel, und die beiden sprangen hoch in die Luft und begannen in vollendetem Rhythmus einen zeremoniellen Kampf, der geradezu die Form eines Balletts annahm. Das Ganze ging sehr schnell vor sich und stellte den Kampf der Helden gegen das Seeungeheuer dar. Unter Gesang und Zeremonien bekam nun Torstein – nach einem toten König des Dorfes – den Namen »Maroake«, und Erik und Knut wurden »Tane-Matarau« und »Tefaunui« getauft nach zwei seit langem verstorbenen Seefahrern und Seehelden. Die trotz allem monoton gesprochene Rezitation, die ihrer Taufe folgte, war ein in wirbelndem Tempo vorgetragener Wortstrom, der mit seiner unglaublichen Geschwindigkeit ebenso imponieren wie ergötzen sollte.

Die Zeremonie war vorüber. Nun gab es wieder weiße, bärtige Häuptlinge unter den Polynesiern auf Raroia. Zwei

Reihen von Tänzern und Tänzerinnen in geflochtenen Strohröcken kamen in den Kreis, wehende Bastkronen auf dem Kopf. Sie tanzten an uns heran, hoben die Kronen von ihren Köpfen herüber auf unsere, dann legte man uns raschelnde Strohröcke um den Leib, und das Fest ging weiter.

Eines Nachts bekamen unsere blumenbekränzten Funker Verbindung mit dem Amateur auf Rarotonga, der uns eine Meldung aus Tahiti übermittelte: einen herzlichen Willkommensgruß des Gouverneurs der französischen Kolonie im Stillen Ozean.

Auf Anweisung aus Paris hatte er den Regierungsschoner »Tamara« ausgesandt, der uns nach Tahiti bringen sollte. Man wollte es uns ersparen, das zeitlich ungewisse Eintreffen des Kopraschoners abzuwarten. Tahiti war der Knotenpunkt der französischen Kolonie und die einzige Insel, die Verbindung mit der Umwelt hatte. Wir mußten nach Tahiti, um ein Schiff zu bekommen, das uns in unsere eigene Welt zurückbrachte.

Das Fest auf Raroia ging weiter.

Eines Nachts war vom Meer her ab und zu Sirenengeheul zu hören. Ausguckposten stiegen in die Palmenkronen; sie kamen herab und berichteten, daß ein Schiff vor der Einfahrt zur Lagune liege. Wir liefen durch den Palmenwald hinunter zum Strand an der Leeseite. Wir blickten hinaus auf das offene Meer, diesmal entgegengesetzt der Richtung, aus der wir gekommen waren. Die Brandung war wesentlich schwächer, da diese Seite ja im Windschutz des ganzen Atolls lag.

Unmittelbar vor der Einfahrt zur Lagune sahen wir die Lichter eines Schiffs. Der Himmel war sternenklar, und wir erkannten die Umrisse eines breitgebauten Schoners mit zwei Masten. War es das Schiff des Gouverneurs, das uns holen sollte? Warum kam es nicht herein?

Die Eingeborenen wurden immer aufgeregter. Nun sahen wir es auch: Das Schiff legte sich über und drohte zu kentern. Es war auf ein unsichtbares Korallenriff aufgelaufen.

Torstein erwischte eine Lampe und signalisierte: »Quel bateau?« Welches Schiff?

»Maoae«, blinkte es von draußen.

Es war der Kopraschoner, der zwischen den Inseln verkehrte und nach Raroia kam, um Kopra zu holen. Kapitän und Besatzung des Schoners waren Polynesier, sie kannten die Riffe in- und auswendig. Doch die Strömung war – vor allem im Dunkeln – tückisch. Zum Glück befand sich der Schoner im Lee der Insel, und das Wetter war ruhig, doch die Strömung in der Einfahrt war nicht ungefährlich. Die »Maoae« neigte sich mehr und mehr, und die Besatzung ging in das Rettungsboot. Sie hatte solide Taue in den Mastspitzen festgemacht und ruderte sie nun an Land, wo die Eingeborenen die Taue um Kokospalmen legten, um zu verhindern, daß der Schoner kenterte. Mit einem anderen Tau fuhr die Besatzung wieder hinaus, in der Hoffnung, die »Maoae« klarzurudern, wenn sich der Gezeitenstrom aus der Lagune schob. Die Dorfbewohner brachten alle Kanus zu Wasser, um die wertvolle Kopralast zu bergen.

Neunzig Tonnen davon waren an Bord. Ladung um Ladung von Koprasäcken wurde aus dem schlingernden Schoner geholt und aufs Trockene gebracht. Auch bei Flut kam die »Maoae« nicht frei. Sie stampfte immer wieder auf die Korallen, bis der Boden leckgeschlagen wurde. Als der Tag graute, war ihre Lage gefährlicher als zuvor. Die Besatzung konnte nichts tun, es war unmöglich, den Einhundertfünfzig-Tonnen-Schoner mit Rettungsboot und Kanus freizuschleppen. Blieb er jedoch so liegen, würde er über kurz oder lang in Stücke geschlagen. Und wenn stärkere See aufkam, würde er in die Brandung gezogen werden und rettungslos am Ringriff scheitern.

Die »Maoae« hatte keinen Sender. Aber wir. Trotzdem wurde kein Hilfsschiff aus Tahiti angefordert. Die »Maoae« hätte sich inzwischen längst selbst zum Wrack geschlingert. Doch zum zweitenmal im gleichen Monat wurde das Raroia-Riff um eine Beute betrogen.

Gegen Mittag des gleichen Tages kam am Westhorizont der Schoner »Tamara« in Sicht. Er wollte uns von Raroia abholen, und man war an Bord nicht wenig erstaunt, als man statt eines Floßes die Masten eines großen Schoners entdeckte, der hilflos auf dem Riff hing.

An Bord der »Tamara« befand sich der französische Bevollmächtigte für die Tuamotu- und Tubuai-Gruppen, Monsieur Frédérik Ahnne, den der Gouverneur von Tahiti beauftragt hatte, uns zu empfangen. Auch ein französischer Filmfotograf und ein französischer Funker befanden sich an Bord; Kapitän und Mannschaft waren Polynesier. Monsieur Ahnne war auf Tahiti von französischen Eltern geboren und ein hervorragender Seemann. Er übernahm das Kommando an Bord der »Tamara« mit Zustimmung des tahitischen Kapitäns, der hocherfreut war, der Verantwortung in dem gefährlichen Fahrwasser enthoben zu sein. Während die »Tamara« sich von Myriaden von Unterwasserriffen und Stromwirbeln fernhielt, wurden kräftige Trossen von einem Schoner zum anderen gespannt, und Monsieur Ahnne begann ein geschicktes und gefährliches Manöver. Der Gezeitenstrom drohte beide Schoner auf dieselbe Korallenbank zu saugen.

Mit der Flut löste sich die »Maoae« von dem Riff, und die »Tamara« zog sie in freies Fahrwasser. Nun aber strömte die See durch das Leck der »Maoae«, die mit höchster Eile in das seichte Wasser der Lagune geschleppt wurde. Drei Tage lang war sie noch in Gefahr zu sinken. Tag und Nacht arbeiteten die Pumpen. Die besten Perlentaucher unserer Freunde auf der Insel tauchten mit Bleiplatten und Nägeln und schlossen die schlimmsten Lecks, und dann konnte die »Maoae« unter ständigem Pumpen und in Begleitung der »Tamara« aus eigener Kraft die Schiffswerft auf Tahiti erreichen.

Als die »Maoae« klar zur Abfahrt war, manövrierte Monsieur Ahnne die »Tamara« an den Korallenbänken in der Lagune vorbei, hinüber zur Kon-Tiki-Insel und nahm das Floß in Schlepp. Dann ging es hinaus auf die offene See, die »Tamara« mit der »Kon-

Tiki« im Schlepp und die »Maoae« dicht hinterdrein, so daß deren Besatzung gerettet werden konnte, falls die Schäden auf See wieder größer werden sollten.

Der Abschied von Raroia war mehr als wehmütig. Alles, was Beine hatte, stand an der Mole und sang und spielte unsere Lieblingsmelodien, als das Rettungsboot uns hinaus zur »Tamara« brachte.

In der Mitte der Gruppe hatte sich Tupuhoe aufgebaut, den kleinen Haumata an der Hand. Haumata weinte, und auch dem mächtigen Häuptling rannen Tränen über die Wangen. Es gab kein trockenes Auge dort auf der Mole. Doch Gesang und Musik begleiteten uns, bis die Brandung sie übertönten.

Die Menschen, die getreulich auf der Mole ausharrten und sangen, hatten sechs Freunde verloren. Uns entschwanden einhundertsiebenundzwanzig. Wir standen schweigend an der Reling der »Tamara«, bis die Mole hinter den Palmen verschwand und die Palmen schließlich selbst im Meer versanken. Und noch immer hatten wir die eigenartige Melodie im Ohr: «. . . Schönes mit uns erleben, so daß wir immer im Geiste beisammen bleiben, selbst wenn ihr wieder in ferne Länder zieht. Guten Tag!«

Vier Tage später tauchte Tahiti aus dem Meer auf. Nicht als Perlenreihe von Palmenwipfeln. Als wilde, zerklüftete blaue Bergwelt, hoch in den Himmel getürmt. Wolkenschwärme umgaben sie wie Blumenkränze die Mädchen.

Wir näherten uns, und da bekamen die blauen Berge auf einmal grüne Hänge. Grün in grün wälzte sich die Üppigkeit des Südens über rostrote Felsen und Lehmhänge hinab und stürzte sich schließlich in tiefe Täler und Schluchten, die bis ans Ufer der Insel reichten.

Schon unterschieden wir schlanke Palmen, die dicht an dicht standen, alle Täler hinauf und an der Küste entlang, und vor alldem breitete sich ein goldener Strand. Tahiti war von Vulkanen aufgebaut, die nun erloschen waren, und die Korallentiere hatten ihr Ringriff um die Insel geschlungen, so daß das Meer nichts abtragen konnte.

Früh am Morgen passierten wir eine Durchfahrt im Riff und steuerten nun den Hafen von Papeete an. Vor uns lagen Kirchturmspitzen und rote Ziegeldächer, halb verborgen unter dem Laubwerk von Riesenbäumen und hinter Palmenkronen. Papeete ist die Hauptstadt Tahitis, die einzige Stadt in Französisch-Ozeanien. Sie ist die Stadt des Vergnügens, Regierungssitz und Knotenpunkt allen Verkehrs im östlichen Pazifik.

Als wir in den Hafen einliefen, stand die Bevölkerung Tahitis dicht gedrängt und wartete, eine farbenfrohe, lebende Mauer. Neuigkeiten verbreiteten sich auf Tahiti mit dem Wind, und das Paepae, das von Amerika kam, wollten alle gesehen haben.

Die »Kon-Tiki« bekam den Ehrenplatz an der Strandpromenade, Papeetes Bürgermeister hieß uns willkommen, ein kleines Polynesiermädchen überreichte uns im Namen der Polynesischen Gesellschaft einen Riesenstrauß wilder Tahitiblumen. Dann traten junge Mädchen an uns heran und hängten uns duftende weiße Kränze um den Hals als Gruß Tahitis, der Perle der Südsee.

Ich suchte ein bestimmtes Gesicht in dem Menschengewimmel, meinen alten Adoptivvater auf Tahiti, den Häuptling Teriieroo, den obersten der siebzehn eingeborenen Häuptlinge Tahitis. Er fehlte nicht. Groß, massig und lebhaft wie in alten Tagen kam er auf uns zu und rief: »Terai Mateata!« Sein breites Gesicht strahlte. Er war alt geworden, war aber nach wie vor dieselbe prächtige Häuptlingsgestalt.

»Du kommst spät«, sagte er und lächelte. »Doch du kommst mit guter Botschaft. Dein Pae-pae hat tatsächlich blauen Himmel (terai mateata) nach Tahiti gebracht. Denn nun wissen wir, woher unsere Vorfahren kamen.«

Es folgten ein Empfang beim Gouverneur und ein Fest im Rathaus, und es regnete Einladungen aus allen Ecken der gastfreien Insel.

In dem mir so gut bekannten Haus im Papenotal veranstaltete Häuptling Teriieroo ein großes Fest wie in guten alten Tagen, und da Tahiti nicht Raroia war, folgte abermals eine Taufe; es gab tahitische Häuptlingsnamen für die übrigen fünf von uns.

Wir verlebten sorglose Tage unter Sonne und treibenden Wolken. Wir badeten in der Lagune, kletterten in die Berge und tanzten Hula im Gras unter Palmen.

Die Tage wurden zu Wochen. Es schien, als sollten die Wochen vergehen und zu Monaten werden, bevor ein Schiff kam, das uns nach Hause brachte zu den Pflichten, die auf uns warteten.

Da traf ein Funkspruch aus Norwegen ein. Lars Christensen hatte den Viertausendtonner »Thor I« von Samoa nach Tahiti beordert; das Schiff sollte die Expedition aufnehmen und nach Amerika bringen.

Eines Morgens dann glitt der große norwegische Dampfer in den Hafen von Papeete. Die »Kon-Tiki« wurde von einem französischen Marineboot an die Seite ihres großen Landsmannes geschleppt, der einen Riesenarm aus Stahl ausschwang und den kleinen Verwandten an Deck hob. Kräftige Sirenenstöße dröhnten über die Palmeninsel, Braune und Weiße bevölkerten Papeetes Steinkai und drängten an Bord mit Abschiedsgeschenken und Blumenkränzen.

Wir standen an der Reling und reckten den Hals wie Giraffen, um das Kinn aus der ständig wachsenden Blumenbürde herauszubekommen.

»Wünscht ihr eine Rückkehr nach Tahiti«, rief der Häuptling Teriieroo, als die Sirene zum letztenmal zur Insel hinübergrüßte, »so müßt ihr, wenn das Schiff ausläuft, einen Blumenkranz in die Lagune werfen!«

Die Trossen wurden losgeworfen, die Maschine stampfte, und die Schraube peitschte das Wasser grün, als wir allmählich seitwärts vom Kai glitten.

Bald verschwanden die roten Dächer hinter den Palmen, und die Palmen wurden von den blauen Bergen verschluckt, die wenig später wie Schatten im Stillen Ozean versanken.

Die Wogen brausten auf dem blauen Meer, doch nun konnten wir nicht mehr in sie hineingreifen. Weiße Passatwolken trieben am blauen Himmel. Wir hatten nicht mehr denselben Weg. Nun trotzten wir der Natur. Wir waren unterwegs ins zwanzigste Jahrhundert, das so weit, weit fern von uns war.

Doch wir lebten, und wir waren dankbar, noch alle am Leben zu sein. Und drinnen in der Lagune von Tahiti tanzten sechs weiße Blumenkränze auf und nieder in den kleinen Wellen, die sie an den Strand trugen.

Nachbemerkung

Jede neue Auflage dieses Buches ist ein Tribut, den wir einem kühnen Forschungsunternehmen zollen. Daß es ein echtes Forschungsunternehmen war, muß von Anfang an hervorgehoben werden, wenn auch – oder gerade weil – nicht so sehr das wissenschaftliche Ziel und Ergebnis dieser Expedition als vielmehr ihre Waghalsigkeit und Abenteuerlichkeit es waren, die Thor Heyerdahl und seine Gefährten mit einem Schlage weltberühmt werden ließen.

Als Heyerdahl damals – im Jahre 1947 – in seine skandinavische Heimat zurückkehrte, empfingen seine Landsleute ihn wie einen Helden; mit seiner kühnen Tat hatte er die norwegischen Forschertraditionen, die besonders mit den Namen Fridtjof Nansen und Roald Amundsen verbunden waren, würdig fortgesetzt. Und sein Buch »Kon-Tiki«, das er 1948 veröffentlichte – es erschien in Millionenauflagen und ist bis heute in 65 Sprachen übersetzt worden –, wies ihn auch als einen hervorragenden Erzähler aus, der es versteht, seine Leser zu fesseln und bis zur letzten Seite in Atem zu halten, so daß die Floßfahrt über den Pazifischen Ozean auch für sie zu einem unvergleichlichen Erlebnis wurde.

Thor Heyerdahl, der 1914 in der südnorwegischen Kleinstadt Larvik geboren wurde, hatte schon als Schuljunge besonderes Interesse für die Naturwissenschaften, für das Forschen und Entdecken gezeigt – eine Neigung, die sein Vater, ein Brauereibesitzer und Bankpräsident, unter anderem dadurch förderte, daß er dem Sohn die Einrichtung eines zoologischen Kleinstmuseums im elterlichen Hause gestattete und finanzierte. Nach dem Abitur ließ er sich an der Osloer Universität für die Fächer Zoologie und Geographie immatrikulieren, unterbrach jedoch das Studium nach sieben Semestern und reiste 1937 zu den Marquesas-Inseln, um die Fauna dieser pazifischen Inselgruppe zu erforschen. Während des einjährigen Aufenthaltes beschäftigte sich Heyerdahl aber auch mit der Kultur der einheimischen Bevölkerung, entdeckte er Spuren früher menschlicher Besiedlung: Statuen, Steinwerkzeuge, Tonscherben und alte Überlieferungen. Diese Funde und Legenden führten ihn zu der Vermutung, daß die Besiedlung Polynesiens nicht – wie allgemein von den Wissenschaftlern angenommen – von Südostasien aus, sondern von Osten, dem südamerikanischen Subkontinent her erfolgt war.

Nach seiner Rückkehr gab er das Universitätsstudium endgültig auf und widmete sich völlig der Erforschung dieser Frage. Alles, was er in Bibliotheken und Museen über die Geschichte der Polynesier las, bestärkte ihn immer mehr in der Annahme, daß einige von der Ozeanistik vertretene Thesen nicht stimmen konnten.

Fest steht – und die Linguisten haben es nachgewiesen –, daß die Sprachen der Polynesier und Malaien eng miteinander verwandt sind und eine eigene Sprachgruppe bilden. Diese Tatsache läßt neben zahlreichen archäologischen und ethnologischen Erkenntnissen darauf schließen, daß die Besiedlung der Inselgruppen im Stillen Ozean vom asiatischen Festland aus im wesentlichen über Melanesien erfolgt ist – ein Prozeß, der über mehrere Jahrhunderte andauerte und spätestens im 4. Jahrhundert unserer Zeitrechnung, vermutlich aber schon früher abgeschlossen war. Die weitere Ausbreitung der Einwanderer über die polynesischen Inseln fand dagegen erst im 14. Jahrhundert ihren Abschluß.

Heyerdahl aber fragte sich: Könnten die Vorfahren der Polynesier nicht auch unter Ausnutzung des Passatwindes und der Meeresströmung von Osten, von Südamerika gekommen sein?

Man hielt ihm, als er seine Gedanken zur Diskussion stellte, unter anderem entgegen: Die südamerikanischen Indianer besaßen weder seetüchtige Boote noch die erforderlichen nautischen Kenntnisse und Fertigkeiten, um den stürmischen Ozean überqueren zu können. Trotz des westwärts wehenden Passatwindes seien sie nicht in der Lage gewesen, auf ihren primitiven Flößen die Tausende Kilometer entfernten polynesischen Inseln zu erreichen.

Heyerdahl stützte seine Gegenthese unter anderem mit Überlieferungen indianischer Gruppen, die als Nachfahren der Träger vorkolumbischer Hochkulturen im Andenraum anzusehen sind. Sie berichten von einem Sonnenkönig Kon-Tiki, der, von mächtigeren Nachbarn besiegt und vertrieben, mit den Resten seines Volkes entkam, indem er auf Flößen aus Balsastämmen über das Meer nach Westen segelte. In Polynesien wiederum gibt es alte Legenden, in denen Männer erwähnt werden, die von Osten »aus einem trockenen Land, wo das Gras von der Sonne verbrannt ist«, gekommen waren. Nach Berechnungen, die Heyerdahl auf der Grundlage einer polynesischen Ahnenreihe vorgenommen hat, müßte die Ankunft Kon-Tikis etwa im 5. Jahrhundert unserer Zeitrechnung erfolgt sein.

1931 hatte der Völkerkundler Nordenskiöld eine lange Liste von Gemeinsamkeiten aufgestellt, die man bei südamerikanischen Indios wie bei Polynesiern finden kann: so die aus Südamerika stammende Süßkartoffel, die bei den einen Kumar, bei den anderen Kumara genannt wird, wie auch der Flaschenkürbis und eine besondere Art von Baumwolle, die sich in der Anzahl der Chromosomen von der in der Alten Welt vorkommenden Baumwolle unterscheidet. Diese Pflanzen können nur von Osten her nach Polynesien gelangt sein. Die Zahl solcher Gemeinsamkeiten sei zu groß, meinte Heyerdahl, als daß man an Zufall glauben könne. Es müsse Kontakte über das Meer hinweg gegeben haben.

Von Heyerdahls Gegnern wurde die Möglichkeit solcher Kontakte nicht bestritten. Wenn es sie aber gegeben habe, so erklärten die Ozeanisten, dann könnten sie nur von den polynesischen Inseln her aufgenommen worden sein. Die Südseeinsulaner bevorzugten es, mit ihren Auslegerbooten gegen den Wind zu segeln, und konnten damit weite Strecken zurücklegen. Für die Rückfahrt konnten sie dann den Passatwind ausnutzen.

Heyerdahl schloß eine asiatische Komponente in der heutigen Bevölkerung Polynesiens jedoch nicht völlig aus. Seiner Ansicht nach – und in diesem Punkt stimmte er mit den meisten Wissenschaftlern überein – wurde Amerika durch asiatische Stämme besiedelt, die über die Beringstraße oder auf dem Kuro-Shio-Strom nach Nordwestamerika gelangten. Etwa im 12. Jahrhundert, so meinte nun Heyerdahl, setzte von hier aus eine zweite Besiedlungswelle ein, die sich über die Hawaii-Inseln bis nach Polynesien ausbreitete. Aber auch mit dieser These stieß er bei den Ozeanisten auf Widerspruch.

Argumente und Gegenargumente standen sich gegenüber. Um neue Fakten zu sammeln, studierte Heyerdahl unermüdlich weiteres Quellenmaterial und reiste schließlich nach Nordamerika, wo er in Museen und bei Indianerstämmen Spuren alter Kontakte zu finden hoffte, die seine Annahme bestätigen sollten. Doch da kam der Krieg. Der norwegische Gelehrte meldete sich in Kanada als Freiwilliger zur norwegischen Luftwaffe, wurde für den Einsatz hinter der Linie als Funker ausgebildet, avancierte zum Offizier und nahm an den letzten Kampfhandlungen in Nordnorwegen teil.

Doch kaum war der Krieg zu Ende, drängte es ihn, seine Forschungen wieder aufzunehmen. Ihm war klargeworden, daß der Meinungsstreit über Polynesien nur durch ein Experiment belebt werden konnte, und daher entschloß er sich zu dem Wagnis, auf einem Floß, das dem indianischen Wasserfahrzeug des Andenraumes nachgebaut worden war, das Meer zu überqueren. Am 28. April 1947 begann vom peruanischen Hafen Callao aus die ungewisse Reise der »Kon-Tiki«, die nach 101 Tagen auf dem Raroia-Riff in den Tuamotu-Inseln ihren erfolgreichen Abschluß fand. Fünf Jahre später legte Heyerdahl seine Schlußfolgerungen in dem dickleibigen wissenschaftlichen Werk »Amerikanische Indianer im Pazifik« der Öffentlichkeit vor. Damit entbrannte der alte Meinungsstreit aufs neue.

Er ist auch heute noch nicht beendet. Nach wie vor lehnt die Majorität der Ethnologen Heyerdahls Theorie ab, wogegen andere Wissenschaftler seine Forschungsergebnisse zumindest teilweise anerkennen. Bei aller Unterschiedlichkeit der Auffassungen sind sich die Parteien jedoch darüber einig, daß Heyerdahl auf die Forschung befruchtend gewirkt, dem wissenschaftlichen Disput neue Impulse vermittelt und darüber hinaus durch seine rege Publikationstätigkeit wesentlich zur Popularisierung ethnologischer Probleme in der Öffentlichkeit beigetragen hat.

Der Grundgedanke, daß die Weltmeere in der Geschichte der Menschheit kein unüberwindliches Hindernis zwischen alten Kulturen darstellten, sondern auch vorübergehende, vielleicht sogar länger anhaltende Verbindungen und den Austausch von Erfahrungen ermöglichten, bestimmte auch Heyerdahls weitere Forschungen. Beim Studium alter Dokumente stieß er auf Kulturparallelen zwischen Amerika und dem Mittelmeerraum, auf Gemeinsamkeiten, die ihn vermuten ließen, daß auch über den Atlantik hinweg schon in frühgeschichtlicher Zeit nachhaltige, im einzelnen noch unbekannte Berührungen stattgefunden haben könnten.

Die Amerikanistik lehnte es bisher ab, sich damit zu befassen. Für Thor Heyerdahl war gerade das ein Grund, eigene Forschungen in dieser Richtung anzustellen. Er interessierte sich für alte arabische Handschriften, die, heute noch weitgehend unbekannt, in spanischen und portugiesischen Archiven liegen, und las bei antiken Schriftstellern nach. In den Häfen des Mittelmeers und entlang der marokkanischen und gallischen Küsten herrschte schon zu damaliger Zeit ein reger Schiffsverkehr. Es gab Hafenbehörden, Wetterstationen und Leuchttürme, deren nächtliches Feuer mit Palmstroh und Erdöl gespeist wurde. Man kannte auch Frachtbriefe, Seezeichen und Versicherungspolicen. Und die Kapitäne führten Orientierungskarten und Steckkalender mit sich, auf denen Tage und Monate eingetragen wurden.

Heyerdahl ging noch älteren Spuren nach. Er forschte nach dem ersten Fahrzeug, mit dem es möglich war, längere Meeresfahrten zu unternehmen. Auf Wandmalereien in Pharaonengräbern der zweiten oder dritten Dynastie sieht man, daß mehrere Papyrusboote jenseits des Felsens von Gibraltar segeln. Konnten solche Boote nicht auf der Höhe der Kanarischen Inseln im Passatwind nach Westen abgetrieben sein – wie das um 1500 mit dem Schiff des Portugiesen Cabral geschehen war, der an der brasilianischen Küste landete? Auf seinen Reisen hatte Heyerdahl feststellen können, daß in einigen Mittelmeergebieten, in Afrika und auf dem Titicacasee bis heute Papyrusboote verwendet werden, deren Konstruktion eine erstaunliche Ähnlichkeit aufweist.

Heyerdahl beschaffte sich Kopien von den Wandbildern. Wenn es gelänge, ein solches Boot nachzubauen, könnte man mit einer kühnen Besatzung auch den Versuch wagen, den Atlantik zu überqueren. Dieser Gedanke ließ ihn nicht los. Er wollte fortsetzen, was er vor Jahren mit der »Kon-Tiki«-Fahrt begonnen hatte. Wieder sollte das Fahrzeug den Namen eines Sonnengottes erhalten, diesmal des ägyptischen: Ra.

Mit dem Passatwind im Rücken und einer internationalen Mannschaft an Bord startete er im Mai 1969 vom marokkanischen Hafen Safi aus. Doch diesmal gelang das Unternehmen nicht auf Anhieb. Der Versuch mußte noch einmal wiederholt werden – im Mai 1970. Zwei Monate dauerte die Drift, dann erreichte die »Ra II« wohlbehalten die Antillen-Insel Barbados.

Heyerdahl war nicht mit allem einverstanden, was über ihn und seine Absichten in der Presse geschrieben worden ist. »Manche Journalisten fassen meine Idee falsch auf«, erklärte er kurz vor dem Start mit der »Ra I«. »Sie schreiben, ich unternähme diese Fahrt mit dem Papyrusboot, um irgendeine Theorie zu beweisen. Das stimmt nicht. Es handelt sich um einen konkreten Versuch: Es geht mir darum, festzustellen, ob die Menschen im Altertum auf solchen Papyrusbooten von Afrika nach Amerika segeln konnten. Wenn wir es schaffen, dann haben auch sie ein Gleiches tun können. Mein Experiment soll weitere Forschungen anregen. Dann ist es an den Theoretikern, festzustellen, ob es im Altertum eine Wanderung von Zivilisationen gab oder nicht.«

Heyerdahl ist erfahrener und vorsichtiger geworden. Die Ergebnisse seiner Forschungen haben ihn veranlaßt, auch Korrekturen an der eigenen Arbeit anzubringen und mögliche Irrtümer zu vermeiden. Es geht ihm nicht allein um Beweise und Thesen, sondern um das Aufzeigen neuer Möglichkeiten in der Forschung.

Unbestritten bleiben Heyerdahls kulturgeschichtliche Verdienste. Durch sein mutiges Anzweifeln herrschender Lehren wirkte er bisher und wirkt er weiterhin anregend auf die Wissenschaft. Von vielen Seiten wurde das auch anerkannt. Neben zahlreichen ausländischen Auszeichnungen erhielt Heyerdahl die Ehrendoktorwürde der Philosophischen Fakultät der Universität Oslo; neun geographische und anthropologische Gesellschaften ernannten ihn zu ihrem Ehrenmitglied oder verliehen ihm Verdienstmedaillen.

Besonders erwähnt werden muß, daß es Thor Heyerdahl bei den Fahrten mit »Ra I« und »Ra II« über den Atlantik noch um eine Demonstration ging, die dem Gedanken des Friedens und der Völkerverständigung dient, was ihn ebenfalls ehrt. »Vor allem aber wollen wir« – damit meinte er seine kleine internationale Besatzung an Bord der Papyrusboote – »der ganzen Welt vor Augen führen, daß Menschen verschiedener Kontinente und Überzeugungen zueinanderfinden können in friedlicher Arbeit, in ihrem Streben, ein edles Ziel mit vereinten Kräften zu erreichen.«

Günter Linde